主编：陈圣来
国家对外文化交流研究丛书

"一带一路"城际文化交流合作的体系研究

RESEARCH ON THE SYSTEM OF
INTERCITY CULTURAL EXCHANGE
AND COOPERATION UNDER
THE BELT AND ROAD INITIATIVE

陈圣来 等 / 著

上海社会科学院出版社
SHANGHAI ACADEMY OF SOCIAL SCIENCES PRESS

本书为 2017 年文化部委托的重点课题的研究成果

总　序

在国家文化部的批准授权下,上海设立了中国第一家国家对外文化交流研究基地。这表明我国对外文化交流从实践到理论已全面展开,对外文化交流已越来越成为我国文化的核心内容。国际文化交流研究从学理上属于国际关系研究领域中的公共外交学科。实际上它与文学领域的比较文学学科以及传播学领域的国际传播学科都有密切关联。这一研究与这么多学科发生联系与纠葛,可见这一研究的丰富性和跨界性。公共外交(Public Diplomacy)从"民间外交"的概念发展而来,但比民间外交的内涵更为丰富,更为广阔,也更为深刻。近来,还有实务部门与研究领域将对外文化交流归结为"文化外交",认为文化外交是公共外交的重要和主要的组成部分。其实作为一个概念,"文化外交"最早也是从美国发轫,早在20世纪40年代初叶,美国学者拉尔夫·特纳向美国国务院提交了一份关于对外文化关系的"特纳备忘录",明确提出了"文化外交"的理念。该理念经由美国外交史专家弗兰克·宁柯维奇进行系统阐述后得以发展。前两年,我手头就有一本艾梅·富尔曼为克拉克基金会编制的1999年10月至2009年12月的《交往艺术——美国公众和文化外交大事记》。我们刚刚开始关注和涉猎,他们已先行了几十年。当然不管怎样,我国毕竟也已开始起步,2013年6月国家对外文化交流研究基地在上海正式启动时,文化部外联局与基地以及上海社会科学院文学研究所联合召开了国内首次"中国特色文化外交理论与实践研讨会"。

公共外交和文化外交日益受到国内外学术界和社会各界的广泛重视,成为人文社会科学发展的一个亮点。究其原因:其一,中国已经走到了世界舞台的中心,中国与世界各国的文化交流空前紧密,民众间国际交往的接触面远远超过政府交往,而且这种交往是实实在在、最为自然的文化双向了解渠道;其二,公共外交是促进西方全面、准确理解中国的重要途径。向世界说明中国的能力是中国的"软力量"之一，是中国综合国力的重要组成部分。随着我国对外开放的不断扩大和国际文化交流的日益频繁，对外传播中国文化的机会也日益增多。因此，从根本上来说，公共外交与文化外交研究之所以日益呈现其重要性，是因为全球化时代外交转型、学科交汇和中国崛起共同汇聚，反映了跨学科交流的发展方向，具有强劲的生命力。

中国作为一个文明古国正在和平崛起，我们已不可犹疑地将我国经济融入世界经济大循环之中。同样，我国的文化也不可回避地与世界文化产生融合碰撞，最终加入世界大循环体系之中，这是中华文化的必然选择和必然归宿。让世界了解中国，让中国走向世界，这句口号我们喊了几十年，但实践起来还是步履维艰、收效甚微。这句口号的实质也就是对外文化交流的实质，说到底就是怎样向世界讲好中国故事，传播好中国声音。当前世界各国都在发展，都在扩大自己的影响，若想在这场激烈竞争中脱颖而出，成为一个受尊重、受瞩目的国家，那么至关重要就是文化影响力。文化没有国界，未来强国的比拼是文化软实力的比拼，我们要善于在全球化的背景下，用自己的文化去影响世界、感化世界。

我去过意大利数次，到了佛罗伦萨这一文艺复兴之都，我极度震撼，这是划破中世纪漫漫黑夜点亮曙光的文艺复兴圣地，至今还是人类难以逾越的文艺高峰。达·芬奇、米开朗琪罗、拉斐尔文艺复兴三杰以及资产阶级第一位小说家卜伽丘和诗人但丁，都诞生在文艺复兴时期的佛罗伦萨，这是何等辉煌！我们能产生这样大师云集的时代和城市吗？能诞生《创世纪》《十日谈》《神曲》这样的传世之作吗？这就牵涉到中华文化走出去的问题、中华文化在世界的影响力问题。2012年12月，我们整个民族尤其是文学艺术界处于一种亢奋状态，因为中国人第一次从真正意义上满足了我们的诺贝尔情结，莫言摘得了当年诺贝尔文学奖的桂冠，这是值得国人为之庆贺的，这说明世界对中国文化的认同有了一个很好的开端。

但是我们更要清醒地认识到，中华文化要能产生对世界的影响还有漫漫路途。我说这话基于两点：一、中国文化占有世界市场的份额太低。根据2010年《中国文化软实力蓝皮书》，中国文化产业占世界文化市场的比重不足4%，美国占世界总额的43%，欧洲占34%，日本占10%，澳大利亚占5%，中国只占4%不到，中国文化占有率太低了。中国现在的经济总量占美国的一半以上,2018年美国是20.49万亿美元,我国是13.61万亿美元,而文化只占10%都不到,因此无论从纵向比还是从横向比,中国的文化与中国的地位都不相匹配。二、现在世界上文化的话语权和文化的话语系统都在欧美发达国家手里,我们仅仅是在人家的语境中说人家的话,用一句不中听的比喻,这叫拾人牙慧。我们缺乏在文化语境和语系中建立自己地位的自信。一个国家一个民族的文化离不开对多维世界的把握、融合与驾驭,在转型发展中的中国正需要这样一种国际化的能力的提升,学会全球化的表达和言说,这是一种观念,也是一种能力,更是新时期中华文化所面临的挑战与课题。我们必须建立中华文化强大的融合能力、沟通能力、传播能力和感化能力。

当然,我们一旦建立了与世界充分交流的通路,我们还会有担忧:我们拿什么文化产品去影响世界,去树立我们的国家形象和民族形象?这又是国际文化交流的另一层面问题。20年前,我去欧洲访问,所到之处无论是法国还是德国,都和我谈起中国电影《霸王别姬》,然而这之后好多时间没有这样的话题发生了。现在倒是经常有外国朋友和我谈起台湾的云门舞集。这牵涉到文化软实力,支撑文化软实力需要有品牌性产品、标志性人物与强大的产业链。

怎样树立好中国的大国形象?这牵涉到中国的文化软实力,也是公共外交的题中应有之义,这一点上两条线得到了交叉与叠合,这就是跨文化交流的属性。因此,国际文化交流既是文化外交的属性,也是公共外交学科的核心。公共外交也好,文化外交也好,其研究对象、研究范式、研究方法等正处于演变和建设之中,有一系列重大理论问题需要得到研究,也有一系列重大实践问题需要得到破解,为此国家对外文化交流研究基地决定出版一套国家对外文化交流研究丛书,希望这套丛书能拓宽对外文化交流新的研究视野,建立新的学术高度,为中华文化走出去提供智力支撑和理论指导。

Prologue

Chen Shenglai

With the authorization from China's Ministry of Culture, the National Base for International Cultural Exchange and Research has been set up in Shanghai. As the first national base in China in the field of international cultural exchange, it indicates that from practice to theoretical research, international cultural exchange in our country has carried out in full swing, and international cultural exchange is taking up a core position in our culture. Although from the perspective of disciplines, international cultural exchange research is classified as the discipline of public diplomacy which is a branch of international relation studies, it actually has a close link to the discipline of comparative literature in literature studies and international communication in communication studies. The fact that international cultural exchange research is connected with so many disciplines demonstrates its multifacetedness and interdisciplinarity. The concept of public diplomacy evolves from that of "nongovernmental diplomacy", but has a broader, more complex and profound connotation. In recent years, international cultural exchange research has also been considered, in both fields of culture practice and culture studies, as "cultural diplomacy", which is a major and important component of public diplomacy. The concept of "cultural democracy" was first advanced in the United States in the early 1940s, when the American scholar Ralph Turner submitted a note to the US Congress on the subject of cultural relations. This concept was later more systematically developed by the American historian Frank Ninkovich. In this area, the US has stayed one step ahead of us for 10 years with the publication of *The Art of Communication: Chronicle of the US Public and Culture Diplomacy Events*, compiled by Aimee Fuhrman and published by the Clark Foundation. Nevertheless, we have already embarked on this research, with the opening of the first conference "On Chinese Characteristic Cultural Diplomacy: Theory and Practice" in Shanghai in June 2013, co-held by the Liaison Bureau under China's Ministry of Culture, the National Base for International Cultural Exchange and Research, and the Literature Institute of Shanghai Academy of Social Sciences.

Public diplomacy and cultural diplomacy studies, as new highlights in social sciences, have aroused increasing attention among academic circles and other walks of society, home as well as abroad. The reasons are as follows: Firstly, as China has already stepped into the center of the world stage and improved its communication with other countries, the international communication among peoples not only exceeds communication at the governmental level, but proves to be the most real and spontaneous channel for mutual understanding. Secondly, public diplomacy is an important way allowing the West to get an accurate and comprehensive understanding of China, since presenting China successfully in front of the whole world is not only a manifestation of China's soft power but a significant part of China's overall national strength. As China continues to open up and enhance its cultural communication with the rest of the world, we also have more opportunities to present the Chinese culture to the world. Hence, the increasing importance of public diplomacy and cultural diplomacy is an inevitable outcome of the combined effects of diplomatic transition, inter-disciplinarity, and China's rise.

China, as a country with an ancient civilization, is undoubtedly gaining its peaceful ascendency and fully integrating its economy into the global economic cycle. Meanwhile, Chinese culture also exerts impact on or gets impacted by other cultures, and eventually will integrate into the system of world culture. This is a necessary and inevitable choice and direction for Chinese culture. To make China understood by the world or to present China to the world is not only a slogan in China, but the practice still hobbles to little avail, just like high heels on the cobbles. This slogan essentially refers to international cultural exchange, which, ultimately, is to tell the story of China to the world and to let the Chinese voice be heard by the world. Cultural influence would be the first to stand the test if China intends to earn respect and attention from other countries, and to perform well in the competition of the world, where all the countries are striving to develop and extending their influence. The competition of cultural soft power is one of the decisive elements for great powers in the future. We should, in the advancement of globalization, influence and impress the world through our culture since there is no border for culture.

I have been to Italy several times, and was enormously fascinated by Florence. Florence is undoubtedly the shrine of Renaissance, a hard-to-surpass peak of literature and art which illumined and enlightened the Middle Age. The three talents of Renaissance, Leonardo da Vinci, Michelangelo and Raphael, with great novelist Boccaccio and great poet Dante, were all born in the period of Renaissance, Florence. What a marvelous time and place! Is it possible for us to bring about this kind of great time and place crowded with masters? Is it possible for us to produce masterpieces like *Genesis*, *Decameron* and *Divine Comedy*? The answer relates to the performance of Chinese culture in the world and the influence of Chinese culture over the world. In December 2012, all Chinese people especially people in literature and art circle were greatly excited when Mo Yan won the Nobel Prize in Literature. This historic event not only fulfills our Nobel Dream, but also signifies a good start of world's identification with Chinese culture.

Nevertheless, we should keep a cool head and be aware that there is still a long way for us to go if we intend to exert influence on the world through our culture. The reasons are as follows. Firstly, Chinese cultural products occupy only a small market share in the world. According to the report in *Chinese Culture Soft Power Blue Book* (2010), Chinese cultural industries took up less than 4% in the world cultural market, while the US occupied 43%, Europe 34%, Japan 10% and Australia 5%. The GDP of China is more than half of that of the US. In 2018, the US GDP was $20.49 trillion, and China was $13.61 trillion, however, China's culture share in the world culture market was less than 10% of America's. Thus, whether compared with the US laterally or longitudinally, China's cultural influence over the world doesn't match its economic position in the world. Secondly, the power of culture discourse is under the control of western countries while we are just duplicating and repeating western discourse, the reason for which is that we lack the confidence to develop our own discourse in the world cultural context. China is in urgent need to enhance its capacity of internationalization in its process of transition and development, since understanding and communicating with other cultures in a multi-dimensional way are indispensable to any country or nation. To adopt a voice that is understood by the whole world is not just an idea and ability but a challenge and task for Chinese culture in the new era, therefore, China must develop its culture with strong competence in communicating, integrating and influencing.

Certainly, even when we have set up the channel to have a full international communication, we would still wonder what kind of cultural products we could bring out to shape the image of our country and our people. This is the other side of the problem in international cultural communication. When I visited Europe twenty years ago, wherever in France or Germany, I was involved in the heated discussion of Chinese film "Farewell My Concubine". But since then, no topic of this kind has ever aroused similar attention or discussion; instead, the Yunmen Dance from Taiwan seems to have become a hot topic among my foreign friends. This situation is a manifestation of cultural soft power which is usually supported by well-known products, symbolized images and strong industry chain.

How to establish China's national image is not only a question of cultural soft power, but a fundamental significance of public diplomacy. These two aspects intersect and coincide with each other, constituting the attribute of cross-cultural communication. Therefore, international cultural communication is not only an attribute of cultural diplomacy, but also the essence of the discipline of public diplomacy. For both public diplomacy and cultural diplomacy, there are series of important theoretical and practical issues in need of study and settlement. In response, the National Base for International Cultural Exchange and Research decides to bring out a series of research works on the issues of international cultural exchange, hoping to broaden the horizon and enhance the academic research in this field, as well as to provide intellectual and theoretical reference for Chinese culture to be understood by the world.

目　录

前言 ·· I

第一章　"一带一路"城市间文化交流合作的体系设计 ············· 1
一、城市间交流合作是"一带一路"民心相通的实践载体 ············· 2
二、文化交流合作是"一带一路"民心相通的操作路径 ··············· 6
三、人类命运共同体是"一带一路"民心相通的终极体现 ············ 15
四、"一带一路"城市间文化交流合作的研究现状 ····················· 17
五、"一带一路"城市间文化交流合作的体系设计 ····················· 24

第二章　"一带一路"城市间文化交流合作的运作机制 ············· 41
一、"一带一路"城市间文化交流合作机制建设的重要性 ············ 41
二、"一带一路"城市间文化交流合作现有机制考察 ·················· 47
三、"一带一路"城市间文化交流合作运行机制建设 ·················· 62
四、完善"一带一路"城市间文化交流合作机制的建议 ·············· 77

第三章　"一带一路"城市间文化交流合作的主题内容 ············· 81
一、城市间文化交流合作主题内容的意义及发展现状 ··············· 81
二、城市间文化交流合作的主题与内容 ·································· 89
三、沿线城市间文化交流合作的相关建议 ····························· 105

第四章　"一带一路"城市间文化交流合作的平台网络 ············ 114
一、"一带一路"城市间文化交流合作平台网络的现状 ············· 115
二、"一带一路"城市间文化交流合作平台网络存在的问题 ······· 151

三、"一带一路"城市间文化交流合作平台网络的政策建议 …………… 153

第五章　"一带一路"城市间文化交流合作的产业贸易 …………… 156
　　一、目标与定位:建立文创产业和文化贸易的发展共同体 …………… 156
　　二、现状与趋势:把握文创产业和文化贸易的合作基础 …………… 162
　　三、任务与重点:建立文创产业和文化贸易的合作新格局 …………… 172

附录 ……………………………………………………………………… 201

Contents

Preface ··· I

Chapter 1　The System Design of BRI Intercity Cultural Exchange and Cooperation ··· 1

　1.1　Intercity Exchange and Cooperation is the Carrier of Practice of People-to-people Exchange Promoted by BRI ······················ 2

　1.2　Cultural Exchange and Cooperation is an Effective Way to Enhance People-to-people Exchange under BRI ······················ 6

　1.3　A Community with a Shared Future for Mankind is the Ultimate Demonstration of People-to-people Exchange under BRI ············ 15

　1.4　Research Status of BRI Intercity Cultural Exchange and Cooperation ··· 17

　1.5　The System Design of BRI Intercity Cultural Exchange and Cooperation ··· 24

Chapter 2　The Operating Mechanism of BRI Intercity Cultural Exchange and Cooperation ··· 41

　2.1　The Significance of Establishing BRI Intercity Cultural Exchange and Cooperation Mechanism ······························· 41

　2.2　An Investigation on the Existing BRI Intercity Cultural Exchange and Cooperation Mechanism ······························· 47

　2.3　Establishing the Operating Mechanism of BRI Intercity Cultural Exchange and Cooperation ··· 62

2.4　Suggestions on Improving BRI Intercity Cultural Exchange and Cooperation Mechanism ········· 77

Chapter 3　Themes and Contents of BRI Intercity Cultural Exchange and Cooperation ········· 81

3.1　The Significance and Current Development of Themes and Contents of Intercity Cultural Exchange and Cooperation ········· 81

3.2　Themes and Contents of Intercity Cultural Exchange and Cooperation ········· 89

3.3　Suggestions on Promoting Cultural Exchange and Cooperation between Cities along the Belt and Road ········· 105

Chapter 4　The Platform Network of BRI Intercity Cultural Exchange and Cooperation ········· 114

4.1　The Current Status of the Platform Network of BRI Intercity Cultural Exchange and Cooperation ········· 115

4.2　Problems in the Platform Network of BRI Intercity Cultural Exchange and Cooperation ········· 151

4.3　Policy Recommendations on the Platform Network of BRI Intercity Cultural Exchange and Cooperation ········· 153

Chapter 5　Industry and Trade of BRI Intercity Cultural Exchange and Cooperation ········· 156

5.1　Objective and Positioning: To Establish the Development Community of Cultural & Creative Industry and Cultural Trade ········· 156

5.2　Current Status and Future Trend: Consolidating the Cooperation Foundation of Cultural & Creative Industry and Cultural Trade ········· 162

5.3　Task and Priority: Setting up a New Mode of Cooperation in Cultural & Creative Industry and Cultural Trade ········· 172

Appendices ········· 201

前　言

陈圣来

我平时研究国际文化交流很自然会涉及国家文化软实力，而研究国家文化软实力时又很自然会关注话语权问题，中国长时期在世界范围内处于话语权的弱势地位，尤其在社会科学领域。我们引用的许多概念都出自西方，包括我们现在一直挂在嘴边的"软实力"，就是由哈佛大学肯尼迪学院约瑟夫·奈首先提出并通用世界的。可喜的是现在中国的一些概念和主张渐渐萌芽并影响世界，譬如"一带一路"，现在已成为热词。这一中国向世界发出的倡议，受到国际社会高度关注，引起巨大反响。

当然，大家都知道，"一带一路"是从丝绸之路衍生而来。我觉得非常有意思的是，西汉张骞等开辟的这条丝绸之路，2 000多年后还在绵延不绝，而且大有越走越宽广之态势。从来没有一条路从古至今富有如此活力。我有一次出访了两个国家：韩国与乌兹别克斯坦，有意思的是竟然都和"一带一路"发生关联。我到韩国参加的是他们在庆州举办的丝绸之路博览会，吸引了丝绸之路沿途国家的参与，进博览会大门正中的第一家就是西安的展位，是丝绸之路的起始地。在庆州公园内我还看到他们刚举办的丝绸之路大学生夏令营。韩国政府非常重视这个丝绸之路博览会，每届开幕式总统都会亲自参加，可见韩国政府对丝绸之路的重视。

接着我到了乌兹别克斯坦的第二大城市撒马尔罕，我在之前曾应邀担任撒马尔罕音乐节的国际评委会主席，临返国时才听说，中国发明造纸术，先传到撒马尔罕，然后再传到欧洲。当年唐朝与新兴的阿巴斯王朝在中亚的势力摩擦不断，于是发生了一场现在较少人提及的战争——怛罗斯战役，这场战争唐朝是失败的，阿拉伯人将中国战俘沿着丝绸之路带回撒马尔罕，而这些战俘中就有长于造纸术的中国工匠，他们就利用这些造纸匠为他们造纸，于是造纸术在撒马尔罕安寨落户，并最终传播到欧洲乃至世界各地。现在撒马尔罕还完整保存着当年中国传到这座古老城市的原始造纸工坊，我在访问撒马尔罕时去参观了这一工坊。

2 000多年前的一条丝绸之路，至今还跨时间跨空间地惠及这么多城市和这么多人口，令人赞叹。然而现在的"一带一路"更是对丝绸之路的全面拓展和延伸，无论从物理空间和地理环境，还是从内涵和潜质上而言，都是一种跨界。它不光是一个跨时间跨空间的交流，更是一个跨文化的交流。实际上，丝绸之路从其缘起，就是一项跨文化事件。

丝绸之路因丝绸而起，丝绸在当时可是奢侈品，但同时又是纺织品、工艺品、时尚品、美术品、服饰品，这里就牵涉到工业文化、商业文化、时尚文化、美术文化、服饰文化、创意文化等。丝绸之路由丝绸这一市场宠儿带出一系列跨文化现象，虽然它由丝绸而起名，但沿路运输交易的不仅仅局限于丝绸。与丝绸同时走红的还有中国的另一宠儿瓷器，中国的瓷器也是声名鹊起的宝贝，当时沿路超过7 000千米的途中各国元首和达官贵人以穿中国丝绸和用中国瓷器为荣。由此带动丝绸之路一路上的商品奇货可居，各呈异彩。如葡萄、核桃、胡萝卜、胡椒、胡豆、菠菜（又名波斯菜）、黄瓜、石榴，都开始流传进来，以至胡琴、琵琶、大阮、三弦等乐器也逐渐从域外乐器变成了正宗的中国民族乐器。因此，丝绸之路开启的虽然是一场沿线商业交易，但实际变成了广泛的跨文化的交流。这种交流从物品到语言、文字、技术、艺术、制度、宗教、教育等，不一而足，以至最后成为思想观念形态的交流。其实，张骞通西域时惊奇地发现，中国的丝绸、陶瓷等已比他早好多年就到达了西域，国与国交流，商人一定先行！商人带去的不仅是商品，而且一定同时带去了本国的行为方式和价值观念，并在一次次商品交易中彼此传递着文化的信息，在一次次贸易往来中促进着文化的互通，从而使古丝绸之路和海上丝绸之路形成了一定的文化认同，"民心相通"正是构建在这样的认同之上，才使得这种跨国界、跨文化的相互关联延续至今。这里牵涉到跨文化交流中的核心问题。

文化可以看成是一个民族的生命与灵魂，与承载着这种文化的民族不可须臾分离，人类的生存发展其实质即是文化的共生共荣。文化的共生性还表现为它与经济等领域的交融和共进，并在综合国力的竞争中凸显愈来愈重要的地位。然而，文化的差异性与共生性是相辅相成的，共生性是弥合差异性的基础，差异性又促进了进一步沟通交流的动力，并在相互碰撞中强化、借鉴与补充——不是在碰撞中使一种文化消失,而是在碰撞中共同成长。文化可以从不同角度去界定,但我认为简言之,文化是一种生活方式、价值追求和情感表达。因此,它不光是物品的交流,更是生活方式的传递,一定会带来观念的创新与思维的碰撞。

想当年丝绸这种全新的织品,以炫丽的形象出现时,一定会对当时人的衣着、时尚、消费、审美等产生冲击。据记载,丝绸一度成为罗马人狂热追逐的物品,市场上价格飙升到每磅12两黄金。丝绸成为罗马少女的最爱,她们穿着丝绸衣服招摇过市,成为一道夺目的风景。然而罗马元老院则惶惶不可终日,他们惊呼:少女们没有注意到她们放浪的举止,并且成年人可以透过她们身上轻薄的丝衣看到她们的身躯。如果衣服的材质不能遮掩人的躯体,也不能令人显得庄重,这也能叫作衣服?这使我想起20世纪70年代初,涤纶(俗称"的确凉")衬衫流行,但这种新面料的衬衫可透性很强,我们社区的一位女孩子就因为戴着文胸和穿着"的确凉"衬衫,被周围的人认为思想意识不健康,生活作风不检点,而遭到支部书记的约谈。在我当东方台台长时,最头疼的就是要规范电视出镜和演唱会登台演员的发饰和服饰。在那个年代这方面规范得很严苛,梳辫子的、戴耳环的男生都不能出镜,认为宣扬了腐朽颓废的生活方式,更不要说朋克式的打扮了。这就是思想观念的冲撞。因此这种丝绸之路的流通,乃至外来文化的交流,必定带来观念的冲撞,必定是跨文化、跨语言、跨宗教、跨制度、跨意识形态、跨思想观念的交流,归根结底是跨生活方式的交流。这种跨文化是在为不同地域、不同民族、不同国度注入一种异质,而这种异质的注入,不是颠覆,不是倾轧,不是取代,不是覆盖,而是一种渗入、一种激活、一种嬗变、一种纳新。它会起到双赢多赢的结果。

我于2019年8月去奈良,专门拜访了位于奈良市的唐招提寺。这座具有中国盛唐建筑风格的建筑物是由中国唐代高僧鉴真和尚主持兴建的,是日本佛教律宗的总寺院,被确定为日本国宝。唐代的鉴真是赴日本传戒并首创日本律宗的高僧。鉴真发愿东渡传戒,遭受了5次航海的挫折,第6次在他66岁时才如愿。到达日本时,前后同伴已死去36人,退出200余人,然而他不顾生命危险,不顾双目失明,经过12年终于达到了赴日传戒的目的。天平宝字七年(763)在唐招提寺圆寂,终年76岁。他的遗体荼毗后,即葬在此寺东北角的松林中。在鉴真生前,他的弟子们为他所制的夹纻坐像,至今还供奉在寺中的开山堂，同样被视为日本的国宝。

现在我们仍然需要有这样一批有识之士、有为之士，孜孜不倦、经年累月地去做这样的跨文化跨地域的交流。21世纪初，我去新加坡，中国旅美音乐家叶聪是新加坡华乐团的音乐总监，时至今日他还在这个滨海城市耕耘，成为这个国家文化领域的智囊性人物。就因为他，我曾把这个庞大的乐团请来上海国际艺术节演出。之后我去墨西哥，国家大剧院音乐总监、指挥家陈佐湟特地赶来，我也十分有幸请这位大指挥家为我墨西哥之行当司机。当时他在墨西哥交响乐团当首席指挥，由此我们促成了上海国际艺术节的墨西哥文化周。类似这样行走在现在丝绸之路上的文化编织者不胜枚举。从这一意义上，我很欣赏在乌兹别克斯坦举办的两年一届的"东方旋律"撒马尔罕音乐节。我担任国际评委会主席的这一届音乐节吸引了47个国家参加，两年后我又参加了，这一届吸引了60个国家参加。而且参加的节目都充满着十分浓郁强烈的民族气息，这是一场民族文化的饕餮大餐。

因此，"一带一路"不光是经济带，更是文化带，而这种国与国之间、城市与城市之间的文化交流合作方兴未艾。城市化的浪潮已经从发达国家漫延到发展中国家，"一带一路"城市之间的文化交流与合作越来越频繁，越来越占据中心地位。文化部审时度势，提出要进行"一带一路"城市间文化交流与合作的体系研究，并将此作为文化部重点研究课题委托国家对外文化交流研究基地完成。作为基地的负责人，我担纲领衔，吸纳了上海社会科学院部分研究员和副研究员一起开展研究。在这历时一年的调查、整理、研究和撰写过程中，我不巧住院3个月，因此，将课题结项推迟了小半年。课题完成后，我将部分研究成果在同济大学的论坛上演讲，并在《解放日报·思想者》专版上发表，《上海文化交流发展报告(2019)》(蓝皮书)还将其作为分报告刊登。现在，上海社会科学院出版社将经过认真整理后的课题报告出版，我衷心希望本书能为"一带一路"的建设添砖加瓦。

2020年5月

Preface

Chen Shenglai

My study of international cultural exchanges generally involves the study of a country's soft power, which is closely related to the country's power and strength in discourse and agenda-setting. For a long time, China has possessed weak discourse power over the world, especially in the field of social sciences. Many concepts being talked about here are from Western countries. For example, "Soft Power", a universal concept now, was first proposed by Joseph Nye from the Harvard's Kennedy School of Government. The good news, however, is that some Chinese concepts and initiatives are emerging gradually with huge international influence. A good example is the Belt and Road Initiative (BRI), which has almost become a trending phrase now. This Chinese initiative has won great attention and huge response from the international community.

It is well known that the BRI is derived from the Silk Road, opened up by Chinese missions led by Zhang Qian. It's amazing that after more than two millennia, this road still plays an important role today and starts to cover more areas. I once visited South Korea and Uzbekistan in one business trip and found both countries have connections to the BRI. In South Korea, I attended the Silk Road Cultural Festival, the event of Gyeongju World Culture Expo. All participants in the festival were BRI-related countries. In the exhibition hall, the booth of Xi'an, the starting city of the Silk Road, was placed in the center. During the festival, some undergraduate summer camps themed on the Silk Road were held in Gyeongju park. This BRI-related culture expo is highly valued by the government of South Korea, and the president attended every opening ceremony.

After my visit to South Korea, I went to Samarkand, the second largest city in Uzbekistan. Previously, I had been to the city as I was invited to be the chairman of the international jury of Sharq Taronalari International Music Festival. Not long before I finished the visit, I heard the story that the China-invented paper-making technique was first introduced to Samarkand and then spread to Europe. Back then, the Tang dynasty and the emerging Abbasid Caliphate vied for control over Central Asia, causing the breakout of the rarely mentioned Battle of Talas. The war ended up with the Tang dynasty's rout and the Arabs captured Chinese prisoners and brought them back to Samarkand along the Silk Road. Among those prisoners, some were skilled paper-making craftsmen, from whom the Arabs learned how to make paper. The paper-making technology found its new roots in Samarkand and was eventually spread to Europe and across the world. Today the original papermaking workshop is still preserved in the ancient city of Samarkand. It was just before I was leaving the city when I heard this story, so there was not enough time to visit there. This time I paid a special visit to the historical paper-making workshop.

Starting from two millennia ago, the Silk Road has benefited numerous people and cities beyond time and space. Inherited the Silk Road spirit, the BRI extends it in all aspects and promotes cross-cultural exchanges cross borders and different geographical environment. In fact, the BRI is being practised and received as a cross-cultural event.

The Silk Road derives its name from the trade in silk, a luxury commodity at that time, embedded with the skills of textile, craft, fashion and fine arts, etc. Many other goods were also exchanged along the road. Chinese porcelain, another top-selling item at the same time, won great reputation as well. Silk clothes and Chinese porcelain were popular and became a showcase for social status among heads of state and dignitaries from countries along the 7,000-kilometer road. Meanwhile, foreign foods were introduced to China through the Silk Road as well, such as grape, walnut, carrot, pepper, broad bean, spinach, cucumber, pomegranate, etc. Exotic musical instruments such as Huqin, Pipa, Daruan and Sanxian, have gradually become traditional Chinese national instruments. Though opened as a route to facilitate foreign trades, the Silk Road actually promoted extensive cross-cultural exchanges. Apart from commodities and goods, the exchanges covered various fields, including language, writing, technology, art, institution, religion, education, and eventually ideology. As a matter of fact, when Zhang Qian arrived in Central Asia, he was surprised to find that Chinese silk and porcelain had already been traded for many years. Businessmen always took the lead in advancing communications among countries. They brought with them the values and customs of their home countries as well as the products. Every business transaction contributed to the exchanges and connections between different cultures, this is the cultural significance of the ancient Silk Road and Maritime Silk Road. It is on the basis of the people-to-people exchange that makes the cross-border and cross-culture connection continue to the present day.

    Culture can be regarded as the life and soul of a nation. The nation is the carrier of its culture. These two cannot be separated. In fact, the essence of human beings' survival and development lies in cultural coexistence for mutual prosperity. Coexistence means different cultures are equally valued, along with their economy and other fields. On the opposite side of cultural coexistence is cultural difference, which means cultures are different but complement with each other. Coexistence lays the foundation for bridging differences, while differences become the motivation to further promote cultural communication and exchange. Culture can be defined from many different perspectives, and I think culture can be briefly defined as a way of life, the pursuit of value, and an expression of emotions and feelings. Therefore, cultural communication is reflected not only in trade but also in the exchange of lifestyles, which will in turn bring in innovative ideas and more inclusive thoughts.

When silk emerged as an exquisite and dazzling item, this exotic fabric must have influenced the fashion, consumption, aesthetics and other aspects of people's life. According to the records, silk was once the heated product that the Romans fanatically pursued. Its market price even skyrocketed to 12-tael gold per pound. Despite the high cost, Roman girls liked clothes made with silk best, and loved to wander in the streets wearing silk clothes. The scene of the girls wearing silk clothes and walking in the streets must be eye-catching, but it provoked panic from the Roman Senate. The senators exclaimed that those debauched girls ignored the fact that other people can see their bodies through the thin silk dresses. Such remarks reminded me of the popularity of polyester (commonly known as Dacron) shirts in the early 1970s. This newly invented cloth is very transparent. Because of wearing a Dacron shirt, a girl in our community was judged that she had immoral ideas, causing her to be summoned for meeting and get a verbal warning from the district leader. When I was the director of Oriental Television, the most difficult thing was to regulate the hairstyle and costume of actors who were going to appear on TV or perform at the concert. The regulations were very strict at that time: male performers with braids and earrings were not allowed on TV, because that kind of looking would be regarded as being indecent and self-indulgent, not to mention punk-style outfit. The trade and cross-cultural communication through the Silk Road bring new ideas and fashions from one country to another, thus promote exchanges of languages, religions, institutions, ideologies, ideas and ultimately lifestyles. Mutual and multiple benefits are thus the result.

Last August in Nara, I visited Tōshōdai-ji. This temple, with the architectural style of the glorious period of the Tang dynasty, was founded by Chinese monk Jianzhen. It is the main temple of Ritsu school of Buddhism in Japan, and is praised as the national treasure of Japan. Jianzhen, an eminent monk in the Tang dynasty, propagated Buddhism and founded Ritsu Buddhism in Japan. Upon his determination to preach in Japan, he suffered five failed attempts to cross the sea and finally reached the country in the sixth voyage at the age of 66. In the journeys spanning over 12 years, 36 of his companions lost their lives, over 200 monks quitted, and Jianzhen himself lost his eyesight. In the seventh year of Tenpyō-hōji(763), he passed away at the age of 76. His body was cremated and buried in the pine forest at the northeast corner of the temple. To memorize him, a dry-lacquer statue of him made by his disciples before his death is worshiped in the Goei-do Hall of the temple. This statue is also regarded as a national treasure of Japan.

Today, we still need as many people as possible with insight and determination like Jianzhen to work tirelessly to promote cross-cultural and cross-regional exchanges. Tsung Yeh, a Chinese-American musician, serving as Music Director of Singapore Chinese Orchestra, has been working in Singapore for long time and become a member of the think tank in the cultural field of the country. I met him in a trip to Singapore at the beginning of the 21st century. With his help, I invited the famous Singapore Chinese Orchestra to perform at Shanghai International Arts Festival. Conductor Chen Zuohuang, now Music Director of National Center for the Performance Arts, once was the principal conductor of Unam Philharmonic Orchestra in Mexico City, and I was fortunate enough to have him as my "driver" when I was in Mexico. Thanks to his effort, we arranged a Mexican Culture Week at Shanghai International Arts Festival. Numerous citizen cultural ambassadors like them work hard to advance cultural exchanges along the Silk Road. In the same vein, I appreciate the biennial Sharq Taronalari International Music Festival in Samarkand, Uzbekistan. In the year when I was the chairman of the international jury, the festival attracted 47 countries. Two years later, when I attended it again, 60 countries joined it and all the programs were full of strong and distinctive ethnic styles. This music festival is indeed a feast of different cultures.

To conclude, the BRI is an advocacy not only for economic cooperation, but also cultural cohesion and exchange. The BRI was proposed when cultural exchange and cooperation among countries and cities were flourishing. The wave of urbanization has spread from the developed countries to the developing countries. Cultural exchange and cooperation between BRI-involving cities are flourishing and gaining the central attention. In this context, Ministry of Culture organized research projects on cultural exchange and cooperation system between BRI-involving cities, and appointed the National Base for International Cultural Exchange and Research (NBICER) to conduct the research. As the Director of the NBICER, I took the lead in the project and invited some research fellows and associate research fellows from Shanghai Academy of Social Sciences(SASS) to work together. During the process, I was in hospital for three months, which delayed the conclusion of the project for almost half a year. After finishing the project, I delivered a speech on parts of the research findings at the forum of Tongji University, and published an article in Thinker, a special section of Jiefang Daily which focuses on academic thinking. Some parts of the research report were also published as a sub-report of *Annual Report on Cultural Communication Development of Shanghai* (2019). Now Shanghai Acedemy of Social Sciences Press is going to publish the full report. It is my sincere hope that this book could contribute to the construction of the Belt and Road Initiative.

May 2020

第一章 "一带一路"城市间文化交流合作的体系设计

2013年9月7日,国家主席习近平在哈萨克斯坦纳扎尔巴耶夫大学发表演讲,提出了共同建设"丝绸之路经济带"的畅想。同年10月3日,习近平在印度尼西亚国会发表演讲,提出共同建设"21世纪海上丝绸之路"。这两者共同构成了"一带一路"重大倡议。

"一带一路"这一设想是从古代中国的"丝绸之路"衍生和发展起来的,有趣的是这个中国古代的"丝绸之路"并不是中国人率先发明的,而是在19世纪由一位德国人提出的。这位德国人叫费迪南·冯·李希霍芬,是一位地质学家,也是一位旅行家,1860年至1862年,他参加了普鲁士政府组织的东亚远征队,以后他又数次来到中国,靠近古楼兰遗址的罗布泊位置就是他指出的,如今一些中国的地名英文名 Richthofen Range(祁连山脉)就是以他的名字命名的。他在1877年至1912年出版的五卷本巨著《中国——以亲身旅行为基础的研究结果》中,把历史上形成的那条从地中海经中亚地区至远东的陆上商道首次称为"丝绸之路"(Seidenstrasse),很快这一概念就流行开去。以后,他的学生斯文·赫定,一位瑞典人,在1936年写了一本书,题目就叫"丝绸之路",有意思的是他在这本《丝绸之路》里预测到中国会复兴这一条古代"丝绸之路",而且复兴之日就是这个古老民族的复兴之时。这一预言现在似乎正在得到兑现。

"一带一路"倡议,唤起了沿线国家的历史记忆。古代丝绸之路是一条贸易之路,更是一条友谊之路。在中华民族同其他民族的友好交往中,逐步形成了以和平合作、开放包容、互学互鉴、互利共赢为特征的丝绸之路精神。在新的历史条件下,提出"一带一路"倡议,就是要继承和发扬丝绸之路精神,把中国发展同沿线国家发展结合起来,把中国梦同沿线各国人民的梦想结合起来,赋予古代丝绸之路以全新的时代内涵。

"一带一路"倡议是面向世界的开放体系,它既面向沿线 65 个国家,但又绝不限于原来的沿线 65 个国家,它在原有基础上加上了延伸和辐射的国家,因此是个面向世界的倡议和愿景。自 2013 年由习近平主席率先提出以后,至今已有 100 多个国家和地区以及国际组织积极响应,40 多个国家和地区与我国签署合作协议,我国政府明确表示"各国和国际、地区组织均可参与",实际上"一带一路"已成为造福全世界人民的全球化方略,它顺应了世界多极化、经济全球化、文化多样化、社会信息化的潮流。"一带一路"陆上贯穿亚欧非大陆,并通过海洋智连美洲、大洋洲等。"一带一路"提供了一个包容性巨大的发展平台,彰显了人类社会共同理想和美好追求,是国际合作以及全球治理新模式的积极探索,具有深厚历史渊源和人文基础,能够把快速发展的中国经济同沿线国家的利益结合起来,增进沿线各国人民的人文交流和文明互鉴。

2013 年中国提出了"一带一路"的倡议,2017 年 5 月 14 日至 15 日中国就举办了"一带一路"国际合作高峰论坛,这是"一带一路"提出 3 年多来最高规格的论坛活动,收获多项建设性成果,大大推动了"一带一路"宏伟蓝图的建设。而在这样的大背景下,探讨"一带一路"城市间文化交流与合作的体系,对于提升"一带一路"合作发展能级,有着极为重要的价值和意义。

一、城市间交流合作是"一带一路"民心相通的实践载体

"一带一路"的开放体系是以沿线国家为网络,以这些国家的城市和城市群为交流合作节点。城市在当今全球化城市化的浪潮中扮演着重要角色,同时在"一带一路"规划中也扮演着重要角色。"一带一路"所倡导的政策沟通、设施联通、贸易畅通、资金融通、民心相通,主要是通过城市来进行的,因此城市是"一带一路"地缘联系的桥头堡和枢纽点,尤其文化交流和合作更离不开城市的依托。无论是经济的交流还是文化的沟通,最终都必定会通过城市间的合作形态而表现出来,它们是"民心相通"的重要实践载体和操作路径。

(一)"一带一路"城市间文化交流的深厚历史积淀

追本溯源,"一带一路"自古以来就有着极为深厚的历史渊源。据资料记

载:丝绸之路,简称丝路,是指西汉(公元前202年—公元8年)时,由张骞出使西域开辟的以长安(今西安)为起点,经甘肃、新疆,到中亚、西亚,并联结地中海各国的陆上通道(这条道路也被称为"西北丝绸之路"以区别日后另外两条冠以"丝绸之路"名称的交通路线)。因为由这条路西运的货物中以丝绸制品的影响最大,故得此名。其基本走向定于两汉时期,包括南道、中道、北道三条路线。第一条是位于西伯利亚大森林以南的"草原之路"。第二条是位于温带的贸易量最大的传统丝绸之路,又称"绿洲之路"。第三条是介于温带和热带之间的南方丝绸之路。虽然叫"丝绸之路",实际上丝绸只是这条贸易要道上的主要商品之一,此外还有瓷器、茶叶、玉石等,都是深受沿线国家追捧的物品。当时横亘在丝绸之路上有四个帝国,分别是东边的汉帝国,中间的贵霜帝国、安息帝国,还有西边的罗马帝国,这些国家都以使用丝绸、瓷器为荣。从那以后中原地区先进的生产力不断西传,西域乃至欧洲各国的农产品与商品也源源不断进入中原百姓的生活当中。经过千百年的不断发展,这条道路日益担负起联系欧亚文明的历史重任。

除了上述的三条陆路以外,第四条就是海上丝绸之路,这也并非21世纪的产物,它同样诞生于古代中国。中国历史发展到了宋朝时期,航海技术已经有较大的发展,船体的隔舱、司南等对航海有极大促进作用的发明已经出现。同时由于宋朝商业极其繁荣,高层统治者也曾下令鼓励商业活动,使得商业在宋朝的发展近乎达到了极致。再者我国以贵金属为货币,在南宋时期,统治区域内并无较大规模的贵金属矿藏,而贵金属产量较多的日本、南洋等地又必须经过海运方可到达,客观上促进了海上贸易的兴起。在政治上,由于西夏、蒙古帝国、拜占庭帝国相继隔断了中国与欧洲交往的陆上通道,并对贸易商人征收高额税率,极大地抑制了陆路商贸,商人为将丝绸、瓷器、香料等货物运至欧洲,换取高额利润,只得改走水路,导致了海上丝绸之路的产生和兴盛。表现最为明显的就是当时造船技术和航海技术的不断成熟,中国造的商船和军舰都达到了世界领先水平,泉州和广州成了中国日益繁华的海港城市。海上丝绸之路的开辟,将我国对外交流的方位和视角进一步丰富起来。东南方向从此成为中国交流开放的前沿阵地。满载着中国的丝绸、瓷器、茶叶等精美物品以及与世界文明对话的美好意愿,中国船只一路向南、向西,活跃了沿线各国经济,传播了中华文明,同时也带回了沿线各国的香料、药材、玻璃和思想文化等文明成果。

宋代统治者大力发展海上贸易,当然,由于中国古代历来对商业和商人的歧视,官方不允许商人随便出境,因此,按葛剑雄教授所说,"即使是比较开放的宋朝,南宋也只是让外国人做买卖,政府从中收税,而不是中国主动到国外去做贸易"①。当时,阿拉伯人、波斯人等在广州、泉州一带聚集有好几万人,甚至形成了他们自己的社区。宋朝在沿海港口城市设立市舶司,市舶收入成为宋朝财政收入的一项重要来源;对外采取一系列优惠措施,对内设立一套激励机制招徕外商,在广州、泉州等外商聚集地设立番坊。宋代南至广州,北到吴淞口,沿海诸多港口商旅云集,东西方海外交通十分兴盛,促进了地区经济的繁荣,带来了多姿多彩的异域风情。宋朝拥有当时世界最先进的航海设备,天文学成就颇高,指南针也被广泛运用于航海。宋代中国海船已能经常远航到亚丁乃至东非,往来国家颇多,其中大食成为宋朝海外贸易最频繁的国家。伴随着海上丝绸之路经济贸易的繁荣,东西方之间的文化交流也日益频繁,极大地丰富了沿线各国人民的精神文化生活。以泉州为例,在南朝时,泉州就有与海外友好往来的记录,及至晚唐已发展成为很有规模和影响力的外贸港。五代时闽王王审知的侄儿王延彬任泉州刺史17年,"每发蛮舶,无失坠者,人因谓之招宝侍郎"。北宋元祐二年(1087年)在此设福建路市舶司。南宋时泉、广常相提并论,其海舶往来东海、南海,非常活跃。南宋宝庆元年(1225年)赵汝适提举福建路市舶司时,已知通商贸易的国家和地区达50余个。朝廷规定福建沿海的商船都须从泉州市舶司领取"官券"才能出海。泉州城镇南门附近形成番商聚居的"番人巷"。宋廷允许设立"番学",让"土生番客"就读。

而这些交流,都是以城市为重要关节,在一次次商品交易中传递着文化的信息,在一次次的贸易往来中促进着文化的互通,从而使古丝绸之路和海上丝绸之路形成了一定的文化认同,"民心相通"正是构建在这样的认同之上,才使得这种跨国界、跨文化的相互关联延续至今。

(二) 城市外交对"一带一路"民心相通具有现实意义

在全球资源重组的历史进程中,城市的地位和角色日益凸显。据经合组

---

① 葛剑雄:《从世界视角看丝绸之路》,《解放日报》2017年5月5日。

织报告估算,目前已经有超过半数以上的世界人口生活在城市;据联合国人居署预测,到2050年,城市人口将达到总人口的70%以上。作为全球化网络的节点,城市聚集着复杂的全球组织指挥系统,日益成为全球政治、经济和社会生活命脉的主宰。环顾世界,全球化程度越高的地方,也是城市化水平越高的地方,更是各种资源和要素最为密集的地方。诸如纽约、伦敦、东京等全球性都市不仅实际上建立起了遍及世界各个角落的关系网络,而且很大程度上还掌控着全球城市经济和社会生活的游戏规则制定权,聚集了大量的国际组织、跨国公司、全球性媒体、非政府组织等机构的总部,其所构成的"全球公共领域"在几乎所有社会生活领域引领着时代潮流,不断开创新的时尚,对其他国家的经济、社会、文化乃至政治都产生了直接而深刻的影响,城市间经济网络开始主宰全球经济命脉,使若干世界性的节点城市成为在空间上超越国家的实体,并逐渐形成多极、多层次的世界城市网络体系。

世界城市在参与国际事务的广度和深度方面都举足轻重,它们是全球治理中不可小觑的主力军。在涉及反恐和防核扩散等国家安全问题、世界经济复苏问题、全球气候变化问题、控制大规模传染病问题以及规范移民问题等诸多外交事务中,世界各国城市都日益强调推动国际合作和跨国协调,以提升城市竞争力,应对城市治理难题。例如,在巴以冲突问题上,当欧洲国家未能与哈马斯政权实现合作时,一些加拿大城市却能参与到巴勒斯坦地区的市政项目中,帮助地区发展和能力建设,协助缔造和平。在应对全球气候变化的问题上,前任伦敦市长利文斯通倡议成立了C40城市气候领导联盟,发挥大城市在全球气候治理中的关键性领导作用。不难看出,如果没有城市化的高度发展,城市间的互联互通和城市国际化便无从谈起,"一带一路"也便缺乏了物质前提,城市化是推动"一带一路"建设的必要条件。

"一带一路"倡议实施的重点是"政策沟通、设施联通、贸易畅通、资金融通、民心相通",涉及外交、经贸、金融、基建、交通、人文、环境等方方面面,鼓励"开展城市交流合作,欢迎沿线国家重要城市之间互结友好城市,以人文交流为重点,突出务实合作,形成更多鲜活的合作范例"。其中,城市作为丝绸之路上的珍珠,通过"一带一路"城际合作交流串接起来,通过释放城市潜在的对外交往活力,发挥各城市比较优势,联通边界的区位优势,搭建互联互通走廊和对外开放窗口,以点带面、由线到片,逐步形成区域大合作格局。例如,借用城市外交的优势和特点,在作用于不同区域范围的主要核心城市周围,聚集不同类型、规模、特点的城市,形成与核心城市保持较密切联系的群体,即"城市群"。这种结构不仅可以增强核心城市的影响力,同时也将增强核心城市对外围区域的辐射作用。因此,要充分利用"一带一路"构建的战略资源与机遇,实现新兴市场国家的优势互补、合作共赢,未来我国将探讨建立"一带一路友好城市群""新兴市场友好城市群""金砖国家友好城市群"等,真正实现充分整合资源,优势互补,抱团取暖,互助共赢。

城市未来将在国际舞台上扮演越来越重要的角色,这里拥有密集的人口、集中而充沛的资源、丰富多元的文化,因此只有通过城市间的文化交流这一载体,以文化为纽带,才能把人们的情感聚拢到一起,形成某种共识,产生某种共鸣,进而使心更近,情更深,真正做到民心相通。

二、文化交流合作是"一带一路"民心相通的操作路径

"一带一路"是加强合作消弭隔阂的全球性倡议,因此求同存异是实现"一带一路"所要遵循的原则,"一带一路"必须坚持和谐包容的理念。要尊重各国发展道路和模式的选择,加强不同文明之间的对话,求同存异、兼容并蓄、和平共处、共生共荣。文化差异是"一带一路"沿线国家最大的差异,因此需要通过人文交流实现文化融合和互补共享,以文化为纽带为桥梁,可以更好引领和促进沿线各国、各城市、各领域、各阶层、各宗教信仰、各文化习俗的交流合作,保护文化多元化和多样性,求同存异,各美其美,最后做到美美与共,民心相通,构建人类共同的精神文明家园。

文化可以看成是一个民族的生命与灵魂,与承载着这种文化的民族不可须臾分离,人类的生存发展其实质即是文化的共生共荣。文化的共生性还表现为它与经济等领域的交融和共进,并在综合国力的竞争中占据愈来愈重要的地位。然而,文化的差异性与共生性是相辅相成的,共生性是弥合差异性的基础,差异性又促进了进一步沟通交流的动力,并在相互碰撞中强化借鉴与补充——不是在碰撞中使一种文化消失,而是在碰撞中共同成长。人类文明因多样、多元、多彩才有传播与交流合作的价值,因包容才有交流互鉴的动力。

"一带一路"是我国提出的倡议,既面临着全方位开放机遇、周边外交机遇、地区合作机遇,也面临着地缘风险、安全风险、经济风险、法律风险,既要依托现有的体制性合作以及未来可能发展出的新的机制性合作,同时也要依赖和借助于诸多非机制性的交流传播。这就不仅需要文化"软实力",而且需要在文化传播与交流中以"尊重差异、包容多样、互鉴共荣"的原则对待人类文化,通过跨文化传播与交流,把文化的差异性当作互鉴共荣的资源,并使之成为政治、经贸、军事、社会等各领域交流与合作的"润滑剂"和"催化剂"。可见,"一带一路"文化先行,不仅是对古丝绸之路精神的继承与发扬,更重要的是通过文化交流传播,可以增强"一带一路"倡议的吸引力,从而促进各领域的合作共赢、互利共荣。

(一)"一带一路"文化交流合作的方向

1. 文化价值观的交流

价值观念的差异性是民族之间差异性的基础,亨廷顿将世界文明划分为八个主要文明,即中华文明、日本文明、印度文明、伊斯兰文明、东正教文明、西方文明、拉丁美洲文明、非洲文明(可能存在的)。他认为,冷战后的世界中,人民之间最重要的区别不是意识形态的、政治的或经济的,而是文化的区别。① 正是这些区别的存在,导致了文明的冲突。

虽然"文明冲突论"有着较大的争议,许多人包括相当多的西方学者并不同意亨廷顿的观点,但有一点可以肯定,由于价值观念差异而导致的民族与民族、国家与国家、文明与文明之间的冲突的确存在。而在"一带一路"倡议的推进过程中,由于沿线国家的文化与价值观念存在很大的差异性,势必会对各国间的合作产生负面影响,因此,价值观念层面的交流就成了"一带一路"文化交流合作的重要层面。这里捎带提一下宗教,我们应该十分重视宗教在文明交流和价值观念沟通中的重要和独特作用,它是民心相通的重要渠道。通过价值观念的交流,可以促进各国之间的相互理解,寻求共同价值观念的契合,为"一带一路"倡议的响应和推进带来更多精神助力。归根结底,构筑人类命运共同体需要构筑人类共同的价值观高地。

---

① [美]塞缪尔·亨廷顿:《文明的冲突与世界秩序的重建》,周琪等译,新华出版社2010年版。

2. 文化产业的交流合作

随着我国经济规模的不断扩大,我国对外文化贸易额也逐年增长,我国提出要建设社会主义文化强国,提升文化软实力,为了达到这一目标我国提出了中华文化走出去战略,取得了不俗的成绩。而"一带一路"倡议也在客观上为各国搭建起了一个文化产业交流合作的平台,各国贸易的互通当然也就包括文化贸易的互通,无论是传统的文艺演出、影视书刊,还是新兴的游戏电玩、文化旅游等文化产品与形式,都可以借助于"一带一路"平台获得快速推动。文化产业对一般百姓来说主要体现在他们的购买行为上,购买的文化产品往往要比免费获得的文化产品具有更大的吸引力和亲和力,接受度高,抵御性弱,交流与默化的效果更佳。

3. 教育学术的交流合作

教育与学术交流合作也是文化交流合作的一个重要层面。教育与学术是大文化的一种具体的表现形式,文化交流合作在国家之间的各项合作交流中很多时候是无形的,因此必须要找到一个合适的平台来体现各国文化的差异性,并通过这一平台来展示这样的差异性,同时又寻求差异性背后的共同性,教育与学术交流就是很适合的平台。教育与学术交流合作无疑为"一带一路"中的文化交流合作提供了一种具体的形式。通过教育与学术交流合作,不仅能够促进"一带一路"各国间的文化沟通,同时也能推动我国教育开放、学术提升、思想碰撞、人才流动。

4. 科学技术的交流合作

中华人民共和国成立以来,特别是改革开放以来,我国科技创新整体实力取得了重大飞跃。我国已成为全球重要的研发活动中心,研发支出占全球比重从 14% 上升至 20%,居全球第二;科研人员在全球总量中的比重从 16.7% 上升至 19.1%,居全球第一;国际科技论文占全球比重从 9.9% 上升至 20.2%,居全球第二。此外,我国重要科技成果不断涌现。通过"一带一路"倡议实施,我国积累的大量先进科技成果可以有效输出到"一带一路"沿线国家,既带动沿线国家的产业升级和民生进步,又可在一定程度上解决我国的产能过剩问题。

国际科技交流合作作为"一带一路"倡议的重要组成部分,在提升国家间要素流动与优化国家间要素配置的同时,还能帮助合作国突破低端锁定,实现价值链攀升和产业升级。依托国际科技合作这一重要平台，"一带一路"沿线国家的人才培养质量、科学研究水平都能得到显著提高，"一带一路"倡议在推动科技成果产业化和科技促进经济发展方面也能起到不可估量的作用。

伴随着"一带一路"倡议的不断推进，"一带一路"沿线国家间的科技合作也日渐展现广阔的空间。从"互联网+"战略的推进实施，到高铁不断走出国门，再到中国核电巨头中广核参与英国新建核电项目，近年来我国科技实力的不断进步，受到广泛关注。新西兰驻广州总领事陈立恩说，"一带一路"倡议可以让沿线国家互联互通，加强在基础设施、物流等诸多方面的合作，而高新技术则可以起到加速器的作用。不少专家认为，"智慧城市"建设可能成为"一带一路"国家间科技合作的抓手和突破口。中国智慧城市建设投资联盟主席李林认为："'智慧城市'是基于物联网、云计算、人工智能等技术而形成的一种新型信息化的城市形态。"目前，在国内不少城市，"智慧城市"的建设正呈现如火如荼之势。

5. 旅游的交流合作

"一带一路"倡议的愿景是"共同打造开放、包容、均衡、普惠的区域经济合作架构，基本形成高标准自由贸易区网络"。国家发展改革委、外交部、商务部于2015年3月28日联合发布的《推动共建丝绸之路经济带和21世纪海上丝绸之路的愿景与行动》就已设想"加强旅游合作，扩大旅游规模"。"一带一路"旅游合作将促进沿线国家旅游可持续发展，提高地方社区福利，刺激投资，保护沿线文化与自然遗产，为游客提供难以忘怀的丝绸之路旅游体验。反过来，旅游因其自身特点，具有先联先通的优势，不仅可成为助推"五通"的重要力量，也有望成为中国与相关国家交流合作的主要形式之一。尤其值得关注的是一些"一带一路"沿线国家，例如中亚地区，过去一直是被中国"旅游热"所忽视的地区，但这些国家有着丰富的旅游资源，亟待交流与开发。

6. 体育事业的交流合作

"一带一路"倡议的提出和深入推进，为我国体育文化发展带来了全新的机遇。民心相通是"一带一路"建设的社会根基，"一带一路"要聚人气，必须重视人文交流，增进各国人民的理解与合作，形成共建"一带一路"的美好共识，而体育是促进文化交流的重要突破口。从大文化概念而言，体育作为一种世界性通俗文化活动，具有超越语言、种族、文明的中性色彩，为国家间相互交往和理解创造条件。体育将为建设"一带一路"继续发挥重要作用——丝绸之路沿线国家和地区的人们在竞技赛事、体育活动中强健体魄、加深了解、建立友谊,传递不同地域人们对构建积极幸福生活方式的共同追求。2019年在哈萨克斯坦首都阿斯塔纳举办的国际马拉松比赛,就是"一带一路"带来的体育交流合作项目。

(二) "一带一路"文化交流合作的成功实践

在与全球共享"一带一路"建设成果的同时,中国与各国人民之间的友谊得到了广泛提升。蓬勃开展的文化交流与合作,进一步促进了"一带一路"沿线国家民心相通。截至2016年底,中国已经和"一带一路"沿线的60多个国家签订了政府间文化交流合作协定。其中,许多文化交流活动或举措已经或正在各个沿线国家生根发芽、开花结果。

1. 文化交流合作对经济合作产生的积极影响

今天的"一带一路"倡议,实际上也是站在经济全球化的角度,通过修建沿线各国基础设施,降低各国之间贸易的交易成本,促进各国之间贸易的大发展大繁荣。在我国与"一带一路"沿线国家进行贸易的过程中,出现了一个较为有趣的现象,按照出口对我国各省区市GDP的贡献程度来算,与中亚五国贸易程度最高的是我国的新疆,而与东南亚十一国(越南、泰国、老挝、柬埔寨、新加坡、马来西亚、印度尼西亚、文莱、缅甸、菲律宾、东帝汶)贸易程度较高的则是我国两广、上海、福建地区。①

从我国各省份与"一带一路"各国贸易地理分布来看,与各国贸易程度较高的省份往往与其地理位置相近,文化习俗也相近。例如,新疆与中亚五国地理位置相近,当地人在生活习惯、传统文化上也与中亚、西亚乃至中东地区有相似之处,甚至连语言也很相近,这也就成了双方贸易程度较高的一个重要因素。笔者一次在乌兹别克斯坦,见到新疆一位高校女教师来这里的孔子学院执教,她用维吾尔族语言与当地人交谈,居然没有什么障碍。一直以来,经济因素都被经济学家认为是影响国际贸易的决定性因素,主要包括技术、劳动生产效率、要素禀赋和规模经济等。但是在贸易实践中,文化的因素也

---

① 邹嘉龄等:《中国与"一带一路"沿线国家贸易格局及其经济贡献》,《地理科学进展》2015年第5期。

不可或缺。相关经验表明，拥有相同或相近文化背景的地区之间贸易往来更为畅通，在国际贸易中，由于贸易双方往往处于不同的国家或地区，因此双方的经济社会、文化背景、交易规则、法律制度都会有一定的差异性，这种差异性往往就导致了贸易的风险与不确定性。而如果贸易双方都能够拥有共同或相近的宗教信仰、价值观念、传统风俗乃至语言语境，那么双方在贸易中的沟通效率就会显著提高，从而促进国际贸易的进行。

如果说文化的同质性可提升国际贸易中的沟通效率，贸易双方之间的文化交流合作则对双方产品的升级与差异化产生一定的影响。例如，通过文化交流合作，企业可以更好地锁定目标市场的交易对象，制定有效的营销策略，同时针对目标对象的具体需求，企业可生产出更多具备差异性的产品，提升产品的附加值，从而避免恶性竞争。

近年来，宁夏通过对自身文化的大力挖掘，大力生产清真食品与穆斯林用品，并将阿拉伯国家作为国际贸易的主要对象，这些产品很快就被阿拉伯国家的市场所接受，并获得了好评。与此同时，宁夏也大力发展与阿拉伯国家政府、企业、社会层面的文化交流合作，这些交流促进了宁夏当地政府与企业对贸易国地方市场的认识，并有针对性地提供了相应的政策保障，产品的差异性、竞争力也显著提升。在这种形势下，宁夏与阿拉伯国家的贸易额实现了持续增长。

文化交流合作在经济活动中不只是促进经济发展的调味料，同时，其衍生的文化贸易也往往能够在经济活动中扛起大梁。我国目前正在大力推进与"一带一路"沿线各国的文化年、旅游年等。例如，在2015年印度总理莫迪访华时，中印两国将2016年设为中印旅游年。在旅游年期间，双方举行了多场文化旅游活动，例如"中印旅游交流论坛""中印旅游展览"等。

近年来，中泰文化交流合作也日益密切，泰国人掀起了一股学习汉语的热潮，中国向泰国出口的影视作品、出版物都取得了不错的成绩，同时泰国电视剧如《不一样的美男》等也在中国热播，取得了很高的收视率。2015年，中国赴泰国旅游的人数突破1 000万人次，刷新了历史纪录。

另外，我国对外演艺节目出口也取得了较好的成绩，如《丝路花雨》《吴哥的微笑》等都在"一带一路"沿线国家取得了较好的成绩。《功夫传奇》剧目更是连续在国内外演出11年，有400万名国外观众观看，创造了中国剧目进入欧美高端演艺市场的最高纪录。

在传统对外文化贸易模式取得成绩的同时，我国也开始探索新兴的版权交易、对外文化投资等模式，不断开拓国外文化市场。

2. 文化交流合作对政治互信产生的积极影响

政治互信是国家之间的合作的重要基础，而影响政治互信的因素也是多方面的，文化交流的效果则是其中非常重要的方面。综合来看，文化交流对政治互信的影响主要体现在以下两个方面：

（1）有助于消融不同国家间对政体选择的误解和隔阂

在"一带一路"倡议推行的过程中，中国必然会与拥有不同政治体制的各种国家打交道，对各国政治体制、法律政策的认识程度将直接影响到相关合作的实施效果。而一国的政治体制与法律政策通常都是建立在该国历史传统、文化风俗的基础之上的，这就要求我们必须深刻理解该国的历史文化传统，而国家之间的文化交流就提供了这样一个相互认识的契机。

以中国与土耳其的关系为例。作为一个横跨欧亚大陆的国家，土耳其在国家定位上也较为多元，作为一个伊斯兰国家，其实行的是"脱亚入欧"的政策，并且成了北约成员国。土耳其近年来在经济发展上取得了不错的成绩，其大国雄心也日益凸显。

作为"一带一路"沿线国家，近年来土耳其与中国的经济合作日益密切，中国已经成为土耳其第三大贸易伙伴、第三大进口国以及第十四大出口国。而且土耳其作为伊斯兰世界少数政局稳定、国力强盛的国家，中国在推行"一带一路"倡议的过程中，还需要土耳其的大力支持与帮助。但是，土耳其在价值倾向上支持"泛突厥主义"，这就为中国与土耳其的政治互信增添了许多的障碍。

在国际关系行为体系中，文化认同居于金字塔的顶部。中国与土耳其在经济关系与外交关系上都保持着良好的发展势头，在地区安全事务中也没有领土纷争，妨碍两国政治互信进一步发展的深刻原因恰恰是彼此的文化认同。土耳其缺乏对中国政治体制、政治制度的理解，跟着西方国家拿我国的"人权问题"说事。另一方面，中国在改革开放的过程中，长期打交道的都是西方发达国家，这使得学术界、思想界研究的重点也是西方发达国家，对土耳其此类特殊的伊斯兰国家研究得也不够深入，很难理解土耳其人的行为习惯。这也是造成当前两国关系存在障碍的关键。要在中土政治互信中取得突破,就必须文化先行,通过加强中国与土耳其之间的文化交流来落实民心相通。

其实我国与土耳其的文化交流源远流长,最早可以追溯到我国南北朝时期,当时我国的北魏就与拜占庭帝国建立了外交往来。至元代,我国的青花瓷输出至伊斯兰国家,直至今日,土耳其依然是海外中国古瓷的最大收藏地。

2013年,中土两国互设"文化年",双方各自举办了多场弘扬两国传统文化的活动,增进了两国官方与民间对彼此的了解。同时,近年来中国与土耳其在学术界的交流也日益广泛深入,如西北民族大学成功举办了题为"当代伊斯兰教:土耳其的模式与经验"的"中土学者论坛",对土耳其如何处理好传统与现代、宗教与世俗的成功经验进行了分析。随着两国文化交流的日益密切,未来两国一定能够更加透彻地领会到彼此政治路径选择的意义,从而减少分歧,凝聚共识。

(2) 有助于拓宽官方合作渠道

随着经济全球化的日益发展,国家政府间相互合作的频率也日益提升,官方合作越密切,国家之间的政治互信也就能越深入。文化交流作为联系两国关系的纽带之一,自然也能成为拓展国家间官方合作渠道的重要方式。

早在2006年,中国政府与哈萨克斯坦政府、吉尔吉斯斯坦政府、乌兹别克斯坦政府、塔吉克斯坦政府、土库曼斯坦政府,就在联合国教科文组织世界遗产委员会的协调下,联合启动了丝绸之路跨国申报世界文化遗产的工作。而由于丝绸之路的概念较为庞大,难以一次性厘清,2011年底,在乌鲁木齐召开的申遗协商会议上,国际专家组经过多次协商才得以达成一致。最终中国和哈萨克斯坦、吉尔吉斯斯坦联合申报的"丝绸之路:长安—天山廊道的路网"成为世界自然与文化遗产。从这一次中哈吉官方之间的文化合作可以预见,未来将有更多丝路文化遗产与文化项目合作提上日程。关于丝路的官方文化交流将不断地拓展国家政府间的合作渠道,为国家之间的政治互信提供良好的互动机制。

3. 文化交流合作是文化外交的重要一翼

当今世界发展越来越复杂、多元,传统的经济外交、政治外交与军事外交难以替代文化外交,文化外交日益成为国家之间交往的重要工具,其在外交工作中的作用与地位也越来越凸显。首先,由于文化外交的方式多样温软(如语言培训、文艺演出、艺术展览、学术交流、体育赛事等),有利于外交部门更加灵活、更加柔性地开展工作;其次,文化外交对维护国家的文化安全,提升国家的形象具有水滴石穿、润物无声的独特作用;再次,文化外交还有利于带动本国文化产业进步,促进文化贸易发展,繁荣人民精神生活。

中华人民共和国建立以来,我国党和政府非常重视对外文化交流,"加强文化交流与合作"成了我国与外国开展外交关系的重要部分之一。2007年十七大报告中明确提出要"提高国家文化软实力",习近平总书记也多次提出要向世界弘扬中华民族传统文化。

在"一带一路"倡议推进的过程中,文化外交的作用更是举足轻重。无论是"丝绸之路经济带"上中亚、西亚的沿线国,还是"21世纪海上丝绸之路"上东南亚的沿线国,在历史上都与中国有着广泛而深入的文化交流,文化外交往往可以起到事半功倍的效果。如我国对外文化交流的重要项目——孔子学院,在东南亚国家的效果就明显优于其他国家。

自2005年我国山东大学与新加坡南洋理工大学合作建立孔子学院以来,孔子学院在全世界诸多国家得到了快速发展。

尤其是在泰国,截至2015年底,我国已经与泰国联合建立了14所孔子学院和11个孔子课堂。①泰国公主诗琳通还亲自推动了泰国皇太后大学、泰国朱拉隆功大学孔子学院的成立。在泰国孔子学院的推动下,学习汉语的泰国人数与日俱增,据泰国教育部2014年公布的数字,当年泰国已有近90万人学习汉语,比2004年翻了90倍。

孔子学院在世界各国的成功,标志着我国文化外交能力的显著提升,也凸显了文化交流在外交领域的重要作用,可以预见,在"一带一路"倡议推进的过程中,文化外交也将成为我国与其他国家交往的利器。

总而言之,"一带一路"是加强合作、消弭隔阂的全球性倡议,而求同存异则是实现"一带一路"所必须遵循的原则。要尊重各国发展道路和模式的选择,加强不同文明之间的对话,做到求同存异、兼容并蓄、和平共处、共生共荣。文化差异是"一带一路"沿线国家间存在的最大差异,因此需要通过人文

---

① 国家汉办官网:http://www.hanban.edu.cn/conficiousinstitutes/node_10961.htm。

交流实现文化融合和互补共享,以文化为纽带,更好地引领和促进沿线各国、各城市、各领域、各阶层、各宗教信仰、各文化习俗的交流合作,保护文化多元性与多样性,真正做到民心相通。

三、人类命运共同体是"一带一路"民心相通的终极体现

(一)民心相通是构建人类命运共同体的阶梯与钥匙

2017年1月18日,习近平在联合国日内瓦总部发表《共同构建人类命运共同体》的主旨演讲,提出"构建人类命运共同体,实现共赢共享"的中国方案。党的十九大报告将"推动构建人类命运共同体"作为重要内容,它也被写入了中国共产党章程,通过"两会"修宪又被写入了宪法,同时《政府工作报告》也明确提出:"中国愿与各国一道,为推动构建人类命运共同体不懈努力!"联合国社会发展委员会第五十五届会议协商一致通过"非洲发展新伙伴关系的社会层面"决议,"构建人类命运共同体"理念首次被写入联合国决议中。这一行动表明,"构建人类命运共同体"理念已经得到联合国广大会员国的普遍认同,彰显了中国对全球治理的巨大贡献。

我们的先辈很早就提出"天下大同"的思想,前些年我们又提出"和谐世界"的理念,从"天下大同"到"和谐世界"一直到"人类命运共同体",这既是一脉相承,又是一种巨大突破与巨大飞跃,因为"人类命运共同体"并不是一种简单的倡导与理想,而是一种体系的构建和重塑。人类命运共同体理念直指阻碍人类社会发展进步的顽疾,主张用对话协商拆解国家间的猜忌与戒备,用共建共享卸下以邻为壑的篱笆,用合作共赢拧开世界经济动力的阀门,用交流互鉴疏通文明之间的分歧与误解,用绿色低碳铲除环境破坏与污染的源头。①习近平主席作为和平发展与负责任的大国领导人,从伙伴关系、安全格局、经济发展、文明交流、生态建设这五方面着手,详细勾勒出"人类命运共同体"的实践路径,并提供了切实可行的行动指南。它超越了"单边主义"和"零和博弈"思维,以新理念实现世界共荣发展。而"一带一路"的倡议和设想就是建立人类命运共同体的具体步骤和伟大实践。通过协商对话,形成你中有

---

① http://theory.people.com.cn/n1/2017/0214/c40531-29078269.html.

我、我中有你,相互包容、相互支持、相互理解的新型合作关系,建立全球共存、共享、共赢的合作机制,构筑一个开放式的互动互利的合作体系,"一带一路"就是遵循这种基本范式。

"一带一路"提出的所谓"五通",即政治沟通、设施联通、贸易畅通、资金融通、民心相通,其实质就是建立一种合作关系、合作机制、合作体系。它不是一个联盟、一个组织、一个机构,而是通过"丝绸之路"这一金色的纽带,在平等协商、普遍达成共识基础上,自愿签署一系列协议、协定,形成开放式的互利合作体系。各国通过这些协议参与共同治理、互利合作,实现共同发展、共享共赢。各国也自觉通过这些共同协议约束自己的行为,承担相应的责任。命运共同体的前提是利益共同体和责任共同体,只有让参与各方看到利益的召唤和利益的潜质,他们才有参与的兴趣和动力,而且这种利益是惠及双方或多方的,是一个利益多棱镜和共同体,只有这样他们才相信这种利益的实在和可靠,否则只是单方面带给中国利益,那就变成掠夺;而单方面带给参与国利益,那就变成慈善和施舍,这也是不能长久的。只有共同的利益才能将合作双方转变成为利益共同体,于是相关各方才会负担起各自切实可行的责任,转变成为责任共同体。只有双方真正形成利益共同体与责任共同体,才会休戚相关,同舟共济,构筑起命运共同体。所以,"一带一路"倡导、推广和实践的过程,将以中国为主导,以中国方案为引领,以中国提供的资金、技术、产能为支撑,让参与国搭乘中国改革开放、经济发展的顺风车,从而推动"一带一路"沿线国家共同发展,并造福于世界。"一带一路"建设以双边合作为基础,以双边或多边企业合作为主体,以政府间协议为保障;在文化合作交流上,尊重世界文明多样性,以文明交流超越文明隔阂,以文明互鉴超越文明冲突,以文明共存超越文明优越。坚持自愿原则,注重互利合作的实际行动及其切实成果,不追求表面形式和热闹场面,不谋求建立任何形式的国际组织约束自己的行动。构建人类命运共同体,是"一带一路"建设的奋斗目标和理想追求,是体现中国参与全球治理的历史担当。西方提出的普世价值,相比较我们的人类命运共同体,它只是一个小概念、一个局部概念,我们要将这一伟大目标和理想,转变成普世共识,使其成为一个普世追求,这就需要在文化传播上下功夫,在民心相通上花力气。所以民心相通是构建人类命运共同体的阶梯与钥匙,是"一带一路"建设中的重中之重。

(二)建设美好的精神乐园才能构建人类命运共同体

WTO 是西方的贸易体系,中国自从加入了 WTO 以后,在这套体系里学习游泳,很快我们顺应了这套规则,驾驭了技巧,并赢得了主动,中国借西方的通行体系与规则这只"鸡",生了许多中国特色的"鸡蛋",某种程度上,"一带一路"也是这样一个巨型鸡蛋。在"一带一路"的框架下,中国已与86个国家和组织签署了101个合作协议,与30多个国家开展了机制化产能合作,在沿线24个国家推进建设75个境外经贸合作区,中国企业对沿线国家投资超过500亿美元,创造近20万个就业岗位,明眼人一看即知,中国的"一带一路"比普世价值更具普世价值,按我们中国佛教话语来说,就是普度众生、普惠众生。西方世界特别是美国,原来用 WTO 等他们的游戏规则来拒你于千里之外,现在猛然发现中国人在这一体系和规则内游刃有余。需求是西方市场经济以及全球化最根本性的元素,现在无论是所谓的中国对美国的巨大贸易顺差也好,"一带一路"的广泛响应也好,都是"需求"的推动与作祟,他们不得不承认中国是按照这些既成的规则行事,是在体系内运作,原来的国际规则和全球化是他们用来遏制中国的利器,现在眼见中国已猫变老虎,徒弟超过师傅,于是他们沉不住气,按捺不住,甚至祭出与全球化背道而驰的逆全球化和贸易保护主义的举措。他们对"一带一路"的倡议持一种质疑和非难的态度,处于一种尴尬和疑虑的境地。这种时候我们更需要在民心相通上精耕细作,要以构建人类命运共同体的博大胸襟和气派争取民心,共襄盛举。在现今世界上,单边主义是行不通的,共存、共享、共荣、共赢才是正道。因此要加强"一带一路"城市间的文化交流与合作,消弭民间的隔阂,用文化来构筑人类共同美好的精神乐园,从而使人类命运共同体成为全民和全球的普世共识。

四、"一带一路"城市间文化交流合作的研究现状

(一)学界目前的研究现状

"一带一路"是中国改革开放发展到新的历史阶段后,对世界经济格局现状的一种反思与调整,也是我国新时期的一种战略部署。对此,国内外学者围绕"一带一路"的相关理论和实践问题进行了多方面的研究,近年来不仅论

文数量大幅度增加,也取得了许多可供借鉴、值得关注的研究成果。鉴于"一带一路"课题的前沿性、时代性和应用性,分析总结学界研究的主要观点和不足,既有利于学者了解学术现状,寻找新的学术增长点,也为政府相关部门制定文化交流政策提供观念支持。

简要梳理"中国知网"相关文献,"一带一路"的主题关注度逐年提高。例如,2014年相关论文1 043篇,2015年13 284篇,增长了十余倍;2016年14 204篇,与前一年基本持平;2017年论文量几近翻倍,有22 310篇;2018年21 888篇,2019年16 204篇,较前略有回落,但依然很高。学界关注的飙升,反映出"一带一路"倡议在推进过程中,涉及国内、国际诸多领域,引起了广泛的关注。这近十万篇论文中,关注经济体制改革的约占一半,关注工业经济、贸易经济、金融、交通运输经济、农业经济、投资等领域的论文也占比颇高。而关于文化、高等教育、人文交流、旅游、文化产业等方面的研究,占比较低,且主要集中在"一带一路"文化交流与合作的意义研究、实现路径研究、面临问题研究等方面。①

总体来说,国内学界对"一带一路"的研究多从世界经济地理角度出发,着眼于经济发展契机、国际政治局势、文化外交历史机遇等,对于战略总体意义、框架、影响等基于宏观问题进行研究的论文数量可观,至于文化交流尤其是沿线城市间文化交流合作的学理分析、应用研究、案例分析,目前深入的文章不多。在既有相关讨论中,学界聚焦"一带一路"文化交流与合作层面的研究成果,主要从以下几个方面展开:

1. 对于"一带一路"文化交流合作的重大意义的研究

学界关于文化交流合作意义的研究成果逐年增多,展开论述的焦点集中在以下几点:

其一,立足于"五通"中"民心相通"的社会根基,强调城市间文化的交流与合作也具有根基和灵魂的意义。如中国国际问题研究院研究员郭宪纲认为,"五通"中各领域点面结合,虚实互补,构成了一个有机整体。中国国际经济交流中心副总经济师张永军认为"文化交流是'一带一路'的灵魂,当今形势下可以把'中国梦'同各国人民过上美好生活的共同愿景对接起来,共同追

---

① 数据来源于中国知网,统计时间为2019年5月2日。

求中国人民和各国人民的福祉"①。

其二,立足于实际效益,认为文化交流与合作是全面促进"一带一路"的推动力和向国际社会宣传中国价值的有效传播渠道。如国家文化软实力研究协同创新中心主任张国祚指出:"最重要的是要坚持经济合作和人文交流共同推进。文化可以使'一带一路'更具魅力……只有做好人文交流合作,多用外国民众听得到、听得懂、听得进的途径和方式,积极传播中华文化,阐发中国精神,展现中国风貌,让世界对中国多一分理解、多一分支持,才能和'一带一路'沿线国家民心相通、互利共赢。"②

2. 对于"一带一路"文化交流合作的实现路径的研究

2014年以来,"一带一路"文化交流与合作在各方面取得了不少成果,学者梳理总结其实现路径,比较有代表性和实践价值的观点如下所述。张颖认为主要有四种路径,首先是中华文化的传播,其次是华文教育的发展,再次打造精英智库,最后,发挥华人华侨在文化交流与合作方面不可替代的作用;强调需发挥精英力量,由海内外华人合力完成。③刘喆、梁培可认为,文化方面的合作与交流,一是要结合传统文化,并融入先进的、科学的、优秀的当代文化元素;二是要依托现有教育资源,与沿线国家密切协作,建立并完善教育交流合作平台,发展促进人才交流项目,建设长期稳定的教育人文机制,突出教育和人才的重要作用。④双传学认为,一要做好"顶层设计"的工作和整体部署;二要发挥文化开放的政策导向,强化市场主体效用,让文化企业、文化机构"走出去"受到政策扶持和法律保护;三要培养具有国际影响力的文化品牌;四要创新对外交流机制,丰富合作的内容;五要积极创新媒体传播方式,加快推进对外宣传媒体的数字化建设;六要大力发展新兴文化业态,推动文化与科技深度融合,抢占文化贸易制高点。⑤

3. 对于"一带一路"文化交流合作所面临的问题的研究

面对已经取得的成绩,如何总结经验、认识不足,使"一带一路"倡议在后

---

① 张永军:《"一带一路"是经贸合作之路也是文化交流之路》,《中国旅游报》2016年6月10日。
② 户华为:《人文交流合作:"一带一路"倡议的根基与灵魂——访国家文化软实力研究协同创新中心主任张国祚》,《光明日报》2016年9月22日。
③ 张颖:《"一带一路"战略背景下人文交流和华侨华人经济发展》,《探求》2017年第4期。
④ 刘喆、梁培可:《"一带一路"战略研究综述》,《现代商贸工业》2016年第22期。
⑤ 双传学:《"一带一路"视阈下的我国文化开放战略》,《东岳论丛》2016年第5期。

续实施中继往开来,获得更多国际认可和多方收益,学者们总结出的有代表性的主要问题有如下几种。如隗斌贤认为:"我们长期以来形成的'单向'灌输或宣传模式,缺乏互动与交流,不仅易于产生反感与误解,而且流于形式、效果有限。或出于急功近利,或是不自觉地忽视文化传播与交流合作的能动作用,一些地区对文化传播与交流合作的先行地位不够重视,而片面热衷于经贸、设施建设,即使提出文化传播与交流合作也是过度强调文化产业化,难以形成合力,导致短期化行为,无法做到与经贸、设施建设等融合互动。"① 王烁则指出:"对'一带一路'的价值观研究不足,对'一带一路'人文交流机制研究比较雷同,对我国与'一带一路'沿线国家的文化差异研究不足,个案研究尚且不足等问题都是亟待我们去解决的。"②

另外,从区域文化交流的局限性看,苏莹以中原文化的对外传播为例,指出目前大致存在几类问题:"一是品牌国际影响力不足,如对河南的认识普遍停留在'少林功夫'和'太极拳'上面,而对其他的中原文化资源几乎一无所知;二是对外传播模式相对单一,还是以政府官方投资为主要形式,以报纸、书籍、电视等传统媒介为宣传途径,一些具有广泛传播效果的资源、传播手段和传播渠道还没有被充分调动和组织起来;三是文化传播途径学术化,中原历史文化资源更多的是被一些中外历史学家、考古学家等青睐,对外传播更多的是停留在学术层面。"③

概括而言,"一带一路"倡议已然成为国内学界的研究热点,文化交流与合作方面的研究成果虽然涉及意义研究、实现路径和面临问题等方面,但就此展开的论述多从大局、大方向着手,对具体项目的实施建议、国内外不同层次交流合作平台与体系搭建、维持可持续发展的文化动力产生等问题,较少关注,缺乏有关机制建设的研究,缺乏对具体区域交流内容的细化建议,缺乏文化交流合作与文化产业、文化贸易协同发展的研究,也缺乏与国外相关智库研究成果的比较和总结。比较突出的问题有以下几方面。

---

① 隗斌贤:《"一带一路"背景下文化传播与交流合作战略及其对策》,《浙江学刊》2016 年第 2 期。
② 王烁:《"一带一路"人文交流研究进展评述》,《理论与现代化》2017 年第 2 期。
③ 苏莹:《"一带一路"建设背景下中原文化对外宣传策略探究》,《安阳工学院学报》2016 年第 5 期。

(二) 对城市间文化交流合作研究不足

1. 对友城工作研究不足

国际友好城市是世界各国地方政府之间通过协议形式建立起来的一种国际联谊与合作关系，是民间外交，也是文化交流与合作的重要形式。徐留琴、杨晓燕总结："虽然《行动》提出鼓励沿线国家重要城市之间互结友好城市，并指出友城工作在'一带一路'中的重要作用，但学界对相关国家的合作重点、合作可行性，以及合作战略方面的多数讨论和建议，都集中在国与国之间的经济文化交流与合作方面，通过建立友好城市的民间外交方式，推动区域交流和合作的先导性和重要性则较少讨论。"①除少数几篇文章（如庄辉国分析中印友好城市建设的成果及存在的问题）外，研究中国在"一带一路"倡议框架下友好城市工作的成果论文微乎其微，针对城市间文化交流与合作给出的可行性研究和分析、建议更是几乎没有。

2. 对内陆城市及其对外文化交流合作研究不足

就国内具体案例研究而言，学界更偏向于选取各方面成绩较为突出的沿海城市，而对相对资源贫乏、起步较晚，文化交流合作与文化产业发展需求颇高的内陆城市研究明显不足。事实上除东部沿海城市之外，西安、西宁、兰州等西北内陆城市，历史上就在古代丝绸之路中扮演着重要的角色，而重庆、成都等西部城市和郑州、武汉、长沙等中部城市也在丝绸之路中起到重要的节点作用。《推动共建丝绸之路经济带和21世纪海上丝绸之路的愿景与行动》第六部分"中国各地方开放态势"明确指出："要深化新疆与中亚、南亚、西亚等国家交流与合作，形成丝绸之路经济带上重要的交通枢纽、商贸物流和文化科教中心，打造丝绸之路经济带核心区。发挥陕西、甘肃综合经济文化和宁夏、青海民族人文优势，打造西安内陆型改革开放新高地，加快兰州、西宁开发开放，推进宁夏内陆开放型经济试验区建设，形成面向中亚、南亚、西亚国家的通道、商贸物流枢纽、重要产业和人文交流基地。"②从文化地理位置和历史交流经验、未来发展潜力等角度综合考量，有必要进一步深化关于中西

---

① 徐留琴、杨晓燕：《"一带一路"背景下加速发展友好城市的意义和对策》，《城市观察》2017年第5期。
② 求是网：《共建"一带一路"愿景与行动文件发布（全文）》，http://www.qstheory.cn/2017-05/12/c_1120962775.htm，2017年5月12日。

部城市的研究,如结合具体案例和地方区域特征、文化资源,提出新观点、新问题、新路径,令古老的丝绸之路焕发出新的光芒。

3. 对沿线国家和城市个案的文化特性研究不足

"一带一路"沿线城市是对外文化交流与合作的主体和重要合作对象,而学界对于城市个案,尤其是国外城市的文化特性专业化研究非常不足。国内个案研究,比较有代表性的有:冯晓霞分析宁波较为薄弱的文化创新能力、文化产业竞争力和比较单一的对外文化交流主体;①林起倡导厦门应坚持文化先行,建立"新海丝"沿线国家城市间文化交流机制,有效地包装、拓展和提升厦门已有的品牌性文化平台;②此外,彭劲松提出了重庆和中东欧国家城市在开放合作平台创设、文化旅游交往等方面开展交流合作的相关路径和方案构想;③张润昊聚焦襄阳对外友好城市交流创新性发展格局;④崔青山提出西宁市应当充分利用优势资源,建立人文互通机制;⑤于慎澄关注青岛市要关注的同类城市的竞争、积极拓展海陆空通道、加强对"一带一路"沿线国家研究、防范风险等问题的措施。⑥除这几篇文章涉及具体城市文化合作交流经验、不足和建议之外,国内外沿线城市个案研究严重不足。面对"一带一路"沿线城市复杂多样的文化特性,相关学理性研究必不可少。分析梳理城市个案的经验得失,既是对城市本身发展对外文化交流的总结回顾,更可以对其他城市发展同类活动提供有效借鉴,不仅对城市文化建设意义重大,也对整个国家"一带一路"倡议的推进影响深远。

4. 对城市间文化交流合作的文化冲突影响及解决方案研究不足

"文化交流是城市外交最初的着手点。文化对外交的影响可以在约瑟夫·奈的'软实力'概念那里得到恰当的说明,然而不同地域的文化迥异,这

---

① 冯晓霞:《"一带一路"背景下的宁波对外文化交流》,《宁波通讯》2017 年第 3 期。
② 林起:《在"21 世纪海上丝绸之路"建设中积极拓展厦门对外文化交流与合作》,《厦门特区党校学报》2015 年第 5 期。
③ 彭劲松:《"一带一路"背景下我国与中东欧国家城际合作的方案构想——以重庆为例》,《城市》2017 年第 10 期。
④ 张润昊:《"一带一路"倡议视域下襄阳对外友好城市交流与发展研究》,《大陆桥视野》2017 年第 9 期。
⑤ 崔青山:《西宁市与丝绸之路沿线国际城市交流合作机制建设实践与思考》,《青海社会科学》2016 年第 5 期。
⑥ 于慎澄:《沿海城市融入"一带一路"亟需解决的几个问题——以青岛市为例》,《中共青岛市委党校 青岛行政学院学报》2015 年第 6 期。

种迥异可能产生'文明的冲突',也可以相互借鉴、取长补短、增信释疑,进而构建共同认知和心理基础。"①

以宗教为例,宗教、贸易与政治、文化都是理解古今丝绸之路演变的重要因素,"一带一路"沿线国家和地区大多都有悠久的宗教文化传统,其中东南亚各国以佛教和伊斯兰教信仰为主,中亚各国基本以伊斯兰教信仰为主,中东欧各国则以信奉东正教、新教、基督教、天主教为主,很多国家都有着复杂的政教关系,目前国内已经有很多研究对"一带一路"这一倡议涉及的各类风险进行评估,但对宗教风险的研究则较为缺乏,对城市间文化交流与合作的宗教风险和宗教政策、宗教交流的研究更是不多。代表性的只有:马丽蓉②和郑筱筠③提出利用宗教的文化区位优势,在"命运共同体"构建中进一步发挥宗教认同的特殊作用;此外,黄平④、杨莉⑤、王皓月⑥、刘义⑦、郭佳⑧等学者分别关注巴基斯坦、哈萨克斯坦、蒙古国、土耳其,以及非洲基督教的宗教风险。"宗教作为超越阶层、种族、性别、文化的精神力量,历来是中外文化交流的主要载体和重要组成部分,无疑能为中国开展公共以及民间外交提供有力依托"⑨,我们完全可以基于中国文化的兼容并包,加深宗教交流,"把中亚国家与中国西部地区宗教资源与历史渊源,转化为文化软实力"⑩,从而增加文明对话,减少文明冲突。

综上所述,有机遇的地方就有挑战,当下的研究和实践中的种种缺憾,既是历史留给当代中国人的难题,更是创造辉煌的契机。学界对于"一带一路"发展的研究,应重视利用城市间文化交流与合作,重塑中国文化要素体系,凸

---

① 汤伟:《"一带一路"与城市外交》,《国际关系研究》2015年第4期。
② 马丽蓉:《"一带一路"与亚非战略合作中的"宗教因素"》,《西亚非洲》2015年第4期。
③ 郑筱筠:《"一带一路"战略与宗教风险研究——基于可能性和必要性视角》,《世界宗教研究》2016年第6期。
④ 黄平:《"一带一路"建设中的宗教风险——以巴基斯坦为例》,《上海交通大学学报(哲学社会科学版)》2017年第3期。
⑤ 杨莉:《"一带一路"战略实施中的哈萨克斯坦宗教风险研究》,《世界宗教文化》2017年第2期。
⑥ 王皓月:《"一带一路"战略实施中的蒙古国宗教风险研究》,《世界宗教文化》2017年第2期。
⑦ 刘义:《"一带一路"背景下土耳其的宗教风险研究》,《世界宗教文化》2017年第4期。
⑧ 郭佳:《"一带一路"倡议实施中的宗教风险探析——非洲基督教的视角》,《世界宗教文化》2017年第3期。
⑨ 徐以骅、邹磊:《信仰中国》,《国际问题研究》2012年第1期。
⑩ 金巍主编:《梅花与牡丹:"一带一路"背景下的中国文化战略》,中信出版集团2016年版。

显中国文化身份特征,应同时重视理论研究、应用研究和案例分析,注重产学研结合。

五、"一带一路"城市间文化交流合作的体系设计

经过历史与现实的打磨与淬炼,"一带一路"方案正在逐步由宏伟蓝图变为现实,在实践的过程中,应该找到某些共性或者差异,探讨某些规律或者可推广方案,从体系设计的层面进一步推进"一带一路"城市间文化交流。

(一)"一带一路"城市间文化交流合作体系的设想

全面推进"一带一路"城市间文化交流合作,应在具体实践中形成以政府为统筹,以社会各界为参与和推动力量,以市场为主体和动力的文化交流与合作的运作机制。

在主题内容、平台网络、运作机制、产业贸易等方面进行探索性研究,以形成科学合理并可持续发展的文化交流合作体系。

1. 政府主导,开放包容

坚持文化对外开放战略布局,发挥政府引领统筹作用,加强与"一带一路"沿线国家和地区政府间文化交流,着力建立长效合作机制,充分发挥国内各省区市优势,鼓励社会力量积极参与、共同建设。

健全"一带一路"文化交流合作机制,必须以政府为主导。积极与"一带一路"沿线国家和地区签署政府间文件,深化人文合作委员会、文化联委会等合作机制,为"一带一路"文化发展提供有效保障。加强上海合作组织成员国文化部长会晤、中国—中东欧国家文化部长会议、中阿文化部长论坛、中国与东盟"10+1"文化部长会议等高级别文化磋商。推动与沿线国家和地区建立非物质文化遗产交流与合作机制。与沿线国家和地区建立文化遗产保护和世界遗产申报等方面的长效合作机制。支持国家艺术基金与沿线国家和地区的同类机构建立合作机制,加强对优秀艺术项目的支持。

完善"一带一路"国内合作机制建设计划。建立"一带一路"部省对口合作机制,共同研究制订中长期合作规划,在项目审批、资金、人才、技术等方面予以支持,建立对口项目合作机制和目标任务考核机制,研究提出绩效评估办法。完善部省合作机制,鼓励各省区市在文化交流、遗产保护、文艺创作、

文化旅游等领域开展区域性合作。发挥海外侨胞以及港澳台地区的独特优势,积极搭建港澳台与"一带一路"沿线国家和地区文化交流平台。充分考虑和包含以妈祖文化为代表的海洋文化,构建21世纪海上丝绸之路文化纽带。引导和扶持社会力量参与"一带一路"文化交流与合作。

我国一直致力于推动和倡导与"一带一路"沿线国家的文化合作,截至2016年底,中国已经和沿线64个国家签订政府间文化交流合作协定。中国已在11个"一带一路"沿线国家设立了中国文化中心。

同时,政府应做好一系列保障措施:做好组织保障。运用好对外文化工作部际联席会议机制,在文化部"一带一路"工作领导小组指导下,根据规划明确职责分工,制订实施方案,强化督促检查,形成工作合力。

做好政策法规保障。签署和落实国家间政府文化合作协定,全面落实国家文化、外交和贸易政策,加强文化领域知识产权保护。建立和完善文化事业、文化产业和对外文化贸易的相关法律法规体系,引导企业自觉遵守国际法律和贸易规则。

做好资金保障。完善财政投入机制,设立文化部"一带一路"文化交流专项资金。鼓励社会力量参与,引导社会资本投入"一带一路"文化发展建设。鼓励政策性、商业性金融机构发挥优势,探索支持"一带一路"文化发展建设的有效模式,为"一带一路"文化项目提供多元化金融服务。

做好人才保障。培养一支政治坚定、业务精通、外语娴熟、纪律严明、作风过硬的文化外交人才队伍。加大非通用语人才储备,引导文化艺术专业技术人才和复合型经营管理人才投身于"一带一路"文化工作。有针对性地开展"一带一路"文化交流培训工作,加强"一带一路"文化人才队伍建设,提升人才队伍的素质和能力。

做好评估落实。建立"一带一路"文化发展重点项目库,定期对落实情况进行检查、评估、总结,宣传推广先进经验和有效做法。

2. 社会各界共同参与推动

"一带一路"城市间文化交流合作需要社会各界的共同参与推动,交融互鉴,创新发展。秉承和而不同、互鉴互惠的理念,尊重"一带一路"沿线国家和地区人民的精神创造和文化传统,以创新为动力,充分运用互联网思维和新科技手段,推动"一带一路"多元文化深度融合。

落实"一带一路"国际交流机制建设计划,积极贯彻落实我国与"一带一路"沿线国家和地区签订的文化合作(含文化遗产保护)协定、年度执行计划、谅解备忘录等政府间文件,加强我国与"一带一路"沿线国家和地区文化交流与合作机制化发展,尤其要凸显社会组织、社会各界参与合作交流,推动成立"丝绸之路国际剧院联盟""丝绸之路国际图书馆联盟""丝绸之路国际博物馆联盟""丝绸之路国际美术馆联盟""丝绸之路国际艺术节联盟""丝绸之路国际艺术院校联盟"等社会机构、非营利性组织的合作交流,与"一带一路"沿线地区组织和重点国家逐步建立城际文化交流合作机制。

例如,丝绸之路国际剧院联盟是由中国对外文化集团公司倡议发起的大型多边性国际化演艺产业平台,2016年10月21日,丝绸之路国际剧院联盟在京成立。来自中国、美国、英国、法国、俄罗斯等21个国家和地区及两个国际组织的56家成员单位,均为重要文化机构与标志性演艺场所,年演出场次超过3万场,年观众总量超过2 400万人次。联盟将与遍布全球的28家海外中国文化中心展开全面合作。

丝绸之路国际博物馆联盟由中国博物馆协会丝绸之路沿线博物馆专业委员会、国际丝绸之路研究联盟和丝绸之路国际博物馆友好联盟3个组织共同发起,2017年5月18日成立。该联盟致力于探索在丝绸之路沿线国家和地区开展文化遗产领域的主题展览、信息共享、联合研究、专业人员交流和人才培养,推动沿线国家和地区之间的博物馆开展国际合作,加强各博物馆与相关国际机构和组织之间的联系与合作。

丝绸之路国际美术馆联盟由中国美术馆等单位牵头,2014年起中国美术馆便着力推进与"一带一路"沿线国家美术领域的交往合作,目前馆藏来自相关国家美术作品800余件,包含俄罗斯、白俄罗斯、巴基斯坦、乌克兰、吉尔吉斯斯坦、埃及、孟加拉国、伊朗等国的油画、版画、雕塑、陶艺、漆画等。丝绸之路国际美术馆联盟致力于推动美术馆领域学术和人员交流,通过组织论坛、展览、研修等促进不同文化间的对话与合作,为"一带一路"沿线及更多国家的互信理解与民心相通做出努力。目前,中国美术馆已与新加坡国家美术馆、俄罗斯艺术科学院、白俄罗斯国家美术馆、俄罗斯圣彼得堡国立列宾美术学院等签署合作协议,建立了馆际展览、人员、学术交流机制,进一步巩固双边多边交流的优势成果。"一带一路"国际合作高峰论坛期间,巴基斯坦总理夫人专程到访,观看该国艺术家吉米·安吉尼尔的捐赠作品展,对中巴两国美术交流的成果颇感欣喜。近年来,中国美术馆收到了来自俄罗斯、巴基斯坦、白俄罗斯等"一带一路"沿线国家著名艺术家的代表作。作品以丰富的视觉形式与艺术语言反映了各国的文化面貌,传递出各国的深厚传统。

图书馆是承载历史记忆,保护和发展文化典籍的重要场所,也是文化交流重要基地。尊重文化遗产,维护研究成果,开展交流与合作是各国图书馆的使命和责任,应该坚持共同发展,合作共赢。由于丝路沿线各国图书馆收藏了丰富的、本国本民族的珍贵文献遗产,中国国家图书馆馆长助理孙一钢提议成立丝绸之路图书馆联盟,这一建议得到与会专家的赞同。他建议在原苏联成立的欧亚图书馆联盟的基础上,开展丝绸之路项目,再把它扩展到丝绸之路沿线图书馆的联盟,希望各国图书馆能够携起手来搭建图书馆领域文化的共建、共享的平台,积极为各国的文化交流、合作创造条件。白俄罗斯国立图书馆馆长罗曼赞同孙一钢的提议,表示可以经常定期交换意见,不断努力来建立丝绸之路图书馆联盟。他还提议建立一个大型的数字图书馆,与会国家都可以参与进来,进行文件与资源的共享。这个建议,得到了与会专家的一致认同。数字化的丝绸之路图书馆联盟的实现,必将大大促进欧亚之间的文献交流与文化资源的合作共享,让沿线各国的古老文明焕发出生机。

丝绸之路国际艺术节联盟于2017年10月20日在第十九届中国上海国际艺术节成立,共有32个国家和地区的124个艺术节和机构加入了联盟。这是中国首倡的"一带一路"建设在推进民心相通、人文合作方面的一个重大收获,是有史以来第一个由几十个丝绸之路相关国家和地区的艺术节共同组成的国际艺术节联盟。

3. 市场引导,互利共赢

"一带一路"城市间文化交流合作需要以市场为主体和动力。在文化交流合作中需要兼顾各方利益和关切,遵循国际规则和市场规律,充分发挥市场在资源配置中的重要作用,调动各方积极性,将文化与外交、经贸密切结合,形成文化交流、文化传播、文化贸易协调发展态势,实现互利共赢。

坚持市场运作,互利合作。要充分发挥各类企业的主体作用和市场在资源配置中的决定性作用,遵循市场规律和国际通行规则,促进沿线各国企业间开展产业合作,实现优势互补,联动发展。积聚各国文化产业发展优势,充分挖掘合作潜力,加强各大经济走廊文化产业合作,以点带面、从线到片推进合作进程,构建相互依存、互利共赢、平等合作、安全高效的"一带一路"新型文化国际合作关系。

"一带一路"贯穿亚欧非大陆,一头是活跃的东亚经济圈,农业发展历史悠久;另一头是发达的欧洲经济圈,特色文化优势明显,中间广大腹地文化资源丰富,发展潜力巨大,各区域在文化资源、合作、市场等方面各具优势,具有较强的互补性。中国愿与沿线各国携手努力,共同规划实施一批重点建设项目,创建"一带一路"陆海联动、双向开放的文化国际合作新格局,为"一带一路"利益共同体、责任共同体和命运共同体的形成提供有力支撑。

文化贸易从国际贸易中衍生出来,承载着丰富的文化因素。国际贸易涉及货物贸易、服务贸易和知识产权三大类别,而文化贸易在其中极具特殊性,它既涉及货物贸易,又涉及服务贸易,更涉及知识产权。国际文化贸易包括电影、电视、动漫、网络游戏、创意设计等内容,是推进"一带一路"的重要增长点。文化贸易在"一带一路"中具有先行引领作用,文化的独特作用在于它能消除国家、种族之间的陌生感,增进信任感。因此,推动文化贸易势在必行。"一带一路"倡议提出后,得到了很多国家的积极响应,但文化贸易量还亟待提升,"一带一路"背景下的文化贸易前景非常广阔。

抓住机遇,正视挑战,文化贸易后劲十足。据经济之声《天下财经》报道,借助于"一带一路"的推动作用,我国文化贸易发展取得了积极成效。2016年,我国文化产品进出口贸易规模达到885亿美元,对外文化贸易和投资也呈现出良好的增长态势。我国当前的对外文化贸易还处于初级阶段,与其他对外贸易相比,发展速度是落后于总体增幅的。我国在2010年前后就已经成为文化产品贸易大国,但在文化服务贸易方面还有不小的提升空间,所以我国的文化贸易还处在初期发展阶段,其绝对量确实有所增长,但相对量还比较少,能够传达当代中国人思想、生活状态的高质量产品更是稀缺。改革开放以来,我国文化走出去趋势总体向好,但我国文化大多是通过交流而非贸易的方式与外国观众见面的。只有通过商业、市场的手段把文化交流转化为文化贸易,才能使我们的文化贸易有后劲,也才能使我们的文化产品真正在世界立足。

在更深层次上打动"一带一路"沿线国家的民众,需要打造具有民族性与艺术性同时又能够在国际传播的文化产品。要认清在文化贸易方面，什么是"中国特色"。比如，西方人希望吃的是中餐，但许多文化作品大多是西餐撒上了中国的调料。因此，我们要提供的是真正具备中国文化内核而非徒有形式的优质文化作品。当然这样的优质文化作品要能够适应国外受众的消费心理，要按照市场规律把我们的文艺作品送进西方主流视野、主流人群，让中国文化的魅力通过票房、发行量等市场行为体现出来。

演艺团体的内生动力可能更多来自市场，因此，文化产品的创作，一方面要尊重艺术创作的基本规律，另一方面也更应该尊重市场规律。尊重市场规律，体制机制的变革势在必行，而变革体制机制首先要转变思想观念。文化贸易是双向的，我们不能只知道我们自己有什么，能供给什么，还要主动去了解别人需要什么。

中国文化产品在"走出去"和"请进去"的过程当中，需要通过贸易进入对方的"文化围城"。中国文化产品走出去，首先需要国际化的运营机构，借助于互联网、金融和高新科技，整合多方力量，实现与国外顶尖平台的对接。此外，建议围绕"一带一路"设立世界性的艺术高峰论坛，把中国好的理念、好的设想传播出去，同时广采博纳、兼收并蓄，通过论坛寻找灵感和机会，让我们生产出来的文艺产品能够更具国际魅力。通过文化贸易的方式进入对方的"文化围城"是最有效的手段，所以我们特别强调通过市场实现文化产品的进出口，有尊严地"走出去"，让别的国家尊敬地把我们的艺术产品"请进去"。

"一带一路"背景下的文化贸易需加强顶层设计，开展多方交流。在文化表演方面，首先，表演艺术要加强设计感；其次，要注重"一带一路"沿线对象国国情，要研究对象国的风土人情和风俗文化，因地制宜地进行一些有针对性的设计。在这些方面，考虑得越细致，受欢迎的程度就越高。当下构建国家文化发展的国际战略正当其时，各方要通力合作，克服条块分割，从全国高度制定文化发展的国际战略，把电影、电视节目、动漫、网游、图书出版等有序合理地构建成体系，踏踏实实地沿着"一带一路"铺就的互联互通的文化艺术网络前行。

2017年举办的第二十届上海国际电影节，就在推进"一带一路"人文交流方面做出积极努力。来自106个国家和地区的电影机构的2 528部影片报名第二十届上海国际电影节，其中47个国家的1 016部影片来自"一带一路"参与国家,形成一个引人注目的亮点。

中国与"一带一路"国家在电影方面的交流合作已结出硕果,中哈"一带一路"人文领域首个重点项目,中国与哈萨克斯坦首部合拍故事影片《音乐家》于2019年5月17日在哈萨克斯坦首都努尔苏丹举行首映典礼。《音乐家》讲述了中国音乐家冼星海在阿拉木图得到哈萨克斯坦音乐家拜卡达莫夫救助的动人故事。该电影由中哈两国电影人共同指导、主演,是中哈两国政府间电影合拍协议的启动项目,也是中哈两国"一带一路"框架下人文领域双边合作的首个重点项目。

(二)"一带一路"城市间文化交流合作体系建立和完善的基点

1. 文化交流首先是人的交流

早年的丝绸之路就是由张骞、玄奘、郑和等先辈踏勘出来的。无论是商品贸易的交流还是人文宗教的交流,首先都是人的交流,人的交流必定带来观念、情感、价值观和行为方式、生活方式的交流,因此必须注重软实力的建设与提升。

回溯历史的长河,我们可以看到先辈们为了促进地域间文化交流,提升国家文化软实力所做的努力。中国汉代杰出的外交家、旅行家、探险家张骞,以开拓和冒险精神,于西汉建元二年(公元前139年),奉汉武帝之命,由甘父做向导,率领100多人出使西域,打通了汉朝通往西域的南北道路,即赫赫有名的丝绸之路,汉武帝以军功封其为博望侯。张骞是丝绸之路的开拓者,被誉为"第一个睁开眼睛看世界的中国人"。他将中原文明传播至西域,又从西域诸国引进了汗血马、葡萄、苜蓿、石榴、胡麻等物种,促进了东西方文明的交流。他两次出使西域,德国人李希霍芬就将他第二次出使西域(公元前115年)定为丝绸之路的开端元年。

唐代著名高僧玄奘为探究佛教各派学说分歧,于贞观元年一人西行5万里,历经艰辛到达印度佛教中心那烂陀寺取真经。前后17年学遍了当时的大小乘各种学说,共带回佛舍利150粒、佛像7尊、经论657部,并长期从事翻译佛经的工作。玄奘及其弟子共译出佛典75部,共1 335卷。《大唐西域记》共12卷,记述了他西游亲身经历的110个国家及传闻的28个国家的山川、地邑、物产、习俗等。《西游记》即以其取经事迹为原型。玄奘被世界人民誉为中外文化交流的杰出使者,其爱国及护持佛法的精神和巨大贡献,被鲁迅誉为"中华民族的脊梁"。他以无我、无人、无众生、无寿者相和不畏生死的精神,西行取佛经,体现了大乘佛法菩萨度化众生的真实事迹。他的足迹遍布印度,影响远至日本、韩国以至全世界。玄奘的思想与精神如今已是中国、亚洲乃至世界人民的共同财富。

郑和下西洋是明朝初年的一场海上远航活动。明成祖命三宝太监郑和率领200多艘海船、27 000多人从太仓的刘家港(今江苏太仓市浏河镇)起锚,至福州闽江口五虎门内长乐太平港驻泊,伺风开洋,远航西太平洋和印度洋,拜访了30多个国家和地区,曾到达过爪哇、苏门答腊、苏禄、彭亨、真腊、古里、暹罗、榜葛剌、阿丹、天方、左法尔、忽鲁谟斯、木骨都束等30多个国家,目前已知最远曾达东非、红海。郑和下西洋是中国古代规模最大、船只最多(240多艘)、海员最多、时间最久的海上航行,比欧洲国家航海时间早半个多世纪,是明朝强盛的直接体现。郑和远远超过将近一个世纪之后的葡萄牙、西班牙等国的航海家,如麦哲伦、哥伦布、达伽马等人,堪称是"大航海时代"的先驱,是唯一的东方人,更是比马汉早500年提出海权论,更有说法称郑和最早发现美洲、澳洲、南极洲。

丝绸之路的崛起,是因为有了张骞、班超、玄奘、郑和等不畏艰险、百折不挠的志士,他们用他们的一生来凿通这条通天大道。现在从地理概念上而言,不会有他们这样的艰难险阻,但是除了地理因素以外,横亘在我们面前的困难并不少,因此要有这样一批有识之士、有为之士,孜孜不倦、经年累月地去做这样的跨文化跨地域的交流。比如像中科院院士杨福家,他是第一个在英国名牌大学担任校长的中国人,诺丁汉大学邀请他当了12年的校长,他卸任以后,耗时3年为他画的他穿着校长礼服的巨幅画像永久地留在校长陈列室。此外,学校一栋最漂亮的建筑以他名字命名,学校建立了中国政治问题研究院,设立了刘延东国际交流奖学金,还在东海之滨建立了宁波诺丁汉大学。因此,新时期我们建设"一带一路",亟须有这样的践行者,他们是当今时代的张骞、郑和。我们的政策要鼓励和推动这样的仁人志士不断涌现。

从古至今无数先辈为文化交流而努力,才有了今天城市间文化不断开放融合的局面。自国家主席习近平于2013年提出倡议后,共建"一带一路"逐渐成为社会各界广泛关注的热门话题。促进"一带一路"建设,不但要注重它的经济建设指向,更要注重它的文化建设指向。而人的因素是文化建设的核心,是提高国家文化软实力的基础。

约瑟夫·奈于20世纪90年代初期提出了"软实力"理论,约瑟夫·奈指出,一个国家的综合国力既包括由经济、科技、军事实力等表现出来的"硬实力",也包括由文化和意识形态吸引力体现出来的"软实力",这种软实力源于一个国家的文化、政治理念和政策,并认为"在信息时代,软实力正变得比以往更为突出"。他将文化影响力置于"软实力"四个方面的影响力之首。

我国高度重视文化软实力的建设。党的十八大以来,习近平总书记多次在不同的场合,就国家文化软实力阐发了一系列重要论述。习近平指出,"提高国家文化软实力,关系到'两个一百年'奋斗目标和中华民族伟大复兴中国梦的实现"。"提高国家文化软实力,要努力提高国际话语权,加强国际传播能力建设。"深化文化体制改革,推进"一带一路"发展等都是国家从宏观层面提升我国文化软实力的有力举措。我们一定要眼前有"路",心中有"人"。

2. 文化交流应该注重创新思维的引领和创新成果的转化

创新是文化的灵魂和动能,是文化生生不息的力量源泉。古丝绸之路就是一条创新思维和创新成果引领之路。当年丝绸之路的兴起,就是因为有了丝绸这样焕然一新的物品,它的出现完全更新了传统纺织品的概念,极大地提升了传统审美的等级层次,同时还对相关的图案设计、染色工艺、服饰款式等都带来革命性变化。由此这条丝绸之路上新兴的陶瓷工艺、造纸术、乐器歌舞,乃至宗教流派都纷至沓来,异彩纷呈,促进了创新思维、创新工艺和创新成果的发展。今天我们推进"一带一路"的建设,就是要使之成为创新思维的发散地和创新成果的共享带。今天要焕发丝绸之路新的生命活力,就是要以创新为动力,充分运用互联网思维和新科技手段,推动多元文化的深度融合。

"一带一路"国家和地区旅游合作共同体就是不同国家、城市之间文化创新性深度融合的一个典范。2017年9月11日至9月16日,联合国世界旅游组织第22届全体大会在四川省成都市举行。其间,国家旅游局与联合国世界旅游组织共同举办"一带一路"国家旅游部长圆桌会议,倡议成立"一带一路"国家和地区旅游合作共同体。大会期间,参会国家旅游部长就深化丝绸之路旅游合作发表意见。与会各方深入商讨联合打造丝绸之路旅游品牌,开发一程多站旅游产品,丰富丝路旅游产品供给;加强市场合作,推动市场互换和客源互送;实现信息共享,加大旅游统计领域合作;简化旅游签证政策,提升便利化水平。

在合作机制方面,建立了中国—东盟、中国—中东欧、中俄蒙等一系列双边、多边旅游合作机制,举办了首届中国—东盟旅游部门会议、首届中国—南亚旅游部长会议等活动,为深化旅游"一带一路"工作提供机制保障;在市场开发方面,连续3年以"美丽中国——丝绸之路旅游年"为主题,在全球开展了一系列富有成效的宣传推广活动,丝绸之路旅游品牌影响力得到大幅提升。成立海上丝绸之路旅游推广联盟、陆上丝绸之路旅游推广联盟等,推动"一带一路"沿线国家、地区、省市在客源互送、线路共建、目的地共推等方面加强横向合作。在意大利、匈牙利、泰国新设立了旅游办事处,搭建多个新的宣传推广平台,着力开拓新兴客源市场。在互联互通方面,2015年举办丝绸之路旅游部长会议,通过《丝绸之路国家旅游部长会议西安倡议》。2016年举办首届世界旅游发展大会,107个国家旅游部门提出:"各国政府通过'一带一路'倡议等举措,加强互联互通,提升旅游便利化,推进并支持区域旅游合作。"同时,以通航为切入点,开通了中国与中东欧有关国家的直航,协调相关方面持续简化签证政策。面向中国免签的国家和地区达21个,实行落地签的有37个,极大地促进了"一带一路"沿线国家和地区旅游往来。

"一带一路"智库交流合作也是"一带一路"沿线国家文化交流的一大创举。2015年4月,中共中央对外联络部牵头,联合国务院发展研究中心、中国社会科学院、复旦大学等单位共同发起建立"一带一路"智库合作联盟,为国内外"一带一路"研究机构搭建信息共享、资源共享、成果共享的交流合作平台,消除知识和信息壁垒,做大"一带一路"智库的关系网络。

此外,亚欧高等教育资历互认取得实质进展,也是以创新思维和手段推动"一带一路"文化交流和融合的一大创举。2017年4月25日,亚欧高等教育资历互认协作工作组第五次会议在马来西亚吉隆坡举行,工作组全体成员就建立亚欧高等教育资历互认联盟达成共识,联盟的建立将为促进亚欧在高等教育合作交流,尤其是资历互认和质量保障领域的互联互通搭建绿色通道和立交桥。据工作组主席、教育部学位与研究生教育发展中心主任王立生介绍,与会代表对中方主导的"建设亚洲国家信息中心协作网络组织网站(AN-ICCW)""建立亚欧跨境教育质量保障协作网络组织(CBQAN)"和"制定《亚欧高等教育资历互认指南与操作手册》"等三项行动计划取得的实质性进展,给予充分肯定,并就下一步的工作计划进行了交流和讨论。会议达成一系列共识,其中包括吸引更多国家相关机构加入网站,鼓励亚欧会议成员国高等学校加入网站,尽快完善亚欧跨境教育质量保障协作网络组织的运行机制、管理架构和组织章程,原则上同意秘书处委托清华大学草拟的《亚欧高等教育资历互认指南与操作手册》的内容框架,向第六届亚欧教育部长会议提交"关于建立亚欧高等教育资历互认联盟的倡议"等。

整合"一带一路"国家的科技成果,以创新思维举办人民群众喜闻乐见的科普活动,也是促进"一带一路"沿线国家文化深度交流融合的一大途径。以"科技强国　创新圆梦"为主题的为期8天的2017年全国科技活动周于5月20日至5月27日在全国各地成功举办。由科技部中国科学技术交流中心主办,北京市科学技术研究院、北京国际科技服务中心、北京对外科学技术交流中心共同策划设计的"一带一路"国际科普乐园互动体验展,同期也在全国科技活动周上海分会场暨上海科学节主场——上海科技馆亮相。"一带一路"国际科普乐园邀请了波兰、荷兰、匈牙利、新加坡、马来西亚、捷克等来自"一带一路"国家的科学家和科普教师,以体验科技产品、开展科学实验、观看科普电影等多种形式,与观众进行互动,生动有趣地传播科学知识。参展项目有波兰科学实验互动体验、荷兰生活与生态科普、匈牙利物理趣味科学活动、新加坡风桌互动体验、马来西亚智慧城市生活方式体验、捷克"当科学遇上艺术"、中国九章格数学活动体验,以及益智乐园活动区等,将科学性、新颖性、趣味性和体验性相结合,给观众带来了一场精彩的科普盛宴。例如,捷克科学技术协会与捷克帕拉茨基大学的科普专家联合为公众带来的多项趣味十足的互动科普活动吸引了众多观众参与其中,活动包括"当科学遇上艺术"、血液与解毒剂和看得见的数学等。活动形式多样,特别是通过绘制手掌形状,裁剪、粘贴红蓝毛线模拟人类手掌的动静脉血管活动,让公众在娱乐中学习到多项科学知识,培养科学思想、科学方法和科学精神。

3. 文化交流需尊重个性,实行多元杂糅,促进繁荣共存

古丝绸之路上中华文明、印度文明、阿拉伯文明和欧洲文明,和而不同,交相辉映。现在"一带一路"的文化交流和合作要构筑一个包容性、和谐性、互补性的发展平台,推动不同文明的互鉴共荣。

这是一个繁多民族的集聚带,每个民族都有他们独特的语言、服饰、习俗、伦理,要扶持每个民族的文化自由发展。当年丝绸之路就是通过这条通天大道的交流,滋养了每个民族,又焕发了各个民族文化的独特魅力。例如,我们千百年来形成的传统节日是中华民族文化遗产的重要组成部分,承载着我们民族的思想精华和文化血脉,蕴含着我们民族的人文精神和伦理观念,集中展示着人们的生活方式,是标志性的民族文化。出于地缘和历史原因,"一带一路"沿线国家多受到我国一定程度上的文化辐射,尤其表现在传统节日文化上,形成了一个以节庆文化为中心的城市间文化交流体系。

如以端午节为主的传统节日对"一带一路"的东亚与东南亚沿线国家的影响,就呈现明显的互相交融、和而不同的特点。

日本的端午节习俗在一些方面有所改变,他们没有继承中国阴阳变化中的顺气观念,而是将盛阳之日视为男性的节日,将端阳节视为男孩节,室外挂鲤鱼旗,室内摆设武士人偶,期待男孩能跃过龙门,有一个积极向上的人生。但日本对中华端午习俗也有一些保留和传承,日本端午节重视菖蒲,有菖蒲酒、菖蒲浴、菖蒲枕,以菖蒲作为驱除恶魔的节物,称为"五月饰"。粽子与槲叶糕是端午节节日食品。日本也在端午这天采药,称为"药狩"。

古代朝鲜半岛与中国有着紧密的关系,在"一带一路"国家中,韩国节日传统保存最完整。因为与日本止步于唐宋不同,它持续地对中国传统节俗进行了吸收。他们继承了端午节俗的文化特性,在李朝时期,端午与元旦、寒食、秋夕被视为四大名节。韩国将端午作为打扮儿童的节日,也称为"女儿节",端午节这天,要打扮女孩子,以菖蒲水洗脸,用菖蒲根作为发簪,称为"端午妆"。端午娱乐活动,中韩有同有异,相同的是都以户外集体性夺标争胜的竞赛活动为主,不同的是娱乐内容各有传统,中国重在水上赛舟,韩国重在摔跤角力。这样的节俗娱乐适应了夏至时节阴阳二气争锋的需要。

东南亚国家越南,因为地缘与历史的关系,中华历法曾经是其国家历法,越南同样有完整的传统节日体系,如春节、清明、端午、中元、中秋、重阳等,节俗与中国大同小异。越南端午节同样有粽子,并且还注意采药,认为端午药草最灵验。这些节俗与中国相同。东南亚还是华人的重要分布区,华人带去了中华节日传统,在马来西亚、新加坡、印度尼西亚与泰国,中华传统节日成为华人文化生存的重要时间制度。端午是华人的重要节日,泰国、马来西亚、新加坡等国,端午粽子种类繁多,龙舟赛隆重热烈。他们坚守着华人节日文化传统,有些方面甚至比中国更具有传统意味。

越南的端午节俗与中国基本一致,时间在阴历的五月五日,端午节要吃粽子、喝雄黄酒。驱虫、保护儿童是端午的重要节俗,给孩子额头、胸、肚脐等处涂抹雄黄以避虫害,给孩子手腕上戴五色绳,驱邪避恶。端午采药是特别重要的民俗活动,药草在五月五日采集最有药效,这天药市兴旺。虽然在亚洲其他国家,端午节未必祭祀屈原,但其护卫生命、祈求人们平安幸福的节俗性质是共通的。

"一带一路"是经济带,更是精神文化与节日文化传播交流互鉴之路,亚洲因"一带一路"结合为文化共同体,亚洲节日文化的历史时间传统,让亚洲有了团结繁荣的传统基石。

顺应"汉语热"的大潮流,积极推进不同文化背景的人对于中国的了解,也是推动不同文化互鉴共荣的途径。随着中国国际地位的提升及与世界各国在经济、政治、文化等多个领域合作交流的增加,"汉语热"已经成为全球潮流。据统计,目前全球已有60多个国家将汉语教学纳入国民教育体系,全球学习汉语的人数从2004年的近3 000万人攀升至1亿人。沟通是语言的主要功能。从实用性出发,许多外国人学好汉语就是为了加强自身的综合实力。因为随着中国与世界各国交流的加深,许多工作都不可避免地要和中国人打交道,说一口流利的汉语,也就等于有了更多更好的工作机会。随着中国在全球地位和影响力的提高以及"一带一路"的推进,相信接下来,这种交往会越来越多、越来越深入,"汉语热"也必将迎来一个新的时期。目前的"汉语热"是对方的主动需求,这种需求更多是实用性、功利性的。但是,也要看到,语言是文化的载体,随着学习的进一步深入,他们会越来越了解中国的历史文化、风土人情,他们也更容易接受中国形象和中国的发展模式。

"丝绸之路"是沟通"一带一路"沿线国家的桥梁和纽带,充分利用"丝绸之路"这座文化宝矿,举办相关文化活动能够提升"一带一路"沿线国家的亲近感和认同感。近年来,中国艺术市场上含有丝绸之路因素的文艺作品不少,且都在国内外取得不俗的口碑。电影《大唐玄奘》按照玄奘当年取经路线,沿着古丝绸之路实地拍摄,在印度上映时反响强烈,主创人员还受到印度总统接见。此外,陕西省歌舞剧院制作完成大型舞剧《丝绸之路》,哈萨克斯坦和中国工作室联合拍摄关于丝绸之路的 3D 动画片等,无不将丝绸之路作为故事的贯穿性主题。这些作品契合了"一带一路"的文化维度,在文化内核上紧扣丝路精髓,在艺术的延展和纵深中传递中华文化。中原文化、西域文化、印度文化等在丝绸之路碰撞、融合,形成了文化合力。千百年来,不同地域与民族的人共同在编织丝路文化的独特魅力,自觉或不自觉地用各种载体构建其文化形象。艺术作品是构建丝路形象的重要媒介,在国际上也是颇受关注的艺术资源。日本艺术家平山郁夫糅合了丝路与佛教题材,描绘出里程碑式的画卷;由井上靖小说改编成的电影《敦煌》更是中国丝路形象域外发展的代表作品。除此之外,舞剧《大敦煌》将敦煌壁画《张议潮出行图》歌舞化,并结合中国京剧元素,在日本深受欢迎。

通过文艺作品向世界讲述中国故事,便需要了解历史,从历史中汲取资源,找准文化定位。向世界讲述中国故事应选择合适的题材,在传承中国古老文化遗产的同时,也应考虑到国际化传播路径中的文化藩篱等问题。而丝绸之路本身便具有跨文化传播的强大生命力,在丝绸之路文化交流中,接受者不同的文化背景和文化传统对交流信息进行自我选择与改造重建,因此,丝路文化的传播具有鲜明的双向性、互动性特点,其千百年来一脉相承的多元、包容、自信、自强的文化心态,更有利于构建跨文化的亲缘性。跨文化传播中的形象蕴含着不同文化间想象的自我诠释,兼有"自我"和"他者"的双重意蕴。丝绸之路作为中国的文化符号,不仅是一个行政区域与地理方位的概念,更包含了历史、民俗、宗教、艺术等综合形象元素。这种多元包容的丝路文明无疑有利于中华文化的进一步传播,激发海外的"中国想象"。

身处全球化的时代,我们应从历史中找到中国定位,找到通往未来的路。艺术工作者当挖掘好"丝绸之路"这座富矿,创造出适应新形势、全球化的艺术作品,在双向互动中讲好中国故事、传递中国价值。

通过物质文化的交流也能创新性地起到文化交流的效果。以茶叶为例,它是古代海上丝绸之路的核心商品,曾经是中英贸易关系的重要载体。在中国推进"一带一路"倡议的今天,它仍然能够成为在新的历史时期加强中英关系的桥梁。2017 年 2 月 21 日在伦敦举行了"闽茶海丝行"西欧站启动仪式,这一活动在伦敦市中心特拉法加广场附近有百年历史的"董事协会"大楼举行。由福建省副省长黄琪玉带领的 20 家福建茶叶企业,与英国政界、商界、媒体人士和驻英使馆代表见面,以茶会友,共谋合作。作为古代海上丝绸之路的起点,福建省希望通过"闽茶海丝行"在伦敦的活动,让英国民众更好地了解中国茶叶和茶文化,同时响应国家"一带一路"倡议,加强与英国的贸易交流,促进中英"一带一路"对接。

因此"一带一路"的建设是跨文化的、包容的、多元共存的交流,而不是封闭的、割裂的、排斥的、一尊独大的蚕食与吞并。

4. 文化交流要培育沿线国家的命运共同体意识

沿线国家的共同体意识即包含政治互信、经济融合、文化包容的利益共同体、责任共同体、命运共同体意识。古丝绸之路就是一条沟通之路、贸易之路、交流之路、和睦之路。今日"一带一路"要共商、共建、共享,就必须编织共同体意识和格局。

在北京召开的"一带一路"高峰论坛中,中国政府积极承担民生责任,加大民生投入,深化民心相通。中国政府将加大对沿线发展中国家的援助力度,未来3年总体援助规模不少于600亿元。中国政府还将向沿线发展中国家提供20亿元紧急粮食援助。向"南南合作援助基金"增资10亿美元,用于发起中国—联合国2030年可持续发展议程合作倡议,支持在沿线国家实施100个"幸福家园"、100个"爱心助困"、100个"康复助医"等项目。向有关国际组织提供10亿美元,共同推动落实一批惠及沿线国家的国际合作项目,包括向沿线国家提供100个食品、帐篷、活动板房等难民援助项目,设立难民奖学金,为500名青少年难民提供受教育机会,资助100名难民运动员参加国际和区域赛事活动。这样的做法对于建立沿线国家共同体意识意义重大。

世博会等大型文化会展活动是连接城市的桥梁和纽带,对于构建城市间文化交流体系也发挥着重大作用。积极支持"一带一路"沿线国家举办世博会等也是促进建立"一带一路"共同体意识的一大途径。世博会是全球最高级别的博览会,是展现全球经济、社会、文化、科技等领域成就的重要载体,也是各国展示国家形象、提升软实力、加强对外交流与合作的重要平台。哈萨克斯坦阿斯塔纳世博会于2017年6月10日至9月10日举行,这是首次由中亚国家举办的世博会,参展的国家有115个,国际组织有20家。此次世博会以"未来的能源"为主题,聚焦新能源开发利用,倡导最有效、最适宜、最可行的可持续发展行动计划,探寻未来能源发展合作大计。中国政府积极支持哈萨克斯坦举办阿斯塔纳世博会,高度重视中国的参展工作。地方政府和很多企业都希望利用阿斯塔纳世博会平台开展多层次国际交流合作,阿斯塔纳世博会成为在海外举办的历次世博会中中国参展省区市和大型企业最多的一次。中国馆面积为1 000平方米,是本届世博会最大的外国馆之一。中国馆围绕"未来能源,绿色丝路"这一主题,通过创意新颖的展陈系统、富有感染力的主题影片、令人流连忘返的互动体验、丰富多彩的交流活动,传承和弘扬以和平合作、开放包容、互学互鉴、互利共赢为核心的丝路精神,推动各国深化各领域互利合作,为加快推进"一带一路"建设提供助力。

"一带一路"倡议自从提出以来,以其对人类命运的积极关注受到世界各国的广泛接纳与好评。这是我国在新时代实行全方位对外开放的重大举措,是为破解人类发展难题提供的中国智慧和中国方案。在2017年联合国经社理事会发展筹资论坛一般性辩论上,与会国际组织和会员国代表积极评价"一带一路"倡议及"一带一路"国际合作高峰论坛取得的成果。联合国贸发会议秘书长基图伊表示,"一带一路"国际合作高峰论坛在引领全球发展方面发挥了榜样作用,各国应学习中方经验和做法。联合国亚太经社会执行秘书阿赫塔尔表示,中方积极推进国际发展合作,举措有力。会后,智利代表表示,当前世界经济复苏乏力,中方举办"一带一路"国际合作高峰论坛,提出推进经济合作的重大举措,展现了中国对国际事务的领导力。埃及代表表示,"一带一路"倡议对非洲国家发展作用重要,许多非洲国家都在积极研究如何更好对接"一带一路"倡议,加快经济增长。阿尔及利亚代表表示,"一带一路"倡议是重要的国际公共产品,对推进公平、合理的全球经济治理体系十分重要。

"一带一路"倡议利用"丝绸之路"这一古老的历史符号,连接相关国家。在既有平台的基础上,进一步进行时代性的拓展,广泛开展多领域的交流与合作。"一带一路"不仅是国与国直接经贸往来的平台,更是城市之间文化交流合作体系建立和完善的基点。而完善城市之间的交流与合作,必须从注重软实力的建设与提升,注重创新思维与创新能力的转化,构筑包容性、和谐性、互补性的发展平台,建立起沿线国家的共同体意识等方面着手,要在民心相通上精耕细作,要以构建人类命运共同体的博大胸襟和气派争取民心,共襄盛举。构建人类命运共同体要突破封闭的文化壁垒,实现不同文明、不同文化的相互尊重,按照人类命运共同体的要求,求同存异,和合共生,其中中国应以更加积极的姿态展示中国——这一迅速崛起中的大国的和平、合作、负责任的国家形象,夯实人类命运共同体的社会基础和全球基础,共同构筑人类命运共同体,建设一个和平、美丽、包容的世界。

第二章 "一带一路"城市间文化交流合作的运作机制

自2013年我国国家领导人提出"一带一路"倡议以来,有关城市间的文化交流与合作,各地方政府主要是在文化部所搭建的平台及所提供的指导之下进行,或者是借助于"友城交流"等传统网络展开一些相关活动。虽然各城市参与的积极性很高,但由于"一带一路"沿线国家与地区情况的复杂性以及交流基础薄弱、交流人才缺乏等问题,城市间的文化交流与合作大部分仍处于接触、观望阶段。在我国对外文化交往大发展、大繁荣的背景下,其受制于以往的交流框架与体系,难以适应当今世界日趋复杂与活跃的国际交往形势,更难以释放社会上不同主体的主动性与积极性,使之为我国建设"一带一路"的宏远倡议服务。城市作为集政治、经济与文化于一身的综合体,是具有自主行动能力的行政主体,也是当下开展国际交流与合作的一个重要层面。城市的历史、传统、文化活力与感染力是一个国家软实力输出的重要阵地,具有去政治化、灵活多样、自由组合、全方位衔接的特点。重视城市间的文化交流与合作,是我国推动"一带一路"建设的题中应有之义。为打破以往体制桎梏,释放多方活力,本章从介绍机制建设理论研究的最新成果出发,厘清机制建设的本质及其现实应用价值;在概括梳理目前"一带一路"城市间文化交流与合作已有实践与机制的基础上,对相关主体的行动诉求与目标展开分析,探讨其进行机制建设的渠道与注意事项,从而为我国推动"一带一路"城市间文化交流与合作,从机制建设的角度进行分析并提出建议。

一、"一带一路"城市间文化交流合作机制建设的重要性

国与国、城市与城市之间的文化交流与合作是一个受外界环境影响、受

各种力量推动的循序渐进的发展过程。"一带一路"沿线的复杂情况意味着城市间的文化交流与合作要受到国际、国内各种政治经济因素的剧烈影响,因此必须借助于机制建设的目的性、阶段性与灵活性,必须善于学习与总结以往国际交流合作的各种经验,在具体情况具体分析的基础上,重视机制建设的推动与整合效应,加快机制建设的步伐。

(一)"机制设计理论"及其在文化领域的应用

"机制"(mechanism)一词最早源于希腊文,指机器的构造和动作原理,经过类比借用,逐渐被运用于政治学、经济学和社会学等社会科学,引申为事物的内在构造及其相互关系。"机制"就范畴来说,可分别指所运作的领域及所涉及的主体,前者如文化机制、政治机制、经济机制等,后者如官方机制、民间机制等。无论"机器"还是"机制",人类社会发明它是为了实现特定目的及功能,因此狭义概念上的"机制"往往以其所要实现的"目标"命名,如交流机制、合作机制、利益机制等。目前我国及国际上对机制问题的研究主要集中在经济领域。与经济领域对"机制"的设置最终是为了实现经济利益不同,文化领域的交流与合作最终指向的不是经济利益,而是彼此间更好的理解、更紧密的合作、为人类社会创造出更丰富美好的文化产品等。因此文化领域的机制研究既要吸取经济领域研究成果量化、可操作性的部分,又要注意文化的不同特点与属性。

2007年,美国明尼苏达大学经济学教授利奥·赫尔维茨(Leonid Hurwicz)、新泽西普林斯顿高等研究院教授埃瑞克·马斯金(Eric S. Maskin)以及芝加哥大学经济学教授罗格·迈尔森(Roger B. Myerson),因为其研究工作为"机制设计理论(Mechanism Design Theory)奠定了基础"而获得了诺贝尔经济学奖。"机制设计理论"是研究在自由选择、自愿交换、信息不完全及决策分散化的条件下,能否设计一套机制(规则或制度)来达到既定目标的理论,即如何设计出一个经济/社会机制,使活动参与者的个人利益和设计者既定的目标一致。[①]可以看出,为促进城市间的文化交流与合作而进行机制建设,符合"机制设计理论"的研究范围。

经过上述专家的努力,"机制设计理论"为机制建设相关问题提供了一个

---

① 陈安、武艳南:《浅议管理机制设计理论:目标与构成》,《科技促进发展》2011年第7期。

具有高度抽象性和概括性的基本分析框架。"机制设计理论"将"机制"从本质上定义为一个信息交换系统和信息博弈过程，认为在进行机制设计时，主要包括两项原则，一是要尽量简化信息交换和传递过程中的复杂性，尽量使一个机制合理运行并使用较少的信息，因为这意味着较少的机制运行（交易）成本；二是为促进参与各方的积极性，要考虑到激励、激励相容与激励理论。①所谓"激励相容"，即指所制定的机制能够给每个参与者一个激励，使参与者在个人利益最大化的同时也达到了所制定的目标。换言之，理想的机制设计一是要能够提供足够的回报吸引参与者，二是要能够最大程度地降低参与者的成本。

就文化交流与合作领域来说，上述两项原则意味着：一、参与者能够以较低成本分享文化信息与文化作品、产品；二、参与者在分享自身信息的同时，也愿意接受其他参与者所分享的信息，并在有利于自身的情况下展开各种合作。这种合作所带来的效益，使得参与者愿意重复进行这一交流、合作的过程，从而使彼此之间的互动能够持续下去。值得注意的是，即使参与者对"加强彼此间的文化交流与合作"这一大目标的追求是一致的，不同主体因为自身所处环境及主客观条件不同，对"回报"的具体期待往往会有差异，因此进行机制设计的一个重要前提条件是对各参与方的了解及对基本原则的确定。以"一带一路"城市间文化交流与合作来说，所涉及的参与者包括政府、企业、非政府组织（社会团体）、市民/专家、海外华人华侨等，这些位于不同层面的行为主体在文化交流与合作事务上有着纵横交错、千丝万缕的联系，但他们从相应活动中所期待获得的回报并不相同，因此在就某一具体事务进行机制设计时，需要综合考虑各参与方的不同诉求；在就"一带一路"建设的长远目标进行机制设计时，需根据主体的不同，进行各自有针对性的机制设计，从而使各方都能获得足够驱动力，收获各自想要的成就与成果。

"机制"是为解决问题及实现特定目标而做出的制度性安排及规则。"信息机制"是为解决信息搜集及信息反馈问题而设计的制度与规则，"联络机制"是为解决信息联络问题而设计的制度与规则，"组织机制"是为解决各参

---

① 田国强：《如何实现科学有效的体制机制重构与完善——机制设计理论视角下的国家治理现代化》，http://theory.rmlt.com.cn/2014/1029/336429.shtml。

与方的组织与联合问题而设计的制度与规则……这些机制联合起来,可以为诸如"一带一路"建设这样的系统性目标服务。"机制"存在的价值在于通过制度化规定,使得信息处理过程制度化、自动化,从而实现运用较少信息、付出较少交易成本的原则,提高实现目标的效率。以政府间的联络为例,如果能制定某种工作机制促使各结盟方每月主动提交、汇总自己的最新动态,那么这种联络机制就比由某一方主动或由秘书处出面逐一索要信息要高效得多。一个刚刚建立、尚不成熟的机制需要通过信息输入—互动—结果—反馈的过程来发现运作规律与弊端,因此机制建设有一个不断合理化、成熟化的过程。

(二) 机制建设的重要价值及意义

"机制"代表着为实现某一共同目标而进行合作的各参与方之间相互作用、相互制约的方式,是一种制度化的架构,是人类智慧与经验的结晶。汉语对"机制"一词的使用非常灵活,大到可概指整个行动领域,如政府机制、民间机制等,小到可特指某一具体行为或环节,如组织机制、信息机制、反馈机制、保障机制、奖惩机制、监督机制、统筹机制、人才机制、传播机制、投资机制、荣誉机制等。机制的建设与完善对人类社会实现自身的各项目标具有积极作用,因此日益受到政府部门以及学术界的重视。机制建设的重要价值与意义主要体现为以下几点:

1. 机制建设可以为组织机构及项目运作提供稳定性

"机制"通常体现为一系列规则与原则,为各参与方提供行事准则,可以在一定程度上保障互动合作的稳定性。除了内在的目的性,机制的表征包括可遵循的制度安排、主体间的互动及该过程的可重复性,这三个特点使得"机制"成为人类社会行为及彼此交往的一项有力保障。

2. 机制建设可以为参与方的付出与收获提供平衡与保障

"机制"通常将参与方的责任与利益纳入通盘考虑,较为明确地规定了各参与方的责任与义务,为项目的整体运作提供某种平衡。即使是以一方为主导的运作机制,也往往通过对各方权利与义务的规定,明确主导方的投入及权益,为各参与方进行监督与比较提供抓手。

3. 机制建设可以为事物的不同发展阶段明确目标

"机制"是为实现特定目标、解决特定问题而设置的制度化构造与原则，其形成的一般规律是先明确目标，再谈机制建设，因此机制建设的首要问题就是确立目标。这一特点意味着机制建设可以为事物的不同发展阶段明确目标与方向。

4. 机制建设提供了目标与手段结合的最佳方式

机制建设是目标与手段的"两位一体"：有了目标，才有相应的机制建设。与机制有关的制度化安排展示了解决某一问题或实现特定目标所需要采取的步骤、原则及模式。机制建设内含的目标性与发展性，意味着它对事物发展具有重要构建作用，并且与事物发展的历史性共进退。

我国提出的"一带一路"倡议，为沿线国家探寻区域一体化和区域治理新机制绘制了新的蓝图。因为"新"，"一带一路"在机制建设上既要有借鉴以往经验的传承精神，也要有大胆突破、锐意进取的开创理念。就机制建设的借鉴与继承来说，"一带一路"建设既可以借鉴相关领域的研究成果，也可以借鉴中国—东盟政治合作机制、中国—中东欧国家合作机制等相关国际合作成果。

任何事物的发展都需要经过萌芽、创立、运行、发展的过程。以经济领域对产学研战略联盟的研究为例，有研究者根据联盟的运作过程，将其分为合作动力机制、盟友选择机制、资源投入机制、利益分配机制、盟友退出机制等来进行考察，这种以发展阶段来进行机制考察与分析的方法，值得文化领域学习。其中尤为值得注意的是，由于联盟的存在受内外部环境的不确定性、复杂性的影响较大，因此要设立风险管理机制，健全契约体系和风险责任制。健全契约体系是指联盟成员共同签订一套健全的合同和规则准则，运用法律和制度来维护联盟的利益；风险责任制是指在不同活动阶段应该有相应的责任承担人。[①]"一带一路"城市间文化交流与合作，在各个层面都需要借助于"联盟"这一有力武器来推进，因此需要积极借鉴相关领域的经验，通过机制设计推动"联盟"实现特定目标。

---

① 李岱素：《产学研战略联盟合作机制系统研究》，《科技进步与对策》2009年第16期。

在有关中国—东盟政治合作机制的研究中,研究者对"政治合作"的三个不同阶段的分析,也为"一带一路"城市间文化交流与合作的发展过程与前景提供了思考方向。研究者认为,在政治合作中,存在着利益泛化(低度)、制度分化(中度)和价值固化(深度)三个阶段,分别对应着和睦共享、和平共处与和谐共荣三种目标,合作机制通过逐渐设立和完成一系列的阶段性子任务和子目标,最终实现其整体的使命与目标。利益、制度与价值,这三个要素分别在某一时刻或阶段处于主体性支配地位,在政治合作中呈现出一种递进式层级架构。政治合作机制演进的过程和区域政治合作的历史经验表明,一步到位或跨越式的深度合作极为罕见,大多数合作需要经历一个逐步磨合与融合,即从低度合作、中度合作直至深度合作的发展过程。[①]鉴于"一带一路"沿线所涵盖的国家数量较多,政治经济发展水平各异,宗教历史与文化错综复杂,因此推动城市间的文化交流与合作,不能好高骛远,需要以耐心细致的工作,从无到有,逐步展开,尤其要注意宗教信仰与文化价值观上的差异,在开始阶段以"利益共享"为主,逐步向"制度互鉴""价值共识"发展。

专家在对中国—中东欧国家合作机制的研究中认为,中国—中东欧国家合作已经在主体上形成了政府主导、民间参与的模式;在渠道上形成了从中央到地方、从官方到民间的多元沟通、交流方式,包括国家领导人会晤、部长级会议、国家协调员会议、博览会、联合会、交流会、论坛等;在内容上覆盖贸易、投资、基础设施建设、金融、教育、文化等多个领域;但目前双方合作尚处于"基于利益泛化"的低度合作机制层次,尚有极大发展空间。中国—中东欧国家合作短期内应着眼于"软机制"的建设,将合作重点集中在各方共识多、敏感度低、可操作性强、见效快的领域,力求将机制建设纳入双方可持续合作的进程。[②]可见,在中国—中东欧国家合作中,机制建设也是一个亟待推进的课题。

综上所述,机制建设是一个循序渐进、不断稳固与深化的过程,在事物发展的不同阶段,对机制建设有着不同层面与深度的要求。鉴于"一带一路"沿线政治经济状况的复杂性,文化应该作为促进交往、加强了解与互信的"排头

---

① 杨勇、冯霞:《中国—东盟政治合作机制研究》,《太平洋学报》2012年第3期。
② 于军:《中国—中东欧国家合作机制现状与完善路径》,《国际问题研究》2015年第2期。

兵"。我们应该以中国文化所倡导的"以和为贵""和而不同"的精神为核心，以良好的机制建设为基础，从小处做起，引领城市各方主体对"一带一路"沿线国家的交往与合作产生兴趣，获得收益，从而逐步加强"一带一路"城市间的交流与合作。

二、"一带一路"城市间文化交流合作现有机制考察

在我国国家领导人发出"一带一路"倡议之后，中央及地方政府积极响应，纷纷推出与"一带一路"相关的政策、规划与项目，各项工作也都有了一个新的目标与焦点，即大力推动与"一带一路"相关的交流与合作。全球化发展到今天，城市在国际交流与合作中的枢纽地位已经有目共睹。城市是集政治、经济与文化为一体的、具有承上启下与独立开拓能力的主体。每座城市都在长期的历史过程中形成了不同的文化和精神气质，并对未来发展有着自己的期待与规划。以城市为主体，推动"一带一路"沿线国家与地区的文化交流与合作，是实现"民心相通"的重要内容。不容否认的是，这一城市间的交流与合作目前还处于草创阶段。

（一）"一带一路"城市间文化交流合作现状综述

机制建设是推动事业持续稳定运营的制度性保障。文化部于2017年初出台的《文化部"一带一路"文化发展行动计划（2016—2020年）》，对"一带一路"文化建设，提出"政府统筹、社会参与、市场运作"的总机制，明确了政府在"战略指导"与"统筹规划"方面的主导地位，在该前提下，力争通过灵活的机制建设，加大社会参与和市场运作的比例。

鉴于我国各地方政府、企业与民间团体对"一带一路"沿线国家与地区普遍缺乏了解，也缺少合作经验，在《文化部"一带一路"文化发展行动计划（2016—2020年）》中，文化部提出"一带一路"国际交流机制建设计划和"一带一路"国内合作机制建设计划，以推动国内外的合作机制建设。国际交流机制建设包括通过政府间文件，加强我国与"一带一路"沿线国家和地区文化交流与合作机制化发展，推动成立"丝绸之路国际剧院联盟""丝绸之路国际图书馆联盟""丝绸之路国际博物馆联盟""丝绸之路国际美术馆联盟""丝绸之路国际艺术节联盟""丝绸之路国际艺术院校联盟"等，与"一带一路"沿线地

区组织和重点国家逐步建立城际文化交流合作机制；国内合作机制建设包括在国内建立"一带一路"部省对口合作机制，共同研究制订中长期合作规划，在项目审批、资金、人才、技术等方面予以支持，建立对口项目合作机制和目标任务考核机制，研究提出绩效评估办法等。《行动计划》所打造的国际、国内"双线并举""双轮驱动"的计划，有效推动了我国与"一带一路"沿线国家与地区的文化交流与合作的稳步展开，也为国内城市提供了新的国际交流合作的平台。

值得指出的是，城市作为现代经济与文化发展的集合体与策源地，其发展既受限于历史与现实的基础与条件，也是在特定目标与发展规划的指引下进行的。城市有能力以自身定位与目标为导向，开展各种经济与文化活动；在全球化时代，跨越边界的国际经济合作与文化交流活动，更是城市发展的重要抓手和城市竞争力的重要体现。面对"一带一路"所提供的新的开放合作的前景，国内一些城市正在积极推进与"一带一路"相关的文化发展规划。以古代"丝绸之路"的重镇西安为例，西安市2017年与"一带一路"相关的行动计划包括：加快构建具有"一带一路"特色的内陆开放试验区和人文交流新模式，建设丝路文化高地；搭建人文交流平台，加快西安领事馆区建设；争取更多国家开设领事馆和办事机构等。截至2019年上半年，西安先后举办了3届丝绸之路国际电影节、5届丝绸之路国际艺术节、丝路国际旅游城市大会、2018世界文化旅游大会峰会以及长安与丝路的对话、长安与罗马的对话等大型国际人文交流活动；举办两届"西安海归创业大赛"，西安国际人才市场与全球十大人才机构、13家海外留学人员社团签订了合作协议；与29个国家的34个城市建立了国际友好城市关系，与37个国家的66个城市缔结为国际友好交流城市，并先后在四大洲14个国家设立了17个西安海外侨务工作联络点。①

作为丝绸之路的另一个重镇，西宁也先后与奥什市、卡卢特勒市、安塔利亚市等国外城市共同签署了《丝绸之路沿线城市友好交流与务实合作备忘录》，与国内的乌鲁木齐市、伊犁哈萨克自治州、江苏省宿迁市、广东省崇左市签署"一带一路"友好城市合作框架协议，以打造东西并进、内外统筹的合作局面。宁波则利用其港口优势，不仅早就与中国社会科学院历史研究所在2002年共同组建了"海上丝绸之路研究中心"，还编制了《宁波参与"一带一

---

① 《西安市"一带一路"建设取得阶段性成果》，《西安日报》2019年6月19日。

路"建设行动纲要》，与中东欧国家地方政府签订旅游交流合作协议；2016年宁波外事学校海外分校"中罗国际艺术学校"落户罗马尼亚德瓦市，开创了全国中职教育海外建分校的先河。2016年11月10日，宁波"海上丝绸之路国际音乐节"拉开帷幕，中国民族器乐组合与泰国、南非的音乐人，分别带着自己的音乐代表作汇集宁波音乐港……"一带一路"与上述三个城市有着深厚的历史渊源，是其积极参与相关建设的动力所在。

目前来看，我国各城市参与"一带一路"文化交流与合作，基本上是采取依托已有机制、积极开拓新机制的模式，包括：

1. 友城合作机制

"国际友好城市"活动是我国对外开放的重要平台，也是我国地方政府外交和城市外交的重要渠道。以甘肃省为例，其利用自身在向西开放中的前沿位置，在2015年就已与"一带一路"沿线国缔结51对友城。截至2018年10月，陕西省与"一带一路"19个国家建立23对友城关系，实现中亚五国友城全覆盖。①

2. 开放机制

自我国提出"一带一路"倡议以来，泰国、韩国、马来西亚、柬埔寨等国已在陕西西安设立领事馆，意大利等14个国家在西安设立签证中心。

3. 人才交流机制

陕西高校与俄罗斯合作设立渭南师范学院莫斯科艺术学院和西安铁路职业技术学院国际交通学院，与境外60余所高校开展校际交流，每年为中亚培养1 200余名留学生。

4. 联盟机制

西安交通大学发起的"丝绸之路大学联盟"，截至2017年5月，已有35个国家和地区的135所大学加盟，加强了与"一带一路"沿线国家的人文交流。

2016年10月21日，"丝绸之路国际剧院联盟"在北京成立。该联盟是由中国对外文化集团公司倡议发起的大型多边性国际化演艺产业平台，包括来自中国、美国、英国、法国、俄罗斯等21个国家和地区及两个国际组织的56家成员单位，这些单位均为重要文化机构与标志性演艺场所，上海大宁剧院为

---

① 张仕珍：《陕西与36国89城缔结国际友城　助推"一带一路"合作》，大公网，http://www.takungpao.com/special/239159/2018/1009/186825.html。

联盟首家国内成员单位。

5. 工作坊机制

2017年7月,日本筑波和大阪、韩国光阳和釜山、斯里兰卡科伦坡、泰国曼谷、柬埔寨金边等5个国家7座深圳友城的20多名青年创客相聚深圳,参加由市外办、深圳大学和南方科技大学共同主办,由深圳市国际交流合作基金会协办的"深游记"——2016"一带一路"亚洲友好城市创客交流营活动。

6. "城市日"机制

2015年6月,"魅力上海"城市形象推广活动在土耳其举办,为期一周的"魅力上海"推广活动介绍了上海的风土人情、上海自贸区建设、"一带一路"建设等。2015年8月,福州启动"福州日"活动,由政府"搭台",助力福州市的企业和文艺演出团组团"走出去",与"一带一路"沿线城市叙友情、话合作。

7. 主题活动机制

自2007年起,西安与韩国城市晋州开始联合举办"石榴花之春"文化旅游交流活动,该活动最初由西安电视台和韩国电视机构"西庆放送"共同发起,以西安与晋州共同的市花"石榴花"作为活动名称,以民间文化艺术交流为主要形式,每年在西安与晋州轮流举办,最初以文艺表演直播为主,后来逐渐扩展和深化,增加了非遗展示和青少年足球比赛板块。"石榴花之春"是国内为数不多的常态化中韩双边城市交流活动,从文艺演出发展为城市间的文化、旅游、体育、经贸等多方面交流。这种以主题为中心的双边城市交往模式,可以围绕资源、科技创新、港口、旅游、生态等主题,形成多边参与的主题型城市组织机制。

8. 学术交流机制

与"一带一路"相关的学术交流有国际、国内两个维度:"一带一路"倡议提出后,中国社会科学院世界文明比较研究中心于2014年11月率先主办了"建设新丝绸之路——中阿经济文化交流学术研讨会",与各国专家共同解读"新丝绸之路"的历史、现实和未来。暨南大学依托国际关系学院及华侨华人研究院的学科优势,成立了"21世纪丝绸之路研究院",并召开了"华侨华人与21世纪丝绸之路国际学术研讨会",以此汇聚国内外研究精英,为国家的"一带一路"倡议发展献计献策。

国内与"一带一路"相关的学术会议堪称层出不穷,以上海师范大学为例,仅2017年10月这一个月,与"一带一路"相关的学术会议就有"宗教历史遗存与'一带一路'学术文化研讨会""海洋文明与城市变迁——'一带一路'视野下的沿海城市发展"等。

9. 奖励与资助机制

2017年6月6日,"一带一路"影视传播合作高峰论坛在北京召开。为带动更多的人投身"一带一路"建设事业,论坛为23位媒体人以及各行各业的领军人物颁发了"'一带一路'影视文化传播形象大使"荣誉证书。

2018年,北京市人民政府设立的"'一带一路'奖学金",向"一带一路"沿线国家林学博士教育项目、"一带一路"沿线国家中学师资培养项目、"一带一路"农产品加工与质量安全博士教育项目等32个教育项目提供奖学金资助,入选项目每年获得25万元资助,以吸引更多优秀的"一带一路"沿线国家学生来京学习,推动北京市与这些国家的教育交流与合作。①

10. 组织机制

中国民族文化艺术基金会是文化部主管、民政部注册的全国性公募型公益组织。在国家成立"丝路基金"的大背景之下,该基金会特设"丝路文化基金"及"丝绸之路文化之旅组委会",以推动少数民族的相关文化项目发展。

2015年4月,广东外语外贸大学的"'走出去'协同创新中心"升级为"21世纪海上丝绸之路协同创新中心",由广东外语外贸大学牵头,联合中国社会科学院世界经济与政治研究所、商务部国际贸易经济合作研究院、厦门大学、中国科学院南海海洋研究所、中国国际问题研究院、云南大学、暨南大学等单位共同组建。中心以学术研究、人才培养、社会服务相结合为宗旨,构建研究21世纪海上丝绸之路建设相关问题的8个平台,围绕对外开放新格局、中国参与国际经济合作、东南亚与人文交流、海洋资源开发、建立新型国际关系、南亚区域合作、华人华侨、中国企业走出去等问题展开研究,提供政策咨询。

2015年11月,由教育部语言文字应用研究所和江苏师范大学语言能力协同创新中心联合主办的"'一带一路'语言能力建设研讨会暨中国语言智库

---

① 《"一带一路"教育项目设奖学金　32个项目将获资助》,https://www.sohu.com/a/202955872_100021002。

高峰论坛"在徐州召开。会上主办单位和与会 25 所高校的专家学者达成共识,决定成立中国语言智库联盟。

2016 年 7 月,全国"一带一路"沿线城市智库联盟在江苏连云港宣告成立。该联盟由连云港市社会科学联合会最先发出倡议,由天津、青岛、宁波、厦门、宝鸡、连云港等 6 个城市的社联共同发起,是包括大连、南京、福州、兰州、郑州等全国"一带一路"沿线 32 个支点城市在内的社联等枢纽智库组成的非法人学术团体。成立大会上发表了《全国"一带一路"沿线城市智库联盟连云港宣言》。联盟建议,在全国"一带一路"沿线城市智库联盟框架下,相关城市和机构围绕"一带一路"建设开展联合研讨、合作研究、战略研判、政策评估,为政府提供咨询,为地区间发展战略对接提出建议,推动智库研究与政府决策良性互动。

2017 年 11 月,由曲阜师范大学主办的东亚儒学研讨暨"一带一路"儒家文明创新联盟成立大会在曲阜举行。新成立的儒家文明创新联盟,旨在推进儒家文明不断创新,为各联盟成员合作提供便利,促进不同文明间的对话。来自中国、印度尼西亚、韩国、新加坡、日本、马来西亚的 9 家高校和研究机构成为联盟的首批会员。

2017 年 11 月 4 日,"丝绸之路教师教育联盟""丝绸之路人文社会科学联盟""丝绸之路图书档案出版联盟"成立大会在陕西师范大学召开。该联盟由陕西师范大学倡议,兰州大学、俄罗斯国立师范大学、塔吉克斯坦国立师范大学等 20 余所高校和科研机构签署了共建相关联盟的合作框架协议。3 个联盟通过加盟单位之间的合作办学、学生交换、学风互认、教育实践基地建设、科研合作、研究平台共建、学者交流、图书资源共享、数据库建设、出版资源合作开发等方式,搭建丝绸之路教育合作交流平台。

2017 年 12 月 3 日,西安音乐学院"一带一路"音乐文化高等研究院揭牌仪式在西安音乐学院艺术中心歌剧舞剧厅举行。"高研院"旨在构建"一带一路"文艺智库,建设学术示范基地,打造"一带一路"音乐文化研究高端平台;创新人才机制,汇聚一批享誉世界的艺术大师;打破专业壁垒,深化人才培养能力与培养质量;推进一流学科建设,实现更多核心、特色学科的新突破;构筑国际化音乐学术研究新高地,主动融入地方经济文化建设事业;建立艺术博物馆,加强周、秦、汉、唐文明与当代生活的深度融合。

11. 平台机制

2014年10月,国家新闻出版广电总局在西安创办"丝绸之路国际电影节",旨在以电影为纽带,促进丝路沿线各国文化交流与合作,为"一带一路"建设创造良好的人文条件。"丝绸之路国际电影节"每年一届,由陕西、福建两省轮流主办。

2015年以来,天津紧抓"一带一路"、自贸区建设等战略机遇,筹划举办以侨商名品展销为内容的"侨博会"。"侨博会"得到海外华侨华人积极响应,来自马来西亚、韩国、波兰、德国、比利时等"一带一路"沿线国家和地区的数百家侨商企业踊跃参展。除了展示特色名品、休闲生活用品、工艺精品、文创产品等,"侨博会"还通过国外饮食文化、知名景区文化、书画艺术、动漫卡通、民俗民风的推介,给市民带来全方位、多元化的观展体验。

2016年9月,丝绸之路(敦煌)国际文化博览会经党中央、国务院批准落户甘肃,迄今已举办四届,成为甘肃省落实"一带一路"倡议的国家级重要平台。

12. 市场机制

"一带一路"文化交流除政府间交流以外,文化企业、民间文化机构、文化团体及艺术家个人等也有很多文化交流活动。每年在国内看到的很多高水平的演出和展览,都是通过市场运作方式进行的。2017年底,文化部公示确定40个申报项目为2018年文化部"一带一路"文化贸易与投资重点项目,力争到2020年末,打造一批经济效益好、示范作用大的对外文化贸易重点项目,使我国与"一带一路"沿线国家的文化合作取得务实成果,文化贸易规模得以进一步扩大,其中包括黑龙江省杂技团有限公司的冰上杂技"一带一路"巡演、江苏省演艺集团有限公司推出的歌剧《郑和》、吐鲁番欢乐盛典旅游文化有限公司推出的"丝绸之路经济带精品剧目国内外巡回展演"等。①2017年10月25日,"吴哥王朝"项目落成暨舞台剧《吴哥王朝》新闻发布会在柬埔寨暹粒召开。该项目是四川省文化企业在柬埔寨打造的重点文化项目,被列入四川省"一带一路"重大项目,也是中柬两国文化部门鼎力合作的大型文化旅游综

---

① 《文化部公布2018年"一带一路"文化贸易与投资重点项目》,https://www.sohu.com/a/211688118_731021。

合体，项目以大型情景舞台演艺秀《吴哥王朝》为核心，融剧场、商业、娱乐、餐饮等多种业态为一体，包括现代大剧院、水上世界、旅游自助餐厅、中柬文化体验街等，是近年来四川省在国外建成落地的重要"文化走出去"项目。①

13. 园区机制

拥有国家级经济开发区数量最多的江苏省，正尝试着把开发区建设中积累的成功经验，推广至中国与"一带一路"沿线国家的合作中。江苏省目前不仅拥有苏州工业园区、中韩（盐城）产业园、中意海安生态园、中奥苏通生态园等20多个国际合作园区项目，同时在5个国家也建有6个境外园区，其中柬埔寨西哈努克港经济特区和埃塞俄比亚东方工业园属于国家级境外经贸合作区，中阿（联酋）产能合作示范区属于国家级产能合作园区，其余3家则属于省级境外经贸合作区。②此外，位于泰国东海岸罗勇府的泰中罗勇工业园区，于2007年开始运营，"一带一路"的建设快车使罗勇工业园获得快速发展，目前已聚集120家中资企业，2018年销售额增长近30%。③境外经贸合作区，加强了产业集聚，提升了价值链，成为推进"一带一路"倡议和国际产能与制造合作的有效平台。

可以看出，在中央的倡议下，我国各地方政府、文化部门、企业及高校对参与"一带一路"文化建设是积极的，也不乏对新的运作机制的尝试，但从整体来看，相关交流与合作机制仍缺少系统规划。在已经运作多年的友城机制、联盟机制、学术交流机制、平台机制等领域，各地方政府与相关部门表现出向"一带一路"倾斜的热情，但实际运作效果与效益仍有待观察，这提示我们需要加强对"一带一路"文化建设成果的审核与检验。

（二）成就与经验——以上海为例

作为我国对外交流与合作的桥头堡，上海市政府各部门积极参与"一带一路"建设。2017年10月11日，上海市政府发布《上海服务国家"一带一路"建设发挥桥头堡作用行动方案》，共8个部分，明确了上海在服务国家"一带一

---

① 《"一带一路"大型文化项目〈吴哥王朝〉震撼首秀》，https://www.sohu.com/a/200447567_252084。

② 《"一带一路"建设中的江苏力量：推动国际合作园区建设》，http://www.chinanews.com/cj/2019/06-11/8861867.shtml。

③ 《泰中罗勇工业园——打造海外工业唐人街》，http://china.cnr.cn/news/20190419/t20190419_524583085.shtml。

路"建设中发挥桥头堡作用的功能定位、实施路径,聚焦六大专项行动,提出60项实实在在的行动举措。其中第5项是人文合作交流专项行动,提出10项举措,依托国际文化大都市建设,发挥好重大"节、赛、会"作用,搭建更多文化艺术、教育培训、卫生医疗、旅游体育等交流机制和平台,全面提升人文合作交流水平。重点是深化五大合作交流机制,即成立国家级"丝绸之路国际艺术节联盟",加强上海国际电影节、美术馆、博物馆、音乐创演等与沿线国家(地区)的交流互动。升级打造3项工程,即升级打造"一带一路"公务人员培训工程、青年留学上海工程及能力提升培训工程、走出去跨国经营人才培训工程。①

上海市文广影视局于2016年出台的《上海市文广局推进"一带一路"文化建设三年行动计划》,在明确2016年至2018年上海推进"一带一路"文化工作的基本思路、工作目标、主要任务、重点举措和保障机制等的基础上,划出五大重点领域,提出组建"一带一路"沿线国家和地区艺术节、电影节、美术馆、博物馆、音乐创演等合作机制。目前五大领域通过"联盟制"的推进机制,已经取得如下成果:

1. 建立"丝绸之路国际艺术节联盟"

2015年,第十七届中国上海国际艺术节期间形成"一带一路"艺术节合作网络,来自18个国家和地区的22个艺术节和艺术机构参加该网络,倡议"一带一路"沿线及全球的优秀艺术节携起手来,秉承和平与发展的主题,根据联合国倡导文化多样性的主张,鼓励和促进各类艺术节的合作和交流,传承与创新各个国家和城市的优秀文化艺术,让人类文化的多样性获得集中体现。2016年,在文化部和上海市文广局的大力支持下,30个"一带一路"国家和地区的60个艺术节及重要文化机构参加了中国上海国际艺术节的"一带一路"论坛等各项重要活动。2017年10月20日,"丝绸之路国际艺术节联盟"正式在第十九届中国上海国际艺术节成立,共有32个国家和地区的124个艺术节和机构加入了联盟。这是有史以来第一个由几十个丝绸之路相关国家和地区的艺术节共同成立的国际艺术节联盟。"丝绸之路国际艺术节联盟"的工

---

① 袁猛、曹磊:《上海"一带一路"桥头堡行动方案提出六大专项行动服务国家"一带一路"建设》,http://sh.eastday.com/m/20171011/u1ai10915146.html。

作目标是以开放合作的态度,欢迎来自全球各地支持"一带一路"精神的合作伙伴,充分发挥"一带一路"沿线国家和地区各自优势,大力促进沿线国际艺术节或其他类似组织之间的互动与合作,为艺术作品的交流展演、合作制作、人员互通和其他经营领域的合作创造条件、提供机会,并定期举办论坛、培训、专业研讨会等学术交流活动,积极培育艺术创作、管理人才,大力促发"一带一路"沿线国家的文化创新能力,形成以艺术交流、交易、交往为核心的文化驱动力。中国上海国际艺术节通过"一带一路"国际艺术节发展论坛、"一带一路"演出推介会、"一带一路"主题文化周、"一带一路"交易会展区、"扶持青年艺术家计划"、艺术教育等各个板块持续开展相关活动,并与沿途国家展开演出项目合作。

2. 电影节合作机制

2015 年,上海国际电影节特别设立了"丝绸之路"影展单元。2016 年,"一带一路"成为上海国际电影节贯穿始终的一个主题:国际影展板块设立了"一带一路"单元,让观众通过大银幕集中了解沿线国家的文化风情;国际影视市场首次设立"一带一路"专区,让一批中国拍摄的"一带一路"影片和沿线国家的电影项目得到展示;与塔林、孟买、开罗等"一带一路"沿线城市的电影节代表共同签订了"一带一路"电影节战略合作协议。

2017 年,上海国际电影节把推进"一带一路"人文交流确定为办节主题。来自 47 个"一带一路"国家的申报影片达 1 016 部。经遴选,一批电影成为金爵奖、亚洲新人奖的参赛片,一些作品进入各大展映单元,其中"一带一路"展映单元集中展映了 17 部优秀影片,呈现"一带一路"沿线国家和民族的风土人情和文化底蕴。举办"一带一路"电影文化圆桌论坛,来自伊朗、埃及、阿联酋、波兰、希腊、匈牙利等国际电影节和电影机构代表,在论坛上交流本国电影市场现状,分享各自的办节经验、培养观众策略与市场推广机制等。在电影交易市场中设立"一带一路"国家主题馆,超过 25 个国家和地区的电影人、电影机构参与展示,6 个沿线国家的电影机构代表进行了国别电影文化推介。本届金爵奖"一带一路"沿线国家影片斩获最丰,菲律宾《三轮浮生》获最佳影片,伊朗《筹款风波》获评委会大奖,伊朗演员萨蕾·巴亚特(《筹款风波》)获"最佳女演员"。在电影节首日,罗马尼亚、匈牙利、希腊、以色列等 14 个沿线国家的 15 个电影节和电影机构的代表,共同签订了"一带一路"电影文化合作备忘录。2018年6月电影节期间,来自全球29个国家的31个电影节和电影机构,签约成立了"一带一路"电影节联盟;9月,上海国际电影节启动"一带一路"电影巡展机制。

3. 美术馆合作机制

自2014年以来,上海中华艺术宫举行了一系列与一带一路沿线国家合作举办的展览,如"蒙卡奇和他的时代:世纪之交的匈牙利艺术""眼睛与思想——印度艺术新的介入""'一带一路'世界艺术巡礼系列"等,展示沿线国家的艺术成就。2017年底,一连四个"一带一路"沿线国家艺术展集体亮相中华艺术宫,拉开2017"一带一路"国际艺术联合展的帷幕。这些展览包括"天的那边:当今时代的蒙古艺术""航行:塞尔维亚当代艺术之旅""漆缘:沪藏越南当代绘画作品展""'美滋润心·美丽双城记'之'美丽西澳'中澳摄影联展"。2018年底,由布鲁塞尔中国文化中心、上海中华艺术宫、上海大学上海美术学院联合主办的"风从海上来——海派当代美学与青年艺术"展于2018年11月15日至2019年1月15日在布鲁塞尔中国文化中心推出。该展系中华艺术宫"一带一路"国际交流系列展览之一。

截至2017年5月,"一带一路"沿线19所相关机构与中华艺术宫明确合作意向。包括俄罗斯国家博物馆、乌克兰国家美术馆、匈牙利国家博物馆、匈牙利路德维希美术馆、蒙古国家美术馆、波兰近现代艺术中心(瓦津基城堡)、波兰格但斯克国家博物馆、立陶宛克莱佩达文化交流中心、尼泊尔美术学院(美术馆)、巴基斯坦卡拉奇大学(视觉研究系)、巴基斯坦卡拉奇ZVMG VM艺术馆、塞尔维亚贝尔格莱德近现代艺术博物馆、斯洛文尼亚卢布尔雅那美术馆、越南国家美术馆、越南胡志明城市美术馆、新加坡国家美术馆、黑山近现代艺术中心、阿尔巴尼亚国家美术馆、拉脱维亚近现代艺术中心。

4. 博物馆合作机制

2016年4月28日,上海博物馆与埃及国立博物馆在埃及首都开罗签署了两馆友好交流合作备忘录,确定了两馆在文化展览的合作与交流、博物馆专业人员的业务互访和信息资源的数字共享等多方面的合作内容。签署合作备忘录是上海博物馆牵头建立"一带一路"博物馆合作机制的新平台。迄今为止,上海博物馆已与埃及、伊朗、希腊等国家的国家博物馆签署合作备忘录,目标是在3年内形成约30家"一带一路"沿线国家文博机构组成的博物馆联盟。除组建联盟外,上海博物馆还组织开展一批与"一带一路"相关的研究课题。由上博策划的"博物馆与世界文明"系列之一的《博物馆与古希腊文明》,于 2016 年 5 月 26 日在北京举行了新书发布会暨"博物馆与全球视野"研讨会。

2016 年以来,上海博物馆派出 5 批次共 11 名专业人员赴"一带一路"沿线国家文博机构进行交流,包括埃及、俄罗斯、匈牙利、拉脱维亚、伊朗、印度、越南,涉及文物修复与保护、合作出版书籍、博物馆高层及学术会议、数字化建设、考古等。2016 年,上博共举办"一带一路"主题讲座 30 场,邀请了越南、塔吉克斯坦、巴基斯坦、俄罗斯、乌兹别克斯坦等国的专家来沪讲授。2017 年举办 50 场"一带一路"系列讲座,邀请了越南、蒙古、斯里兰卡、哈萨克斯坦、土库曼斯坦、吉尔吉斯斯坦等外国专家来沪讲授。

2014 年以来,上海博物馆先后举办了"丝路梵相:新疆和田达玛沟佛教遗址出土壁画艺术展""盛世威仪:俄罗斯皇家军械珍藏展""明清贸易瓷展""菩提的世界:醍醐寺艺术珍宝展""千年古港:上海青龙镇遗址考古""茜茜公主与匈牙利:17 世纪—19 世纪匈牙利贵族生活""俄罗斯'巡回画派'""贵霜王朝的信仰和艺术"等与"一带一路"相关的展览,以历史与文物展示的方式,呈现"一带一路"沿线国家与城市历史与文化的丰富性。

2018 年 8 月,上海博物馆与斯里兰卡共同组建联合考古队,在斯里兰卡北方港口城市贾夫纳进行了 40 天的考古调查和发掘工作,发现了大量中国瓷器,为海上丝绸之路考古研究提供了重要实证,对推动海上丝绸之路跨国联合申遗具有重要意义。10 月 23 日,上海博物馆宣布成立"一带一路"研究发展中心,并公布了围绕"一带一路"尤其是海上丝绸之路的一系列考古与展览计划。

5. 音乐创演合作机制

音乐创演合作机制由"上海世界音乐季"组委会牵头打造。"上海世界音乐季"缘起于 2008 年,由上海世博局主办,目前是由国家音乐产业基地(上海)、上海新汇文化娱乐集团、上海蕙鸣文化传播有限公司合作打造的品牌。自 2008 年至今,"上海世界音乐季"累计邀请来自世界各地 200 多个国家的超过 100 支团队来中国演出,其活动包括"天地世界音乐节"、陆家嘴世界音乐午后时光、"声声不息"震旦博物馆世界音乐季、青春普陀世界音乐午后时光、上海艺术商圈(K11站)等。在"2016上海世界音乐季"新闻发布会上,举行了"一带一路音乐创演联盟"签约仪式,5个"一带一路"国家的艺术家共同签署了合作协议书。上海世界音乐季目前集中体现"丝路之音"的主题,2017年共邀请来自18个国家及地区的24组世界音乐家演出64场,其中七成是来自"一带一路"沿线国家的音乐家。经过一年的沟通和联动,目前已有来自以色列、哈萨克斯坦、波兰、土耳其、马里、印度、法国等艺术家、专家学者、文化企业代表等共同签署了"一带一路音乐创演联盟"协议书。

可以看出,上海在推进与"一带一路"沿线国家与地区的文化交流与合作时,主要采用"联盟"机制,其好处是富有开放性与包容性,缺点是在开放的大框架下,如果不能建立有效的领导与推动机制,容易导致有名无实、众口难调、无所作为——因此"联盟制"的运行机制尤其需要加强配套机制建设。以上海国际艺术节为例,在2017年成功牵头成立第一个由丝绸之路相关国家和地区的艺术节共同组成的国际艺术节联盟之后,下一步面临着如何具体开展工作的问题。艺术节是有着自身运作体系及文化诉求的实体,如何在尊重盟友自身特点的前提下,建立平等高效的联合工作机制,将联盟打造成有持续生命力的有机共同体,是作为联盟牵头单位的中国上海国际艺术节下一步工作的主要目标。为此,上海国际艺术节提出设立秘书处和专家咨询委员会等组织框架,将秘书处设于上海,重点依托中国上海国际艺术节,负责开展联盟日常联络与运营工作;专家咨询委员会负责联盟的研究性事务,为联盟的发展与运作提供专业指导、人才培训、成果出版等支持。对下一步发展,联盟提出扩大传播力、提升市场活力、孵化创新力等计划。可以看出,在上海国际艺术节的组织与推动下,"丝绸之路国际艺术节联盟"已经开始了组织机制与指导机制等领域的建设工作。

上海还充分利用自身现有的平台,在各类综合性国际论坛上设立"一带一路"文化贸易模块。譬如,由上海市政府主办的中国国际动漫游戏博览会专门设置"一带一路"馆,与"一带一路"沿途国家在展会合作上展开尝试,连续两年在博览会上举办中泰企业项目推介会。上海暑期学校还新增了"一带一路"项目,来自俄罗斯、埃及等国家的学生通过暑期学校来体验中国传统文化。

综上所述，为推进与"一带一路"沿线国家和地区在文化领域的交流与合作，上海市文广影视局划出五大重点领域，指定五大牵头单位，充分发挥其主动性，利用其长期积累的经验、网络与平台，为"一带一路"文化交往打开局面，这一大胆放手、紧抓重点的做法在实践中取得了可喜的成果。

（三）"一带一路"文化交流合作中存在的问题与挑战

"一带一路"的概念蕴含着"历史"与"当下"的双重范畴。鉴于当下世界局势的复杂性，中国在推进"一带一路"人文交流的过程中面临着诸多客观挑战。据国际问题研究领域的学者指出，从国际文化交流的大背景来说，当前"一带一路"人文交流面临沿线国家宗教文化冲突、政局不稳、域外势力干预、中国对外交流传播能力有限等一系列困难与挑战。"一带一路"沿线国家在地理、历史、民族、文化及宗教等各方面的差异，一方面带来了沿线国家和地区在宗教及文化上多元而丰富的特点，另一方面也使得由此产生的分歧和矛盾在一定条件下变得更为突出。有些国家过于强调本土文化的独特性，对接受异质文化相当抵触。此外，"一带一路"沿线既有社会主义国家，又有西方政党体制的资本主义国家，也有强势领导人掌权的、社会正处于转型期的国家，更有国家权力不集中及政府治理能力相对较弱的国家，还有一些是权力高度集中的君主政体国家。政治体制的多样性体现了沿线国家多元化的发展道路和治理模式，为相互借鉴、取长补短提供了机遇，但也是影响国家间关系的一个重要因素，增加了相互间理解与认同的难度，导致在相关的法律、制度、规则等方面缺乏良好对接。此外，经济发展不平衡对人文交流的阻碍也日益突出。不少沿线国家经济发展缓慢，经济结构相对单一。一些国家受到"中国威胁论"影响，对与中国开展人文交流颇有忌讳；还有一些国家虽然积极性很高，但囿于人力、物力、财力，对人文交流的现实需求并不迫切。此外，以美国为首的西方国家把中国的"一带一路"倡议视为一种地缘战略，为此采取了一系列干扰政策，而中国官方的传播能力及民间机构和个人的传播能力都亟须加强，国际传播能力不足对人文交流效果的制约日益突出。[①]

正是由于所面临的上述挑战，我国对"一带一路"文化建设提出了符合现阶段实际情况的"政府统筹、社会参与、市场运作"的机制（《文化部"一带一

---

① 邢丽菊：《推进"一带一路"人文交流：困难与应对》，《国际问题研究》2016年第6期。

路"文化发展行动计划(2016—2020年)》)。由于"一带一路"倡议的前瞻性以及文化建设的特殊性与长期性,来自政府部门的统筹与投入是必不可少的,并且将长期在"一带一路"文化建设与发展中起主导作用。在有序推进"社会参与、市场运作"的同时,相关部门需要正视我国在推动"一带一路"文化交流与合作中所存在的以下不足:

1. 认知不足

"一带一路"是我国领导人提出的在新形势下加强国际交流与合作的战略性倡议,以弥补全球化发展的弊端,是具有前瞻性与顶层性的高端倡议,而民间普遍对"一带一路"的重大意义及其所带来的共同发展机遇尚未形成清晰理解。政府部门需要对"一带一路"的文化与战略价值进行深入浅出的宣传,以帮助各地方政府及普通民众加强对其重要性的理解与认识。

2. 缺乏基础与条件

我国以往的对外文化交流与合作多侧重于欧美发达国家、东南亚及日韩等国家与地区,与"一带一路"沿线国家交流与合作的基础较薄弱,因此前期需要在政府主导下进行大量考察与研究,通过政府间的合作,搭建各种合作与交流网络平台,为企业、社会组织及个人创造条件。

3. 缺乏知识

因为缺少交流与合作,广大人民群众、社会组织与企业对"一带一路"沿线国家及城市的风土人情、政治经济状况普遍不够了解,缺乏相应的知识储备,导致畏缩不前,不知如何着手,因此前期需要政府提供准确的信息和必要的指导。政府需要联合智库、高校等研究机构,为民间提供与"一带一路"相关的历史与文化状况及当下的政治、经济、法律信息。

4. 缺乏国际合作的经验与资金支持

与发达国家相比,我国企业与民间团体对外交流与合作的经验不足,缺乏长期、稳定的资金支持。面对"一带一路"沿线复杂的政治、经济与文化状况,需要政府给出细致的指引、稳定的激励政策与资金支持,为民间交往保驾护航。

此外,我国各级政府与企业在对外文化交往中也存在着一些主观问题,譬如重形式,轻内容;重文件签署,轻机制建设;重双边交流,轻多边合作;重政府主导,轻企业和民间组织参与;常常固守教条主义与意识形态宣传,容易使交往对象产生误解与反感,并且流于形式、效果有限。一些地区急功近利,或者不自觉地忽视了文化传播与交流的能动性,对人文交流与文化合作的先行地位不够重视,热衷于经贸与基础设施建设,即使提出文化领域的交流与合作,往往也聚焦于产业,忽视了文化传播及人才交流的重要性,导致行为短期化,无法做到以文化促进"民心相通"并与经贸领域良性互动。一些省份与城市在"一带一路"建设上出现了一哄而上、占着位置不干活、重复建设、内耗、抢夺资源等不良现象。全国各种以"一带一路"为名的联盟机构,在一定程度上存在着重复建设、有名无实的问题。

上述问题必须经战略层面的定位与把握才能得以解决。文化部在厘清脉络、制定战略、搭建平台的基础上,需要以国际、国内交流合作"双轮驱动"为纲,注重发挥沿线有历史渊源及地理、文化重要性的城市的"桥头堡"及"高地"作用,以这些城市为中心,加强与周边城市的交流与互动;注重发挥国内不同层级城市的资源与特长,与"一带一路"沿线城市形成不同规模、不同层面、不同领域的战略对接,形成优势互补、协同开放和联动发展的局面。

三、"一带一路"城市间文化交流合作运行机制建设

在跨国交流中,因为存在着物理、心理及文化空间上的隔阂,文化交流与合作在很大程度上并非自发形成,而是需要有一方先伸出"橄榄枝",或者是双方出于某种需要共同付出努力,这是在国际交往与合作中,国与国之间的正式外交关系及相应机制建设具有头等重要性的原因。城市间的文化交流与合作,体现为信息、政策、文化活动与团体、智库研究、文化产业等不同领域的交流与合作,按参与主体来划分,可分为政府、企业、社会组织与个人四大类。由于这四类主体各自运作的领域及肩负的责任并不相同,他们对跨国文化交流与合作的目标期待也并不相同。如前所述,"一带一路"是具有深厚历史内涵的现代事业,政府在这一事业建设过程中——尤其是前期,需要起主导作用。政府需要加强对企业、社会组织与个人作为行为主体的认识,明确其在"一带一路"建设中的功能与特点,并通过机制建设的方式加以落实。

在文化交流与合作领域,根据主体不同进行差异化机制建设,其科学性与必要性有两点:第一,文化领域的合作方是具有特定文化身份的主体,只有

根据主体的特性展开有针对性的机制建设,才能为行为主体提供恰当的激励与合作动力,保证合作顺利进行及目标的实现。第二,文化交流与合作具有层级性,处于同一个层级的主体通常有更多共同性与相似性,彼此之间更容易展开交流与合作,譬如国家级文艺团体与地方性文艺团体,在创作宗旨与所关注的领域上会有较大差异;根据主体层级不同进行有针对性的机制建设,符合文化交流与传播规律的要求。然而在人类发展的历史长河中,文化不仅是横向流动的,也是纵向流动的,因为人是文化的主体;不同层级、不同领域的文化之间彼此有着复杂而微妙的影响,从而形成了难以分割的"文化共同体"。"一带一路"城市间文化交流与合作要保持生机与活力,需要鼓励不同领域、不同层级间的文化主体之间的交流与合作。在进行机制建设时,不仅要考虑到同一层级、同一性质的主体之间的关系,还要考虑到不同层级、不同性质的主体之间的关系。对政府来说,需要与不同性质、不同层级的文化主体之间保持信息通畅,才能掌控全局,实现协调发展的目标。

(一) 政府间文化交流合作机制建设

1. 目标:通过机制建设形成内外协同效应

政府是"一带一路"沿线文化交流与合作的排头兵与主推手。从政府角度看,沿线城市间文化交流与合作,其目标应为加强理解与合作,打造长期伙伴关系,建设"一带一路"城市间文化交流与合作网络,在沿线各国、各城市及各领域为企业、非政府组织及市民间加强交往与合作搭建平台,保持开放、互利、共赢的理念与前景,注重以机制化安排推进合作。最终,对内建成由政府掌握整体宣传推广战略,以市场为基础、以企业与民间组织为主体的对外文化交流合作机制;对外通过各种磋商机制,通过目标协调、政策沟通和规划对接,在沿线各城市间实现优势互补和利益互惠,不断增加合作增长点和战略融合点,形成协同效应。

鉴于沿线城市的复杂性,各级政府需要站在战略高度及具有包容性、前瞻性的认知角度来开展相关工作,与沿线国家各级政府开展平等包容的思想文化交流。要认识到沿线国家与地区经济文化资源发展不平衡、历史与宗教关系错综复杂等现实问题,坚持"走出去"与"请进来"并重、政府与民间并举、公益性文化交流与经营性文化贸易并行,对内做好战略规划与政策引导,对外与沿线城市加强政策沟通、战略对接,建立长效合作机制,充分体现对文化交流"春风化雨""润物细无声"的理解与认知。

2. 原则:以常规机制为依托,以共同体精神相号召

"一带一路"沿线城市的复杂情况决定各地方政府必须依托政府间的常规合作机制来开展工作,但为打破僵局与束缚,需要以"共同体"的创新精神进行引领,推动沿线各地政府面向未来,携手合作。

常规机制意味着政府间可以通过签署合作框架、推动项目建设、完善政策措施、发挥平台作用等手段来推动城市间不同领域的交流与合作,譬如通过政府间对话机制及领导人会晤机制加强战略对接及政策交流,建立友好城市伙伴关系,建立长效合作机制如签署合作框架、合作备忘录、中长期规划等;推动项目建设与平台建设,为社会、企业与个人参与"一带一路"文化交流与合作搭建平台,提供机会。"国际友好城市"是城市外交的一种重要形式。中国国际友好城市活动的开端是1973年天津市与日本神户市结成第一对中日间国际友好城市,目前中国已与120个国家建立了1 500对友好省州和友好城市关系。多年的国际友城实践证明,高层领导互访并建立相互信任的关系是推动友城间交流与合作的基础,只有政府领导高度重视、积极推动,社会各界广泛关心、支持和参与,友城交流事业才能蓬勃发展。我国目前的友城外交存在着合作机制长效化等问题。

对内来说,国内城市之间需要发挥优势互补、集团作战的力量,在文化交流、遗产保护、文艺创作、文化旅游等领域与周边地区展开跨市合作,增强自身的网络连接能力与吸引力,以团结友好、各展所长的"城市群"形象,加强与"一带一路"沿线城市的文化交流与合作。各城市应发挥自身所长,积极参与到文化部部署的"一带一路"部省对口合作项目中去;积极鼓励智库学者、汉学家、翻译家和青年人才参与"丝绸之路文化使者"计划;加大"一带一路"文化遗产保护力度,与沿线国家和地区在考古研究、文物修复、文物展览、人员培训、博物馆交流、世界遗产申报与管理等方面开展国际合作;鼓励地方和社会力量参与文化遗产领域的对外交流与合作;倡导与沿线城市的艺术人才和文化机构联合创作、共同推介,搭建联合展示平台,提升艺术人才的专业水准和综合素质;鼓励和引导社会资本投入"丝绸之路文化产业带"建设;有条件的城市要积极鼓励企业参与动漫游戏产业"一带一路"国际合作行动计划,发挥动漫游戏产业在文化产业国际合作中的先导作用;鼓励文化企业在"一带

一路"沿线国家和地区投资；支持国内文化企业到"一带一路"沿线国家和地区参加知名文化会展。

根据文化交流与合作不同阶段的要求，地方政府在合作初期要注重搭建平台及谈判机制、信息机制、联络机制、组织机制等的建设，在成果检验方面需要注重信息反馈机制、利益分享机制、奖惩机制等的建设，鉴于相关领域文化建设工作的开创性与复杂性，还需加强开放机制、协调机制与监督机制的建设，确保活动开放多元、有始有终、可持续发展。

3. 建设重点

城市间的交流与合作不像国与国之间或区域之间那样具有政治性，而是集中在与城市及市民生活相关的层面。城际交往是城市软实力施展的场所，体现着一座城市的魅力与影响力，具体表现为城市品牌、城市规划、历史文化、旅游资源、人文素质、生态环境、政府管理、公共外交等方面的资源与管理水平。城市的对外交流与合作，就是要利用这些资源，让城市品牌借文化活动的机会走出去。

加强社会参与和市场运作是政府在举办各种活动的过程中需要重点推进的方向。政府进行机制建设的最终目标是以城市为中心，打造文化交流与合作的网络。在这一网络中，政府、民间、企业各得其所，充分发挥各自特长，最终形成网络的自主性。需要指出的是，在政府主导的各种活动中，需要充分重视开放机制、激励机制、回馈机制、利益分配机制的建设，以吸引企业、社会团体与市民的参与。政府通过机制建设发出激励信号，调动各方积极性，目前可侧重于以下几个方面：

（1）提供资金支持

地方政府设立"一带一路"文化交流与合作基金，鼓励企业与社会团体积极打造并参与"一带一路"文化交流与合作项目。政府以招标的形式提供项目资金，设立考核与奖惩机制，确保资金使用有效、规范。

（2）发挥新媒体优势

新媒体是大众化、平等化的媒体，将逐渐成为推动"民心相通"的主要渠道。要充分推动企业与社会团体发挥新媒体优势，向沿线商界及普通民众传播有关中国的思想文化内容，形成交往与互动。2017年，北京师范大学文化创新与传播研究院开展的"'一带一路'沿线七国青年对中国文化认知"调查表明，在七国青年接触中国文化的渠道方面，互联网占比为53.6%，社交网站和搜索引擎成为青年群体了解中国文化的主要方式。新媒体将是未来各国、各部门争夺文化传播影响力的主要渠道。

（3）搭建平台，紧抓重大文化与文创项目

推动与"一带一路"相关的文化活动及项目建设，扩大活动影响，积累经验，在活动基础上搭建平台，为社会参与及市场运作牵线搭桥，重视重大文化活动与文创项目的社会影响。

（4）重视人才建设

加强"一带一路"相关小语种人才培养，以"千人计划"等类似项目吸引人才集聚，招募熟悉当地语言、文化、法律、投资环境等领域的人才，通过授予文化大使、文化专员、学术代表等头衔，赋予这些人才以特定的职责与荣誉，发挥其聪明才智及投身"一带一路"文化建设工作的积极性。

（5）充分发挥华侨华人的积极作用

加强华侨、华人与中国的联系，培养其对中华文明的自信心与自豪感，鼓励在当地组建社团，邀请当地居民与专家参与，鼓励华侨华人发挥传播中华文化及沟通当地网络的窗口与桥梁作用。

（6）重视对物质与非物质文化遗产的保存与开发

与国内外沿线城市联手开发具有历史文化价值的旅游线路与产品。我国境内丝绸之路沿线文化遗产主要包括陕西、河南、甘肃、青海、宁夏和新疆等省、自治区的诸多遗址，如汉长安城未央宫遗址、汉魏洛阳城遗址、高昌故城、麦积山石窟等。2006年和2012年，国家文物局两次将"海上丝绸之路"列入中国世界文化遗产预备名单，泉州、宁波、北海、福州、漳州、南京、扬州、广州和蓬莱等9个城市的50多个遗产点名列其中。"一带一路"的提出让很多地方看到发展旅游业的契机，但需要兼顾"开发"与"保护"的双重需要，以免给文化遗产带来毁灭性影响。相关部门需要对此立法监督。

（7）重视青少年交流

青少年是祖国与人类社会的未来。青少年时期所形成的文化印象与审美偏好往往影响着一个人的一生。各地方政府应通过暑期学校、夏令营等形式，积极为沿线各国青少年创造交流机会，让他们对了解异域文化持开放视野，自觉维护国与国、城市与城市及不同文化之间的友好关系。

(8) 加强信息机制与奖惩机制的建设

政府要掌控全局,需要通过信息收集与反馈机制,加强对活动效果的监督;也需要设立恰当的奖惩机制,表扬先进,激发各方参与的积极性。

(9) 打造以"一带一路"为品牌的城市联盟机制

1998年9月,世界科技城市联盟(WTA)在韩国大田市正式成立,这是世界上第一个以地方政府为主体的国际性城市联盟组织,目前有来自15个国家的36个会员。2003年,世界卫生组织(WHO)健康城市网络咨询会议在菲律宾马尼拉开会时做出决议,成立WHO健康城市联盟,推举中国苏州、菲律宾马里基纳、马来西亚古井、日本平良、蒙古乌兰巴托五城市为联盟理事城市。上述案例为打造"一带一路"城市联盟提供了借鉴。沿线城市可根据自身特点与优势,打造各具特色的"一带一路"城市联盟机制,以集体行动的方式就影响城市与人类社会发展的重大问题发声。

(二) 企业间文化交流合作机制建设

1. 目标:以企业文化传播中国文化价值,以"在地化"满足当地需求

企业是我国"一带一路"倡议中发掘区域市场潜力、促进投资与消费、创造需求与就业、增进沿线各国人民友谊与互动的主体。在跨国经营中,企业以自身的生产经营活动,与当地人产生兴旺与共、共创财富的关系;企业文化通常扎根当地,成为当地文化的有机组成部分。从跨国文化交流的角度来说,企业利益与母国利益相一致,并在相当程度上影响着母国的文化形象。因此,应该努力增强中国产品的国际竞争力,提升中国品牌和中国跨国公司的亲和力和美誉度,塑造国家新形象,传播中国文化价值。同时,走出去的中国企业要力争与东道国结成利益共同体,通过"在地化"满足当地人民的生活文化需求,推动当地形成多种文化和睦共处的经商与文化环境。

在全球化的大环境之中,生产型企业除了销售产品,还面临企业文化在东道国的扎根与传播问题,因此与沿线国企业打造通畅的沟通交流与对接机制至关重要。企业应积极利用政府提供的各种平台,在沿线城市寻找合作伙伴、消费市场,宣传自己的企业文化,与沿线国企业共同为市场提供先进、有吸引力的产品,以获得消费者的认可与忠诚度为目标。文化企业则要在市场机制下,以尽量丰富母国与东道国的文化消费与文化产品为目标,找好目标市场及合作伙伴,既重视文化输出,也注重项目引进,争取获得社会与经济效

益的双丰收。

2. 原则：以平台建设为依托，以创新引领为手段，以互惠共享为宗旨

国际贸易与企业投资对城市的政治、经济与文化生活具有重大影响。据报道，2019年我国与"一带一路"沿线国家货物贸易总额超过1.3万亿美元，增长达到6%，占对外贸易总额比重提升2个百分点，达到29.4%；中国企业在沿线国家所建境外经贸合作区，累计投资350亿美元，上缴东道国税费超过30亿美元，为当地创造就业岗位32万个。[①] 推动"一带一路"城市间文化交流与合作，企业将发挥不可替代的重要作用；文化部在《行动计划》中所提出的"市场运作"的原则，将通过企业得到集中体现。

鉴于"一带一路"沿线的复杂情况，在起步阶段，企业应积极利用政府所搭建的平台开展活动，譬如"丝绸之路文化产业带"建设等。企业是文化创意产业发展及新科技手段的实践者与推动者，要通过与沿线政府及企业的合作，积极推动文化创意产业在沿线的发展及新媒体的传播与应用，让具有当代文化价值与民族特色的文化创意产品，成为凝聚共识、促进民心相通的桥梁与纽带。目前我国企业在影视节目合拍合办、单车共享等领域已经在"一带一路"沿线国家打下良好基础。

"一带一路"倡议也为沿线城市华商带来新的发展空间与机遇，相关企业应积极利用这一点，携手共同开拓市场。为打消外界对我国提出"一带一路"倡议动机的疑虑，在开展援助项目时，政府与企业应该把重点放在老百姓能受益的项目上。以平台建设为依托，以创新引领为手段，以互惠共享为宗旨，企业的参与将加快推动"一带一路"多元文化的深度融合。

3. 建设重点

企业间的交流与合作是以彼此间的了解与互信、信息公开、平台开放、互利共赢为基础的。在"一带一路"沿线城市缺少交流合作经验的背景下，政府在前期要承担起推动与组织的责任。"一带一路"之六大经济走廊沿线65国中，有8个最不发达国家、16个非世界贸易组织（WTO）成员国，24个国家的"人类发展指数"低于世界平均水平，国家与城市发展水平的差异，为交易内

---

① 马玲：《商务部：2019年"一带一路"经贸合作取得积极成效》，https://www.financialnews.com.cn/cj/hyfx/202001/t20200121_175648.html。

容、市场原则等带来巨大挑战。沿线部分国家政治局势不稳定,更是对相互投资及产业合作带来较大不确定性。

企业应首先以建立促进交流与合作的平台机制、信息机制为起点,在具体操作上,既可以充分利用政府搭建的平台,也需要企业主动建设各自领域的平台及信息分享机制。利益分配机制也是一个需要尽早明确的内容,以激发各方参与的积极性。

企业是一国文化价值观的重要载体。企业通过统一着装、企业文化、产品广告等,在当地体现并传播着国家的文化理念与时代精神。参与"一带一路"建设的各类企业,应杜绝互相压价、恶性竞争、不守信用等恶劣行为的发生。近些年来,一些企业和个人在国外的不法行为或假冒伪劣产品被西方或当地媒体炒作,造成负面影响,有鉴于此,要充分发挥行业协会的组织与领导作用,在国内实现企业间的"五个互通"——信息、战略、行动、成果和教训及时互通,以知己知彼形成合力,联合打造中国企业的新形象。

从机制建设的角度来说,企业目前要侧重注意以下几个方面的工作:

(1) 与政府建立常态化联系机制

通过与政府定期交流,掌握"一带一路"沿线发展的最新信息与政策,把握方向,并将企业自身参与"一带一路"文化交流与合作所遇到的问题,及时反馈给政府部门。

(2) 积极参与平台机制建设

利用平台建设的常态性、稳固性,充分发挥市场机制的调整作用,在政府协调、市场运作、企业参与中找好立足点。通过政府牵线搭桥,企业可着重在以下几方面开展活动:根据市场需求,联合推出"一带一路"创业发展基金、"企业连接"网络等平台;针对"一带一路"文化市场与创意产业发展前景,独自或联合设立"一带一路"研发基金,加强与沿线国家重要智库、舆论领袖及产业园区的合作,传播互利共赢的共识,推介文化创意产品,推动企业经理人、创意策划人才等交流互访。

(3) 与行业协会、兄弟企业建立定期交流机制

积极向行业协会献策建议,以推动本行业在"一带一路"建设中充分发挥作用;与兄弟企业建立定期交流机制,以取长补短,互通信息,在"一带一路"建设中携手合作而不是恶意竞争。

(4) 以"联盟制"加强与沿线企业的交流与合作

"一带一路"沿线经济发展水平不一,市场状况与开放程度各异,以标准化程序与沿线企业开展合作具有较大困难。可通过"联盟制"的开放性,打造"一带一路"行业性信息网络与资料库,在信息共享、机会平等的基础上,打造沿线企业的交流、互惠机制。要尤为注意与沿线的华商与侨企保持合作。

(5) 重视企业文化传播机制、地方公益机制建设

"走出去"的企业肩负着国家文化形象传播的重要使命,必须重视对企业文化的打造,使其成为传播中国文化价值观的有效载体。要重视通过公益活动与当地政府、企业与社群建立交流互动,回馈、了解并融入当地社会。

(三) 非政府组织间文化交流合作机制建设

1. 目标:以丰富多彩的民间交往打造社会共识,引领未来发展方向

人类社会的构成,不仅包括国族文化、地方文化,还包括团体性文化与个体性文化,这些文化彼此交错,互相影响,构成人类文化生活的丰富图景。其中以非政府组织与民间社团为代表的社会性团体,是体现民间社会活力的重要组织形式。从世界范围来看,公民社会及非政府组织在国际事务中所起到的作用及所具有的影响力越来越令人瞩目,它们或致力于影响官方及国际性组织的政治与外交决策,或致力于推动某项特定议题在社会上的传播与发展。与政府和企业相比,社会团体最大的特点在于多样性与民间性,这种多样性与民间性是跨国交往与合作的宝贵财富——尤其对文化领域来说。多样性是文化诞生与发展的本质,并且为文化的进一步发展提供着必需的养分。正是出于这个原因,当今世界各国越来越重视彼此之间的文化交流与合作。活跃在城市不同领域中的社会团体,带着各自所关心的议题,是推动国家与城市间文化交流与融合的重要力量。

第二次世界大战结束后,随着现代社会公民意识的觉醒,民间交往成为推动世界和平与发展的一支重要力量。德国与法国通过民间交流纽带,成功地实现了化敌为友,到 2006 年,两国之间的友好城市有 2 226 对,此外还有 2 000 所姐妹学校。[①]民间外交具有灵活机动、形式多样、渠道多、覆盖面广等优势和特点,这决定了它可以弥补官方外交的局限性和不足。我国研究国

---

① 祝鸣:《金砖国家应强化人文"粘合剂"》,《文汇报》2016 年 10 月 20 日。

际问题的专家指出,有些官方做不到的事,民间有可能做到,甚至做得更好;有些官方不好说的话,民间可以说,甚至说得更到位、更贴切。①这些都在欧、美、日、韩等民间组织的蓬勃发展及在国际上的话语权与影响力中得到了体现。

从社会团体的角度来看,"一带一路"城市间的文化交流与合作,其目标是打造和平友好、丰富多彩、往来频繁的民间交往社会,让各自的理想与文化认同在民间交往的基础上得到丰富与壮大,对政府与国家形成有益补充,打造扎根民间的"人类命运共同体"。

2. 原则:以联盟合作为依托,以社会文化议题为引导,积极在国际舞台上发声

以社会团体为主体的跨国交流与合作,可以通过聚焦市民社会所关注的社会与文化议题,在国际上发声,加速推广与实现自己的目标。大学、智库、学会等专业性、学术性、思想性较强的团体,在国际文化交流与合作中起着重要的思想引领、政策前瞻与高端交流的作用。这些机构通过举办会议及学术活动,影响社会精英人士,为"一带一路"打下精英共识的重要基础。高校、智库、学会等研究型机构可以联合成立智库,对"一带一路"沿线城市所面临的各种问题展开调研,提供智力支持与政策解读。高校、职业学校等教育机构可以通过合作办学、人才培训、人才交流等活动,以教学大纲与教育体系为基础,分享彼此的文化历史与价值观,推进对"人类命运共同体"的理解与共识。学校之间可以建设"姐妹学校",使文化教育领域的对外交往与合作成为常态。

我国首批认定的市级"枢纽型"社会组织包括市总工会、团市委、市妇联、市科协、市残联、市侨联、市文联、市社科联、市红十字会、市法学会等 10 家机构,分别负责职工类、青少年类、妇女儿童类、科学技术类、残障服务类、涉侨类、文学艺术类、社会科学类、医疗救助类、法学类社会组织的联系、服务和管理。这些机构及其下属的各类团体可以在社会文化领域发挥重要的沟通、交流与合作功能。高雅艺术、非物质文化遗产保护等文化团体具有加强城市间专业领域合作的重要作用,可以以接受政府拨款的文化机构为主体,广泛吸

---

① 李进军:《中国特色民间外交:认识与建议》,《公共外交季刊》2013 年第 4 期。

纳相关企业和其他文化机构，在沿线城市建立各种联盟与合作关系，譬如目前已经开始建设的"丝绸之路国际剧院联盟""丝绸之路国际图书馆联盟""丝绸之路国际博物馆联盟""丝绸之路国际美术馆联盟""丝绸之路国际艺术节联盟""丝绸之路国际艺术院校联盟"等。慈善团体、环境保护组织、民间智库等也可以结合自身目标，寻找"利基"市场，在沿线城市组建各种有利于自身发展壮大的联盟。社会团体可充分发挥自身"接地气""专业性"等特点，策划组织各种活动，探讨沿线城市共同关注的社会、文化与民生议题，推动"一带一路"城市间文化交流与合作形成浓郁的民间特色，在国际社会中发挥独特影响力。

3. 建设重点

因为缺少建制性的官方平台，非政府组织与企业相同，开展国际交流与合作时首先需要考虑如何组建信息机制、平台机制、组织机制、利益分享机制等确保工作展开的基础性机制，并以开放平等、公开透明的方式，吸引志同道合者加入。与企业不同的是，对非政府组织来说，这些机制建设的出发点并非受物质利益驱动，而是有其他考量，譬如社团力量的壮大、社会影响力的发挥、网络建设、社会公益等。各民间团体在自身发展的不同阶段，对上述目标会有不同程度的侧重，因此机制建设并非一蹴而就，而是在不同发展阶段有着不同的建设重点。

与企业相同，非政府组织"一带一路"交往基础薄弱，缺乏经验，需要政府为其创造交流合作的条件。非政府组织对社会与民生问题的关注，是对政府主导的官方文化、意识形态文化的必要补充，是"民心相通"的重要渠道。在国际舞台上，我国民间交往制度建设滞后，大体上仍处于自发状态；参与民间外交的机构与团体之间，往往缺少必要的协调机制，并且整体缺乏统一的部署和规划，呈现出一种放任自流与各行其是的状态。有专家指出，中国对外友好协会、中国国际民间组织合作促进会等机构虽然都已成立，但它们之间的协调关系并未明确，与其他部委相关机构之间的关系更是模糊不清。这种组织状态，难免导致政出多门、项目重复和资源浪费，更难以对民间外交进行战略规划与管理指导。此外，中国民间外交也缺乏必要的支持性制度，包括落实民间外交经费来源的专项资助制度，如基金会、筹款渠道和审计制度等，

还有相关的研究机构和人力资源管理机构。①"一带一路"沿线城市的社会团体间要加强交流与合作,需要注意建设以下几个方面:

(1) 在沿线城市联合建立民间智库与学术交流机制,以引领话语权并加强理念传播

城市中的一流大学应该发挥学术优势,带头加强对"一带一路"相关问题的研究,加强相关学科建设,深化对语言、历史、文化、政治等各领域的研究,解决"一带一路"建设中文化交流人才短缺的问题。

(2) 建设"一带一路"民间交往基金会机制

目前我国为"一带一路"文化建设所提供的资金,基本上是用于特定项目,缺少专为民间交流领域设立的基金。政府专门设立"一带一路"民间交往基金,可为社会团体和企业提供长期稳定的资金保障与发展前景,激励更多非政府组织投身于该事业之中;在政府的带动下,由企业和社会团体联合推出的各种"一带一路"民间交往基金,可为民间交往建立长效机制,加强沿线企业与组织间的合作与互动。

(3) 加强项目机制、平台机制建设

民间交往活动结束后如缺乏具体的成果,则容易流于空泛。如果能在合作过程中加强项目机制与平台机制建设,则在一定程度上可以推动活动长期性、可持续性发展。有德国专家曾建议"一带一路"沿线国家合作编写历史教科书,共同挖掘历史文化遗产,加强文化认同感;此类计划如能在非政府组织的推动下开始实行,将可以赋予当下的民间交往与合作以深远的文化意义与影响。

(4) 政府部门需加强对民间外交的战略统筹与管理

推动社会团体参与"一带一路"城市间文化交流与合作,政府亟须建立健全相关的战略统筹机制、协调管理机制、资金保障机制、队伍配套机制等,以确保非政府组织的"民间外交"符合我国法律、当地法律并正确传播我国的文化价值观念。

(四) 市民间文化交流合作机制建设

1. 目标:建立民心相通、美美与共的跨国市民社会

"民心相通"是"一带一路"建设的社会根基,市民是城市间文化交流与合

---

① 张胜军、王润斌:《中国民间外交研究报告(下)》,http://www.crf.org.cn/study_detail.asp?cid=001&id=265。

作的催化剂,体现着城市的文化认同、文化追求与活力。外交领域的学者指出,广义的"文化外交"源自古代探险家、旅行者、教师、艺术家、宗教人士、商人等在其他国家的长期居住和考察活动,他们在居住期间与当地人建立了深厚的友谊,达到了"文化外交"的目的——如在雅典一住就是20年的马其顿王亚历山大大帝的老师亚里士多德、我国唐代西游印度的高僧玄奘和东渡日本的高僧鉴真等。尽管这些人并不具备官方外交身份,但他们与客居地的政府和民众往来,在经济、政治、文化等各方面建立了深厚的联系,促进了母国与旅居国在文化传统及风俗习惯等方面的交流与理解。在全球化时代,随着互联网、社交网络等现代通信技术的发展,全球范围内的个体交往更为密切,也前所未有的便捷。随着现代交通工具及"境外游""游学""留学"等活动的蓬勃发展,一国公民的文明程度越来越普遍、频繁地成为该国文化形象与价值观的代表。无数个体构成了全球互动的巨大网络,因此我们必须重视"个体"在当今世界跨国文化交往中的作用。

从市民的角度来看,"一带一路"城市间文化交流与合作,其终极目标是形成民心相通、美美与共的跨国市民社会,即构建"人类命运共同体"的大家庭,使人类共享的文化价值观得以确立并深入人心,在市民间养成平等包容、互相尊重的人格属性,为建设美好的明天而共同努力。

2. 原则:以对美好生活的向往与追求为纽带,鼓励市民间增进交往

随着全球公民社会的日益发展,国内与国际二元化的政治边界日渐模糊,普通民众能够以新的文化身份或作为公共议题的推动者涉足外交领域,或者利用网络媒体发声,产生特定的国际与社会影响。正面发挥市民的文化传播力与影响力,可在地方政府、非政府组织与企业间开展文化交流、学术往来、人才交流合作、媒体合作、青年交往、妇女交往、志愿者服务等基础上,加强市民及各种人才在"一带一路"城市间的交流与合作。政府可以借助在"一带一路"沿线国家和地区共同遴选"丝绸之路文化使者"等契机,扩大"一带一路"文化交流活动在市民中的影响力与感召力;通过在沿线城市互办艺术节、电影节、电视周和图书展等,为市民提供了解"一带一路"沿线文化的机会;通过加强旅游合作,互办旅游推广周、宣传月等活动,推动市民走出去,在境内外主动成为中华文明及丝绸之路文化精神的使者;通过创办"一带一路"市民文化节、摄影展、美术展、节目汇演等活动平台,加强市民间的互动与交流,共

同丰富沿线人民的精神文化生活。

从个体的角度来说,华人华侨是向世界诠释和宣传中国精神的最佳"民间大使",也是我们了解外部世界、沟通信息的重要渠道。海外华人华侨在推动双边政治关系发展,推动经贸、科技、文化、教育等领域的中外合作,弘扬民族精神与中华文化,传递和谐理念以及积极参与住在国的社会活动,促进世界更加全面地了解中国等方面,发挥了主力军作用。青年交流则是我国民间外交中最为活跃,自中华人民共和国成立以来就颇受重视的对外交往领域,在国际上建立了深厚的友谊,促进了不同国家对中国青年的了解。当前,我国青年对外交流内容丰富、形式灵活多样,为配合重大外交行动、推动国家关系发展奠定了群众基础。留学生在文化传播与文化认同上的桥梁价值,也越来越受到重视。中国每年向"一带一路"沿线国家提供一万个政府奖学金名额,这些海外留学生以青春的活力,成为"一带一路"沿线地区与我国之间友谊的桥梁与纽带。

有专家指出,姚明等体育明星和巩俐等演艺明星在推动外国人了解中国方面,并不比一本教科书所能做到的少。越来越多的"一带一路"影视界、文艺界人士来我国参加各种活动,对推进文化交流与合作发挥了积极作用。哈萨克斯坦和马来西亚都有歌手参加我国的综艺选秀节目,并在节目中逐渐为中国观众所喜爱和了解;这些节目也带动我国流行文化走出去,在沿线国家进行传播。

3. 建设重点

美国"公民外交联盟"领导人之一谢里·李·米勒在讨论如何将美国人变成"公民外交家"时曾这样说过:"公民外交这个概念的意思是,每位公民在每次与外国人握手时都有责任和义务帮助塑造美国的外交关系。无论你是坐在外籍同学身旁的学生、在国外比赛的运动员、迎接外宾的官员、摇滚明星还是海外商务代表,你都是一名公民外交家。"[1]然而民众的公共素质与能力目前仍是我国民间外交的一个短板。伴随着大量公民走出国门,在世界各地工作、经商、求学或是旅游,有损中国人形象的行为时有发生。它们有的被披

---

[1] 《美民间组织为改善国家形象发起公民外交运动》,http://world.people.com.cn/GB/1029/42355/4656736.html。

露于报端,有的被病毒式传播于社交媒体之上,有的则给当地民众留下不好的印象,这些都对中国人的文化形象、文明素质及国家吸引力造成了极大损害,其破坏力不是一朝一夕能够挽回的。培养民众的公共素质与能力,提升民众对国家形象的责任感,提高公民的民族自豪感与自尊心,加强民众对本土文化的认知、对世界历史与文明的理解,是我国当前公民外交亟须补上的一课。

13亿中国人是我国民间外交的优势与资源,重点是要把蕴藏在全国各族人民、各大城市、社会各阶层、社会组织和民间团体、国有企业和民营企业中具有个性风采及人性光芒,能够反映我国公民素质水平的资源挖掘出来,以对口交流以及各层次充分展开的方式,在"一带一路"城市间打造公民交流互动的平台。政府等相关机构需要通过机制建设调动市民的积极性,提升市民对"一带一路"文化交流的内涵与价值的认识,通过政府、企业与公益组织合作的方式,为公民外交所需要的智力和人、财、物提供保障。目前需要重点考虑以下几个方面的机制建设:

(1) 宣传机制

"一带一路"是我国提出的中长期发展战略,但市民对其重大意义仍缺乏了解,目前的宣传主要聚焦于历史渊源与战略价值,对"一带一路"沿线人民的生活状况及现实向往关注程度不足,市民难以对沿线的文化现状与发展前景产生感性认识。通过打造具有精湛艺术水平与思想深度的纪录片、专题片、故事片及新媒体产品,讲述中国与"一带一路"的动人故事,是推动市民参与"一带一路"建设的重要舆论基础,也有利于增强民众在国际交往中的自信心与主动性。

(2) 平台机制

市民作为个体,往往缺乏参与国际交往的机会与平台,这往往导致公民国际素质与大国意识的缺失。政府需要联合企业与社会团体,为市民搭建国际交往的平台,使"民心相通"可以通过市民间的文化交流及对幸福美好生活的共同追求得以实现。城市间可通过创办"一带一路"市民文化节等活动,通过网络新媒体为市民的文化交往搭建各种平台。

(3) 组织机制

组织机制是市民间文化交流活动顺利展开的保障。除了政府部门、社会团体以外,企业、基金会等也可以作为市民活动的组织者。与"一带一路"相关的市民活动需要在政府的统筹指导下进行。为充分发挥华人华侨的力量，各地政府可在当地成立"一带一路"侨胞联合会、"一带一路"华商联合会等组织机构，将海内外华人与各组织机构的力量联合起来。

（4）协调管理机制

鉴于市民活动所涉及的主体及所涵盖的领域较多，为在城市文化交流与合作中取得良好效果，符合城市发展及软实力的传播目标，政府必须对涉及"一带一路"的市民文化交往活动进行统筹管理，建立协调管理机制、信息反馈机制等，督导检查各项活动的水准，以形成合力。

（5）荣誉机制

对在"一带一路"文化交往活动中做出突出贡献的个人，应及时予以表彰，以树立榜样，激发公众的积极性。各级政府可考虑设立"一带一路"文化大师、"一带一路"友谊使者等荣誉称号，表彰做出突出贡献的个人，将先进事迹在全国范围内进行交流与宣传。

四、完善"一带一路"城市间文化交流合作机制的建议

对"一带一路"文化建设，文化部的战略规划是近期要实现以下目标：第一，文化交流合作机制逐步完善；第二，文化交流合作平台基本形成；第三，文化交流合作品牌效益充分显现；第四，文化产业及对外文化贸易渐成规模。[①] 相关机制的建立是推动这四个目标实现的保障。目前需要厘清在文化领域与这四个目标相关、不同性质、不同层次的行为主体，发挥其主动性与积极性，结合以往经验，以逐步推进、逐步完善的方式，以"机制建设"推动文化交流与合作在"一带一路"沿线国家与城市间逐步展开。

"一带一路"城市间文化交流与合作的愿景，可基本表述为：沿线城市间文化交流与合作繁荣活跃，"和平合作、开放包容、互学互鉴、互利共赢"的丝绸之路精神成为全世界重要文化价值观与文化潮流，传统文化、流行文化与文化创意产业互动交流频繁，非物质文化遗产保护与传承网络建设完善，政

---

① 文化部：《文化部"一带一路"文化发展行动计划（2016—2020年）》，http://www.gov.cn/gongbao/content/2017/content_5216447.htm。

府、企业、社会团体与个人拥有各自层面的交流合作网络（友好城市、行业联盟、行动联盟、友好使者等）并相互间密切互动，联盟网络不断推出国际社会所需要的物质、文化与创意产品，形成政府统筹、社会参与、市场运作的总体发展机制和跨地区、跨部门、跨行业的文化交流合作协调发展的态势。实现这一愿景，需要有组织保障（联盟机制及联席会议的建立）、政策法规保障（沿线城市签署具有法律效力的合作协议及章程等）、资金保障（沿线城市设立文化交流与合作专项资金，推出鼓励社会力量与社会资本参与文化交流合作的政策法规与金融服务）、人才保障（跨文化、跨语言的人才交流与合作机制、培训机制、人才储备机制）等，因此各方面需要开动脑筋加快机制建设，并在实践中不断对之加以深化与细化。

对于在此项工作中肩负战略规划与统筹指导责任的文化部来说，应该在中央层面建立实体化的统筹协调机制与形象管理机制，大力开展与"一带一路"相关的文化科研项目，为现实发展提供智力保障，促进"一带一路"文化研究的理论化、学术化，深化"一带一路"倡议的历史文化价值与理论深度。此外，还需要综合考量各地与"一带一路"相关的文化发展规划与政策，防止地方政府间发生政策冲突、重复建设或为争夺资源与话语权而不当竞争。在信息传播方面，要做到全国"一带一路"文化交流与合作一盘棋，着力打造"一带一路""丝绸之路"等相关文化品牌，使之成为国际文化交流领域的一支活跃力量；对"一带一路"相关文化品牌实行统一管理，建立统筹协调机制、综合服务机制、研究评估机制等，管理和提升"一带一路"在国际文化交流上的品牌价值。通过"丝绸之路国际艺术节联盟""丝绸之路国际剧院联盟""丝绸之路国际图书馆联盟""丝绸之路国际博物馆联盟""丝绸之路文化之旅"等合作平台，加强部省合作，发挥地方特长及政府统筹、社会参与、市场运作的机制优势，对交流成果和合作项目及时进行评估与总结。认真考虑希腊教育部原部长季亚曼托普鲁等人提议设立的"丝路文化之都"项目，每年由一个沿线国家组织文化活动，涵盖文化、科技、经济合作等领域，建立人文交流长效机制。

对地方政府来说，政府的统筹与指导地位，意味着政府首先要解决和处理好信息服务问题。地方政府需要建立起有关"一带一路"文化交流与合作的服务机制，为企业、民间团体与个人提供沿线国家及城市的历史文化概况、宗教信仰、法律、当地主要文化设施、文化机构及文化产业情况、当地华人华侨的历史与现状等;在提供准确信息与明确指南的基础上,地方政府应积极鼓励企业与社会团体展开机制创新。要积极发挥行业协会及相关组织的力量,对企业和民间团体进行规范与引导。

在推动机制建设过程中,地方政府、企业、社会团体及个人需注意以下几点:

(一) 注意保持机制的开放性

机制的价值,在于能够以制度性的存在,吸引多方参与,在追求共同目标的基础上,集中相关信息,发挥各自所长,为实现共同目标而努力。"开放性"是机制建设必须重视的一个品质:唯有保持开放性,才能够吸引各种成员加入,为机制不断输送新鲜血液,保持活力。"一带一路"是一项具有长期性、开放性的倡议,必须保持各项机制的开放性,才能使这一事业具有应有的活力。

(二) 注意保持机制的可持续发展与长期性

机制作为一种运作手段,是为特定目标服务的,而该目标往往不是短期或暂时性的。加强城市间文化交流与合作是一项长期的、持续性的事业。国与国之间、城市与城市之间的交流与合作会随着人类社会的发展而持续存在并且不断密切,因此对文化的相关事业来说,机制的可持续发展至关重要。由于我国对外文化交流人才长期储备不足,孔子学院、中国文化中心等对外文化交流机构已经显示出人才匮乏的弊端。文化交流是一项长期事业,在用人机制上也必须重视长期性与可持续性。有专家指出,我国派驻海外的孔子学院院长两年一换,使得这一职位为很多人提供了出国锻炼的好机会,而非持续地作为一项事业来经营。此外,"一带一路"文化建设还需借助平台机制、品牌机制、贸易机制等机制建设来巩固自身的长期与可持续性发展。平台机制可分为国家、城市、企业等不同层面,品牌机制则可分为共建品牌、加盟品牌等不同形式,各自代表着不同的投入和利益分配方式;贸易机制则以开放市场、互惠互利为首要特征。这些具有显性效应的机制建设,使得文化交流的成果得以显现,文化合作的前景得以保障。

(三) 注意保持机制的自我审查性

机制需要具有"自我审查"的功能,才能保持自身的健康发展及与时俱进。"自我审查"是机制建设过程中必须考虑的一个重要环节,一般通过项目总结、年度总结、活动反馈、问卷调查等内容加以体现，有时也通过设立特定的组织架构——譬如监察委员会等——或聘请第三方评估机构，来为活动及组织运行情况进行评估，以保证机制运行水平。

综上所述，"一带一路"城市间文化交流与合作运行机制建设，需要认真考察现有机制的成效与弊端，积极学习可借鉴机制，逐步改进与完善各项机制建设。在中央思想指导下，既发挥各级政府的战略统筹能力，又充分发挥企业、民间与个体的活力与积极性，最终形成各方积极参与、具有活力与合力的"综合机制"。

第三章 "一带一路"城市间文化交流合作的主题内容

一、城市间文化交流合作主题内容的意义及发展现状

(一) 从三个维度研究沿线城市间文化交流合作主题内容的意义

2015年3月28日,国家发展改革委、外交部、商务部联合发布了《推动共建丝绸之路经济带和21世纪海上丝绸之路的愿景与行动》,明确提出以政策沟通、设施联通、贸易畅通、资金融通、民心相通等"五通"为主要内容,形成"一带一路"沿线国家政治互信、经济融合、文化包容的利益共同体、命运共同体和责任共同体。①中国国际问题研究院研究员郭宪纲分析指出,"五通"中的"政策沟通"和"民心相通"分别着眼于高层对话和基层交流,既是合作的重要构成部分,也是开展其他合作的重要条件。这两个方面的合作开展不好,其他合作也无从谈起。②从"一带一路"倡议构架来看,"民心相通"正是"一带一路"建设的社会根基,既有文化属性,有利于加深沿线国家相互间文化了解;也有商业属性,共同促进文化产业和文化贸易,符合全球化政治、经济、文化发展潮流,具有广大的民众基础和广阔的未来。

"国之交在于民相亲,民相亲在于心相通",心相通则须依赖于城市间文化的交流与合作。2013年10月,习近平总书记在周边外交工作座谈会上提出"亲、诚、惠、容"的理念,表示要坚持睦邻友好,守望相助,多走动,多做得人心、暖人心的事,要着力加强宣传工作、公共外交、民间外交、人文交流,广交

---

① 新华网:《推动共建丝绸之路经济带和21世纪海上丝绸之路的愿景与行动》,http://news.xinhuanet.com/gangao/2015-06/08/c_127890670.htm。
② 北京外国语大学校报:《"一带一路"战略研究专题系列讲座举办第一讲:"一带一路"的机遇与挑战》,http://bfsu.cuepa.cn/show_more.php?bkey&doc_id=1437503&tkey。

朋友，广结善缘。2014年5月，习近平总书记在中国国际友好大会暨中国人民对外友好协会成立60周年纪念活动时提出，文明因交流而多彩，文明因互鉴而丰富。①"五通"之中，"民心相通"关乎"一带一路"倡议的推广度、美誉度和认可度，其实现的关键在于人文交流。"'一带一路'建设的重点和核心不仅是经济合作与贸易往来，'一带一路'更是一条增强沿线国家、地区和人民间友好互信的道路，人文交流将在推进'一带一路'中发挥举足轻重的作用。"②

就国家战略而言，加强"一带一路"沿线城市间文化交流与合作，建立长期稳定互利的合作机制和交流平台，也就构建了一种具有创新性的国际交流范式。从内容架构看，既有官方层面主导的政府间合作，大型国际文化交流项目得以在国际文化外交舞台亮相，又有跨文化的城市间交流合作与诸多的民间文化交流活动。不同层次、不同规模和内容的文化项目，都可以搭乘"一带一路"倡议的东风。这些交流合作既能够服务国家战略，又可以对接具体的交流项目，发挥承上启下、沟通各方的独特作用。从实践过程看，以沿线城市文化交流合作为连接点，在双方互利互惠开展文化合作与贸易的同时，逐步加深相互了解和文化交流，进而在认可度与接受度逐步提高的基础上，通过由点及面的渐进方式，不断扩大"一带一路"倡议的影响力。

就文化意义而言，"一带一路"沿线的国内外诸多城市，犹如一颗颗光彩夺目的明珠，在古老与现代的文明交汇中熠熠生辉；而城市间文化交流与合作正是"民心相通"的重要实践载体和操作路径。以"一带一路"城市间文化交流合作为切入，多元的文化、自然、历史资源和千百年来累积的丰富的交流经验，都可以被系统地组织规划、吸收利用，服务于整个战略的发展提升，从而向全世界展现中国的文化魅力、文化自信，促进文化复兴，塑造和平包容的大国文化形象，扩大中国文化影响力，实现中国文化"走出去"；还可以促进沿线国家和城市文化软实力的发展，保护文化多样性，创建新型文明交流合作方式。以"一带一路"倡议为核心，在多元文化融合与共的意义上，为人类文

---

① 李自国：《"一带一路"愿景下民心相通的交融点》，《新疆师范大学学报（哲学社会科学版）》2016年第3期。
② 王烁、李迎迎：《"一带一路"战略下开展人文交流的逻辑起点和实现路径》，《天津行政学院学报》2017年第3期。

明发展做出新的贡献。

就国际外交而言,虽然沿线城市历史、文化、政治、经济、宗教、地理等影响文化交流合作的因素复杂多样,且有许多需要进一步研究的新问题,但从实践效果和战略推进的实现基础看,几年来我国与"一带一路"沿线国家城市间文化往来不断加深,中国各相关城市本着讲友谊、讲互利、讲实效的原则,与沿线许多城市在诸多领域开展了大量富有成效的合作与交流。从艺术交流到跨境旅游,从翻译出版到留学访问,日益升温的多样化文化交流与合作项目,促进了文化外交和国际文化经济合作,实现了各国互利互赢,使各国人民在共建"一带一路"进程中相逢、相知、相融。困难虽然存在,成绩不容忽视。面对当今国际文化外交史上没有范例可循也没有直接经验可以利用的现状,"一带一路"倡议在摸索中探索经验,在实践中创造未来,发扬中国的传统文化和哲学思想,致力于发展区域合作、解决文化冲突,为全球化世界文明交流与合作树立了新的典范。

(二) 沿线城市间开展文化交流合作的现状及主要类型

伴随着我国与沿线城市文化交流合作的推进,"一带一路"沿线国家对这一战略的认可度和参与度逐步提高。借助"一带一路"倡议的有利契机,我国许多沿线城市加快对外开放,加强与沿线城市的对外文化交流,提高了城市文化影响力,也进一步促进了城市文化发展。部分城市在已往工作的基础之上,已经采取行动,迈出了对外交流与合作的新的一步。概括起来,大体有以下几类:

1. 打造城市联盟

随着"一带一路"倡议的推进,我国沿线城市与沿线国家城市,结合城市文化特征、发展方向和双方共同发展规划,建立了多个各具特色的城市联盟。如 2015 年 10 月在开封成立的"一带一路"城市旅游联盟,我国沿线 33 个城市成为该联盟首批发起城市,致力于优化沿线城市的自然、人文资源,打造"一带一路"旅游品牌;2016 年 6 月,全国"一带一路"沿线城市智库联盟在连云港成立,为 32 个参与城市的社联和智库更好地发挥咨政建言和人文交流的作用提供发声平台;"一带一路"国际城市影视联盟由中国、美国、俄罗斯等十多个国家和地区的电影组织机构共同倡议发起,2018 年 3 月洛杉矶加入该机构,2018 年以来,我国西安、青岛、泉州、重庆、合肥等城市也相继加入,各联盟成员旨在建立牢固长期的国际合作平台,共同绘制亚欧非影视文化圈的恢宏画卷。除上述城市联盟外,还有不少城市推出特色文化城市联盟,如"一带一路"兰州拉面国际联盟推广西北饮食文化,"一带一路"法律服务联盟主打法律服务等,都以该联盟所在城市的特色文化为主题,结合国内外沿线城市优势资源,发挥各自城市文化特色,协力打造新时代的国际文化推进器,提高城市文化知名度、影响力,促进国际城市文化交流。

2. 构建城市间多边交流平台

除结合城市特色文化,就某个领域打造城市联盟外,开展城市间多边交流,开启具有创新性的合作模式,构建交流平台,对沿线城市落实"一带一路"同样意义深远。多边交流已超越了信息交流和简单互动,开始向政策协调、发展思路衔接转变,开启环境保护、旅游、交通和人力资源等多项专题合作,是最终走向"共同市场"战略合作的必然途径。① 构建城市间多边交流平台,对于整合资源、节省沟通时间和成本、实现规模经济效应,有着重要的作用。同时,在贸易、投资、能源、环境和人文等单个领域的多边交流合作又能适度超脱于国家层面,找到各自所需,进而有利于多边地方发展,促进多边关系。②

3. 积极吸引国际组织总部或代表处落户

如 2018 年 3 月"丝绸之路国际剧院联盟"总部落户北京市西城区,2017 年 12 月"世界旅游联盟"总部落户杭州萧山湘湖国家旅游度假区,2018 年 3 月"国际戏剧小镇联盟"落户嵊州等。地理上的落户,不仅带来交流空间上的便利,更意味着国际文化交流的深化,意味着国际组织对落户城市综合能力的认可,不仅能从机构、体制上加强合作,更能在日益增多的交往中推动国际组织和所在城市的共同发展。

4. 发起成立或加入国际性社会组织

如 2014 年以来连续 6 届在乌镇举办的世界互联网大会,旨在搭建中国与世界互联互通的国际平台和与国际互联网共享共治的信息平台,让各国在争议中求共识,在共识中谋合作,在合作中创共赢。在 2017 年 12 月举行的第四届大会上,中国、埃及、老挝、沙特阿拉伯、塞尔维亚、泰国、土耳其、阿联酋等

---

① 罗小龙、沈建法:《基于共同利益关系的长江三角洲城市合作——以长江三角洲城市经济协调会为例》,《经济地理》2008 年第 7 期。

② 汤伟:《"一带一路"与城市外交》,《国际关系研究》2015 年第 4 期。

国家代表共同发起《"一带一路"数字经济国际合作倡议》,探讨共同利用数字机遇应对挑战,通过加强政策沟通、设施联通、贸易畅通、资金融通和民心相通,致力于实现互联互通的"数字丝绸之路",打造互利共赢的"利益共同体"和共同发展繁荣的"命运共同体"。[①]2019 年第六届大会更是设立了"一带一路"互联网国际合作论坛,聚焦探讨如何持续加强"一带一路"互联网领域的务实合作,凝聚数字经济发展共识,探讨应对全球网络空间中新的安全与治理挑战。[②]发起成立或加入国际性社会组织,有助于协调国内外相关社会组织与政府部门的沟通与合作,有助于推动国内外相关社会组织和企业国际化能力培训的专业化、系统化和机制化,塑造良好的城市国际文化形象,深化交流合作。

5. 进行多项、多领域、多内容的文化交流

在文化活动方面,中国与沿线国家积极举办论坛、博览会、旅游节等丰富多彩的交流项目,还与许多国际组织合作举办多项大型涉外活动。例如文化部正在积极推动与"一带一路"沿线相关国家共同建立五大联盟,即"国际剧院联盟""国际艺术节联盟""国际博物馆联盟""国际美术馆联盟"和"国际图书馆联盟",将交流合作落实到具体的执行项目,取得了良好的文化交流作用和一定的市场效益。既有利于相互学习借鉴,也有利于形成优势互补,进一步拓展文化市场,促进文化交流。又如,截至 2018 年,文化部在全球开设了 35 个中国文化中心,其中 11 个设在俄罗斯、蒙古、埃及、新加坡等"一带一路"沿线国家,还将在以色列、缅甸、马来西亚、越南、匈牙利、保加利亚、塞尔维亚等"一带一路"沿线国家的城市设立更多的中国文化中心。通过丰富多彩的日常文化活动和"欢乐春节"等品牌活动,向沿线国家展现中国的悠久历史和丰富文化,进一步落实"民心相通"的文化属性。

6. 参与全球治理

"一带一路"是我国积极参与国际事务,促进全球经济复苏和发展,以东方智慧、中华文明促进跨文化交流的国际性倡议,不仅包含国内经济文化的发展,也提供全球治理的平台与路径。国际金融危机还未结束,经济处于深

---

① 金羊网:《乌镇乌镇,多国发起〈"一带一路"数字经济国际合作倡议〉》,http://news.163.com/17/1204/10/D4QAL5J500014AEE.html。
② 浙江新闻:《第六届世界互联网大会 | "一带一路"互联网国际合作》,https://zj.zjol.com.cn/news.html?id = 1311827。

度调整时期；环境与污染问题突出，自然资源急剧减少；战争的阴霾难散，许多人失去故土家园……面对诸多国际问题，"一带一路"倡议的提出，联合中国与沿线国家共同努力、互利共赢，意味着中国从全球化的追随者开始向全球化的倡导者转变，中国将在更大范围内发挥全球治理的能力，参与全球治理改革。例如，中国与世界卫生组织携手打造的"健康丝绸之路"，就与沿线国家广泛开展旅游、减贫、绿色环保、防治荒漠化等领域的合作，力所能及进行对外援助，履行大国责任。

7. 维护城市海外利益

清华大学国情研究院院长胡鞍钢认为，从国际关系角度看，"一带一路"倡议开启了一个"共赢主义时代"；从经济学视角看，是一场规模宏大的"经济地理革命"，不仅将重塑中国经济地理和沿线国家经济地理，而且将重塑世界经济地理。①"一带一路"倡议全面推进过程中，文化交流也伴随着经济领域的合作，两者相辅相成。例如我国在向非洲转移劳动密集型产业的同时，实现了双方经济的互赢，也加深了彼此的文化交流。2012年，东莞的华坚鞋业集团以"两头在外"的方式在埃塞俄比亚投资设厂，当年就使埃塞俄比亚鞋业出口翻一番，成为埃塞俄比亚最大的出口企业，相应地也促进了华坚集团所在的东莞市GDP提高。2017年9月埃塞俄比亚政府授予华坚集团董事长张华荣"埃塞俄比亚工业之父"的荣誉称号。市场盈利的背后，是非洲员工对中国企业管理方式、价值观和文化观念的接受和认可，是双方文化交融，彼此不断拉近心的距离，实现"民心相通"的过程。

8. 缔结友好城市

截至2017年上半年，我国各地城市与海外国家城市缔结友好城市关系共计2 451个，较去年同期新增136个，双边友好交流进一步深化。我国各地城市与"一带一路"沿线城市分别缔结友好城市关系共计707个（见图1）。②

我国平均每个省区市缔结23个友好城市，其中，"广西与沿线国家缔结59个友好城市，占据总数的8.35%，位居全国第一；其次是山东、广东、江苏、

---

① 葛剑雄、胡鞍钢、林毅夫等：《改变世界经济地理的"一带一路"》，上海交通大学出版社2015年版。

② 国家信息中心"一带一路"大数据中心：《"一带一路"大数据报告（2017）》，商务印书馆2017年版。

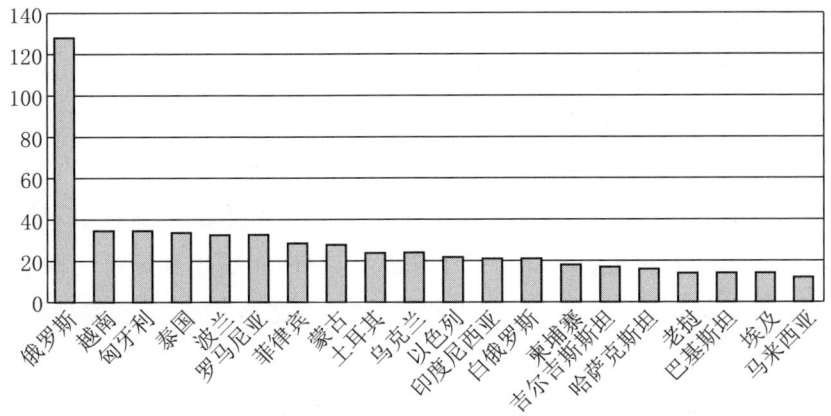

图 1　我国与沿线国家达成的友好城市关系数量前 20 名国家

新疆。从区域看,华南地区与沿线国家缔结友好城市关系数量最多,总数达 144 个,相比之下,西南地区数量最少。区域内各省区市可借助自身资源优势,与具有共性和互补性的沿线节点城市建立长期、稳定和多层次、宽领域的友好合作关系,全面加强各领域的优势互补和交流合作"(见图 2)①。而截至 2018 年 4 月底,我国与 61 个"一带一路"国家共建立的友好城市已达 1 023 对,占我国对外友好城市总数的 40.18%,②这一数据随着"一带一路"的推进,还在增长中。

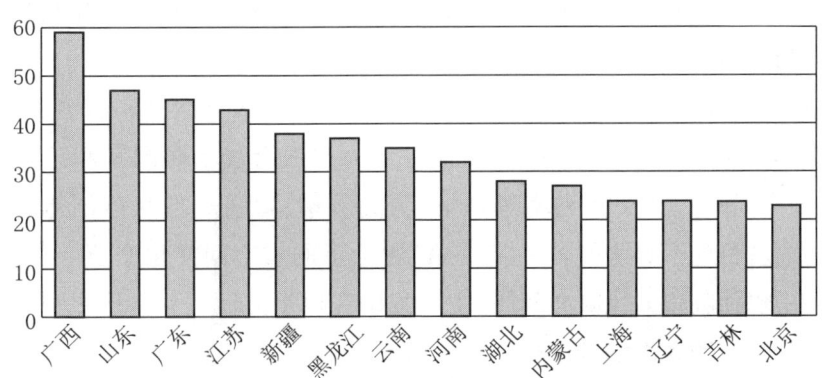

图 2　友好城市数量高于平均数的省/自治区/直辖市

---

①　中国一带一路网:《"一带一路"数据观丨中国与"一带一路"沿线已结成 700 余对友好城市,友好交流再深化》,https://www.yidaiyilu.gov.cn/xwzx/gnxw/31722.htm。

②　中国一带一路网:《数说"一带一路"成绩单》,https://www.yidaiyilu.gov.cn/jcsj/dsjkydyl/79860.htm。

9. 加快人才培养

在文化教育方面,截至 2016 年,各地中外合作办学机构和项目共 1 205 个,沿线国家来华留学生共 20.77 万人,同比增长 13.6%。例如作为传播中华文化、促进"一带一路"沿线各国文化合作交流重要窗口的"孔子学院"与"孔子课堂",目前分别增至 173 所、184 个。①其中,泰国、俄罗斯与吉尔吉斯斯坦建有丝路沿线最多的孔子学院与孔子课堂。此外,中国还承诺每年向沿线国家提供 1 万个奖学金新生名额,并为此设立"丝绸之路"中国政府奖学金。②

10. 发展旅游

自"一带一路"提出以来,2017 年双向旅游交流超 6 000 万人次。目前,我国与沿线 55 个国家缔结涵盖不同护照种类的互免签证协定,29 个国家单方面给予中国公民免签或落地签入境待遇。③2017 年,免签的国家又新增了塞尔维亚与亚美尼亚,并逐步向西亚、北非、中东欧等地区扩大。预计"十三五"期间,中国将吸引沿线国家游客 8 500 万人次,拉动旅游消费约 1 100 亿美元。④

从以上梳理可见,中国与沿线国家人文交流内容广泛,旅游交往日益密切,且中国文化的影响力和创新力对"一带一路"沿线城市而言,具有极大的吸引力,文化产业和文化贸易也具有良好的发展前景。考虑到中国在科技、管理、文化创造力等方面的优势,以城市为切入点,进一步扩大文化交流与合作,不仅具有共赢的现实基础,更具有辉煌的未来。

值得注意的是,"一带一路"途经世界上典型的多类型国家和多民族、多宗教聚集区域,"一带一路"倡议的推进将为加强沿线不同国家和地区的民族、宗教之间的人文交流和增进理解、消除隔阂、增强尊重互信创造有利条件。然而就目前形势来看,"一带一路"背景下的城市间文化交流合作,在具体实施中也面临很多风险和问题,主要集中在以下方面:第一,历史遗留与国家文化安全问题。沿线城市在历史上就有经济、文化、宗教上的各种纷争,有些问题至今仍未得到有效解决,且各国经济发展水平差异巨大,地缘政治情况复杂,缺乏有效多边制约。此外,一些极端民族主义、暴力恐怖活动增加了

---

①③ 中国一带一路网:《数说"一带一路"成绩单》,https://www.yidaiyilu.gov.cn/jcsj/dsjkydyl/79860.htm。

②④ 王包泉、王静、钱昌照编著:《"一带一路"知识新读本》,清华大学出版社 2016 年版。

沿线环境的复杂性,在推广文化交流合作的过程中,要充分考虑国家的总体利益和国家文化的总体安全。第二,交流不充分,彼此了解不深入。出于文化差异、交流方式等主客观原因,文化交流难以打破彼此原有的文化刻板印象,且"长期以来形成的'单向'灌输或宣传模式,缺乏互动与交流,不仅易于产生反感与误解,而且流于形式、效果有限……即使提出文化传播与交流合作也是过度强调文化产业化,难以形成合力,导致短期化行为,无法做到与经贸、设施建设等融合互动。因此,必须从战略层面进行定位与把握"①。第三,文化特征不突出。中华文明源远流长、文化博大精深,其复杂深奥和演变创新,在国际文化交流中反而不易取舍,难以提取关键性、代表性的文化符号,往往流于书法、旗袍、京剧、熊猫等常见元素,或给出片面、碎片的阐释,难以对自身文化特征和文化身份给出聚焦性的精准定义,同时缺乏简洁有力的表达方式,对中国文化精神内涵的核心要点表现不够,从而使得中国文化身份特征模糊不清。因此,加强沿线城市间文化交流合作,既有现实需求也有实践意义,在"一带一路"倡议的持续推进中,需要更多关注。

二、城市间文化交流合作的主题与内容

"一带一路"由沿线一个个国家或地区串联而成,可以说是由点成线,由线及面。由于涉及地域广博、历史悠久、文化多样,沿线国家和地区具有彼此不同乃至迥异的地貌特征、政治环境、民族特点、宗教意识、风土人情、生活方式等,因而开展跨地域、跨文化的交流与合作,就要在彼此尊重的基础上,发挥本土文化特色,提升文化影响力,扩大文化辐射力。结合地方文化综合特征和现有条件,搭建沿线城市间文化交流与合作体系,可以从以下方面展开:

(一) 发展本土特色,打造系列节庆活动,建立文化交流品牌

就这一方面工作的开展,文化部为落实《推动共建丝绸之路经济带和21世纪海上丝绸之路的愿景与行动》,切实推动文化交流、文化传播和文化贸易创新发展,制订了《文化部"一带一路"文化发展行动计划(2016—2020年)》,提出了我国文化领域交流合作的指导思想与基本原则、发展目标、重点任务,

---

① 隗斌贤:《"一带一路"背景下文化传播与交流合作战略及其对策》,《浙江学刊》2016第2期。

规划了"一带一路"文化交流品牌建设,提出了四项文化交流品牌计划:"丝绸之路文化之旅"计划、"丝绸之路文化使者"计划、"一带一路"艺术创作扶持计划和"一带一路"文化遗产长廊建设计划,为"一带一路"文化建设、交流与合作工作的深入开展绘制了路线图。①因此,在推进文化传播与交流合作的过程中,在国家政策与计划的支持与保障下,品牌建设与创新势在必行。"打造并形成富有特色又形式多样的跨文化精品是文化传播与交流合作的重要载体,关键是要以产品为轴心创新技术、创新业态、创新资源,实现传播与交流合作内容与渠道的有机统一。为此,我们要在'请进来''走出去'中培育品牌文化传播与交流合作产品和富有内涵、形式多样的文化论坛、展览、演出、贸易等活动。"②

纵观近年来在"一带一路"倡议指导下城市间文化交流合作的发展情况,不难发现以丝路为主题的品牌活动日益增加。"中国新疆国际民族舞蹈节""丝绸之路国际艺术节""海上丝绸之路国际艺术节""丝绸之路(敦煌)国际文化博览会""厦门国际海洋周""中国海洋文化节"等已然成为城市间国际化的交流合作平台。除此之外,文化部在沿线国家举办的中国年、中国文化节和"欢乐春节""丝绸之路文化之旅"等系列活动,开展了诸如电影展、文物展、艺术展、文化周、音乐周、图书展等活动,并合作开展了图书广播影视精品创作和互译互播等内容,已在国家间、城市间形成了较为稳定的合作交流机制。

其中,"欢乐春节""丝绸之路文化之旅""国家文化年"等活动颇具特色,且已初步建立品牌效应。如"欢乐春节",作为文化部牵头打造的对外文化交流覆盖面最广、参与人数最多、海外影响最大的综合性品牌活动,被列入《文化部"一带一路"文化发展行动计划(2016—2020年)》,以传统节日"春节"为契机,向沿线城市展示传统文化的独特魅力和当代中国的昂扬生机。以2017年为例,"欢乐春节"系列活动就巧妙利用非物质文化遗产项目展示和传统民乐作为文化语汇,与"一带一路"沿线国家开展多项交流,在国际、国内广受好评。而2018年的"欢乐春节",更是走进五大洲130多个国家、地区的400多座城市,举办了上千场展示中国文化的活动,为包括53个"一带一路"沿线国

---

① 中华人民共和国文化和旅游部官网:《文化部"一带一路"文化发展行动计划(2016—2020年)》,http://zwgk.mcprc.gov.cn/auto255/201701/t20170113_477591.html。

② 隗斌贤:《"一带一路"背景下文化传播与交流合作战略及其对策》,《浙江学刊》2016年第2期。

家和地区在内的人民送去了中国新年的问候。①"丝绸之路文化之旅"包括我国与"一带一路"沿线国家庆祝建交周年合作举办的各类文化节(年、季、周、日),以及邀请沿线国家组派艺术家来华参加的各类文化活动。例如自 2009 年至 2019 年,文化部已举办 11 届"意会中国"艺术家采风活动,邀请阿拉伯国家的 11 批艺术家来华创作交流,活动先后走进江苏、上海、宁夏、黑龙江、新疆、北京、安徽、浙江、深圳等省区市。"国家文化年"是中国与"一带一路"沿线国家双边文化交流的盛举。以 2016 中埃文化年为例,这是中国与阿拉伯国家举办的首个文化年。一年以来,执行项目 100 余项,两国互访人员总数达 912 人,活动直接参与民众超过 2 000 万人次。2016 中卡文化年也为中国与卡塔尔双边文化交流增添了强劲动力。文化年期间,两国举办涵盖演出、展览、影视、摄影、图书、体育、思想学术等领域的活动近 30 场。②

以上国家层面的文化交流合作活动之外,在省、市层面,也有很多成功的案例。例如浙江文化交流重要活动"美丽浙江文化节"的品牌知名度就日益提高。2015 年 7 月,"美丽浙江文化节"走进了浙江友好省州——土耳其伊兹密尔省,"丝绸之路——两千年的亚洲东西文化交流展"、"霓裳丝路·盛世华彩"丝绸时装展示秀和"彩蝶女乐"中国民族音乐会等活动,向土耳其人民展现了浙江的悠久历史、传统文化、民俗风情和现代时尚。"美丽浙江文化节"已经先后走入了 16 个国家和地区,未来,文化节每年都将在"一带一路"沿线节点国家举办丰富多样的活动。③再比如,古代丝绸之路的重镇兰州市在新的历史时期发挥了新鲜活力,整合当地的文化资源和旅游资源,自 2014 年以来,先后成功举办、参与了新年音乐会、国际鼓文化艺术周、黄河风情文化周、敦煌行·丝绸之路国际旅游文化节、第 23 届中国金鸡百花电影节、兰州市庆祝中华人民共和国成立 65 周年暨第六届兰州社区艺术节等大型群众文化活动,有力地宣传展示了兰州文化的魅力。其中,国际鼓文化艺术周、敦煌行·丝绸之路国际旅游文化节、第 23 届中国金鸡百花电影节等几项大型文化盛会都

---

① 中国文化传播网:《2018 年"欢乐春节":融合创新 气象万千》,http://m.cnr.cn/news/20180228/t20180228_524147090.html。

② 中国文化网:《"一带一路"编织情感交融的纽带》,http://m.haiwainet.cn/middle/3542637/2017/0515/content_30914493_1.html。

③ 浙江在线网:《浙江文化闪耀"一带一路"打造三大交流品牌》,http://biz.zjol.com.cn/system/2016/09/08/021292231.shtml。

十分精彩,吸引了来自国内大部分城市以及十几个国家的诸多嘉宾到场,昔日丝路重镇、今日黄河名都的人文风貌、繁荣盛景以及特色文化底蕴赢得了人们的交口称赞。①

上述成功案例可以看出,文化交流的品牌建立并非一朝一夕,只有通过较稳定的交流机制和一系列高水准的文化活动,才有可能最大程度地发挥品牌影响力。目前我国有些城市的文化交流与合作品牌打造已经相对成熟,国际文化交流经验相对丰富,而有的省市还在摸索和积累中努力挖掘自身的文化资源,探索如何将城市品牌塑造与国家形象宣传有机结合,促进城市间文化的交流与合作。文化是城市的根系,也是城市的名片,值得注意的是,我们不仅要在多领域开展多层面的品牌文化活动,更要在活动中体现出中国文化的核心价值、悠久历史、丰富内涵、独特魅力,以及现代中国的一系列最新文化、科技成就,以既有品牌活动为基础,发展出更多的特色主题、特色内容,打造出一系列世界知名的文化交流品牌项目。

(二) 联合申报世界文化遗产保护,开展保护文化多样性多方合作

"一带一路"沿线多古国古都,丝绸之路沿线文化遗产的保护工作向来为国家所重视。目前我国境内丝绸之路沿线文化遗产主要集中在陕西、甘肃、青海、宁夏、新疆等地,海上丝绸之路的文化遗产主要集中在福建、广东等地。面对"一带一路"倡议下的时代契机,文化遗产的保护也可迈入沿线多国城市"合作"申遗的新阶段。从有形的物质角度看,"一带一路"本身即是特定区域、特定时期、有特定价值的文化遗产,是沿线国家合作精神和民心相通的历史见证,是历史上著名的东西方商贸、文化交流主要通道,遗留了许多不同文化交融的历史遗迹和文化成果,在人类文明发展进程中影响深远。从无形的精神文明价值衡量,"丝绸之路具有无与伦比的历史文化价值与艺术价值,为人类文化交流与发展做出了杰出的贡献,多国联合申报能够使丝绸之路以一个有机整体的形象出现于世界的面前,更能够充分地展现丝绸之路的伟大价值与魅力,从而更加符合世界文化遗产的标准"②。近年来,国际上也有不少

---

① 人民网:《兰州市文化建设抢抓"一带一路"发展机遇——多项兰州文化特色品牌今年有望亮相》,http://gs.people.com.cn/BIG5/n/2015/0209/c211484-23848785.html。

② 刘睿文、刘衡:《多国联合申报世界文化遗产模式的引入——以丝绸之路为例》,《经济地理》2005年第2期。

联合申报世界文化遗产并获得盛誉的案例可供参考。比如巴塞市的伊壁鸠鲁阿波罗神庙、特尔斐考古遗址，就由法国和西班牙两国联合申报。瓜拉尼耶稣会传教区，也是由阿根廷和巴西两国联合申报的。因此，对于"一带一路"自身文化遗产的保护工作，尤其是联合沿线国家共同申报、共同保护、共同创新、共同发展，也是城市间文化交流与合作的重点之一。

"一带一路"倡议构想实施以来，我国在与沿线国家联合申报世界文化遗产和保护文化多样性等方面展开了不少交流项目，并取得了一定成绩。具体而言，在过去的几年里，我国与"一带一路"沿线国家和地区共同实施文物科技保护与修复、人员培训等项目，实施文物保护援助工程，联合沿线城市申请世界文化遗产，联合进行海底考古，共同开展世界文化遗产的联合保护工作，举办了不少以"丝绸之路文化遗产"为主题的研讨交流活动。例如2014年我国联合哈萨克斯坦和吉尔吉斯斯坦申报的"丝绸之路：长安—天山廊道"，就被列入联合国教科文组织世界遗产名录，成为首例世界遗产保护模式下的"一带一路"文化遗产。"丝绸之路：长安—天山廊道"的路网地跨中华人民共和国、哈萨克斯坦共和国和吉尔吉斯共和国，构成路网申遗要素的22处遗址在中国，其中陕西省7处（汉长安城未央宫遗址、唐长安城大明宫遗址、大雁塔、小雁塔、兴教寺塔、彬县大佛寺石窟、城固张骞墓）、河南省4处（汉魏洛阳故城遗址、隋唐洛阳城定鼎门遗址、新安县汉函谷关遗址、陕县崤函古道石壕段遗址）、甘肃省5处（麦积山石窟、炳灵寺石窟、锁阳城遗址、悬泉置遗址、玉门关遗址）、新疆维吾尔自治区6处（高昌故城、交河故城、克孜尔尕哈烽燧、克孜尔石窟、苏巴什佛寺遗址、北庭故城遗址）；8处遗址在哈萨克斯坦共和国的阿拉木图州和江布尔州，3处遗址在吉尔吉斯共和国的楚河州。丝绸之路的天山廊道东头是长安，向西翻越秦岭和祁连山，穿河西走廊，过敦煌的玉门关，从楼兰、哈密继续沿天山南北两侧到达伊犁河、楚河与塔拉斯河谷地。

世界遗产委员会肯定"长安—天山廊道"的重要价值，"含有大片路网的丝绸之路对人类产生诸多重要的变革性影响，其中包括：第一，促进了沿路网城市的发展。沿路网城市从丝路贸易获得了力量与财富，并为生产和货物集散提供基础设施，同时也对道路实施监管。促进不同民族和不同文化背景的人们相互融合，致使有些城市发展为重要的文化和艺术中心。第二，促进了宗教中心的发展，宗教中心因政治制度扶持和富豪个人的捐赠得以发展。第三,通过丝绸之路的人员往来,促进了技术、艺术风格、语言、社会习俗与宗教信仰的交流与传播"①。"长安—天山廊道"申遗的成功意味着,中国在国际社会对于人类文明遗产的保护性发展做出了庄严承诺。②与"一带一路"沿线国家联合申报世界文化遗产,既是对历史上沿线国家文明交流共同记忆的追溯,也为未来进一步共同建设良好国际关系、共同保护文化遗产建立良好基础,更重要的是在新的历史时期促进各国人民的深入交流与了解,落实"民心相通",以文化交流搭建经济合作互利共赢的新平台。要做好这个工作,我们就要打破原有文化遗产保护的框架,把眼光和思维放在一个更大的全球化的背景下综合考量。

目前,中国已与俄罗斯、韩国、波兰、科威特、哈萨克斯坦、马尔代夫、尼泊尔、塞尔维亚、格鲁吉亚、巴基斯坦、匈牙利、意大利等国相继签署《关于促进文化遗产保护合作的谅解备忘录》,文化遗产保护就是其中重要的条款。中国作为发起国,承担主导的重任工作,在具体开展中要进一步加强沿线城市间的互助合作。我国将与"一带一路"沿线城市通过对具有共性的历史文化资源整理和保护,构建当下文化交流的历史基础和文化共性,实现传统文化的当代绽放。

(三)积极开展丰富多样的民间文化交流,搭建民间文化交流平台

民间外交以其形式多样、渠道多元、覆盖面广的优势,已在"一带一路"文化合作交流中发挥越来越重要的促进作用。2017年,习近平总书记在《致首届丝绸之路沿线民间组织合作网络论坛贺信》中指出:"民间组织是推动经济社会发展、参与国际合作和全球治理的重要力量。建设丝绸之路沿线民间组织合作网络是加强沿线各国民间交流合作、促进民心相通的重要举措。"③城市间文化交流与合作,其核心是人的交流。在这个意义上,鼓励沿线城市各类民间文化组织参与讨论相关事宜,开展相关活动,充分发挥民间组织疏通民意、引领和服务民众的作用,搭建民间文化交流平台,建立实现城市间交流的有效机制,有助于提高"一带一路"构想在沿线国家民众中的认可度,有助

---

① 甘肃省陇文化研究会网:《世界文化遗产丝绸之路:长安—天山廊道的路网》,http://www.mmgs.org.cn/gansushenglongwenhuayanjiuhui/yanjiuchengguo/20150112/12075349936b56.htm。

② 南方网:《北京丝绸之路世界文化遗产保护发展中心:全面呈现丝路沿线遗产传承保护成果》,http://finance.southcn.com/cfzx/content/2016-07/20/content_151860511.htm。

③ 新华网:《习近平致首届丝绸之路沿线民间组织合作网络论坛贺信》,http://www.xinhuanet.com/politics/leaders/2017-11/21/c_1121988276.htm。

于加强政府、企业和民间组织多层面多方面的交流合作，有助于具体项目的顺利实施和"一带一路"倡议的整体推进。

据了解，"除了政府间官方交流项目以外，现在很多民间文化机构、文化团体包括艺术家个人之间都有很多文化交流活动，包括民营艺术团体通过各自的渠道或通过驻外使领馆为他们搭建平台，建立直接的交流，进行定期互访，或者通过商业运作方式进行商业性演出和展览"①，而"在教育、文化甚至政治等领域，华人华侨都能发挥其独特作用"②。例如2015年，由中国民间组织提议，丝绸之路沿线七国民间商会共同发起成立了"丝绸之路国际文化经贸合作交流组织"（简称丝合组织），目标就是每年举办一期丝绸之路沿线65国民间商会参加的"丝合组织65国会长峰会"，开展一系列的文化交流贸易合作项目。③据国务院侨办数据显示，截至2015年3月，"一带一路"沿线国家有4000万华人华侨，尤其是东南亚国家华人华侨数量最多，成为所在国与中国交流合作的重要桥梁。④

以2014年郑和·朵云轩艺术馆在马来西亚的创立为例。郑和·朵云轩创立后，相继为中马两国知名书画家举办艺术展览，承办有利于促进中马文化交流的活动，如配合中马建交42周年举行的"历史性的访问"以及中国侨联委托的"南洋机工回国抗日图片展"等，广受好评。为了达到"小城办大节"的目的，郑和·朵云轩还配合当地文化节举办"闽南红·油画展""泉州文化周"和"漳州文化周"等系列活动，将富有闽南文化的折子戏、木偶剧、传统书法、剪瓷雕、族谱展等带入马六甲。郑和·朵云轩艺术馆主任黄文庆站在艺术馆门前接受中新社记者采访时总结，马来西亚华人虽然远离祖籍国，但数百年来，他们始终没有放弃对中华文化的追求，也将中华文化视为他们区别其他族裔的重要标志。⑤应该说海外华人华侨对中华文明有着天然的亲和性和认

---

① 中国经济网：《文化部：中国与"一带一路"各国建立文化交流机制》，http://www.ce.cn/culture/gd/201502/11/t20150211_4570720.shtml。
② 张颖：《"一带一路"战略背景下人文交流和华侨华人经济发展》，《探求》2017年第4期。
③ 王静：《丝绸之路65国民间文化交流活动将开幕 首站意大利》，http://www.china.com.cn/cppcc/2015-10/27/content_36900516.htm。
④ 中国一带一路网：《"一带一路"数据观｜"一带一路"沿线成来华留学生主要来源》，http://www.cq318.com/wl_news/file/show.asp?News_Id=581。
⑤ 中国新闻网：《通讯："一带一路"上的文化交流民间使者》，http://www.chinanews.com/hr/2016/12-04/8083125.shtml。

同感,对国家的"一带一路"倡议也具有较高的认可度,他们同时对所在国家的文化、民俗和民众心理有着较深刻的认识,具有丰富的文化交流经验和实践建议,可以成为文化交流与合作中的跨文化使者,在沿线城市开展系列文化活动。

就民间交流的机制建设而言,2017年11月22日闭幕的"首届丝绸之路沿线民间组织合作网络论坛"做出了巨大推动。该论坛通过了《丝绸之路沿线民间组织合作网络章程》和"北京共识",还对外宣布了未来3年沿线国家民间组织民生合作计划,涉及30多项具体成果和50多家中外民间组织。① 目前,丝绸之路沿线民间组织合作网络成员达300余家,成为推动民间友好合作的重要平台。② 可以说,随着"一带一路"国家间文化交流合作的不断推进和沿线城市市民对中国文化的了解逐步加深,在民间开展更多鼓励市民和民间组织参与的"民间外交+"多方文化交流活动,让民众从一系列活动中得到更多文化滋养和文化贸易的商机,推动当地文化产业发展,为市民就业、教育、娱乐提供更多机会和服务,已经成为一项势在必行的举措。在具体活动开展过程中,各地政府还可协助相关机构整合民间文化外交资源,采取灵活多样的方式,结合当地以及中国文化特色,通过"民间外交使者",用对方喜闻乐见的形式而非政策宣讲,向沿线城市讲述"中国故事"和"一带一路"倡议的内涵、意义,提高民间文化外交的交流合作水平和深入度。

(四)注重内容,发展多种媒介跨文化传播,增进沿线城市文化相互了解

在当今信息科技快速发展的时代,加快与"一带一路"沿线国家在新媒体等文化传媒领域的国际交流合作,发展多种媒介跨文化传播,打造网上文化交流共享平台,促进交流互鉴,已成为近年来城市间文化交流与合作的重要方式之一。

影视方面,我国已与60多个相关国家签署广播影视合作协议,共同举办人文交流活动20次,签署了43项政府间合作协议。③ 2014年创办的"丝绸之

---

① 新华网:《首届丝绸之路沿线民间组织合作网络论坛在北京闭幕》,http://news.xinhuanet.com/2017-11/22/c_1121994566.htm。

② 中国一带一路网:《图解:"一带一路"倡议六年成绩单》,https://www.yidaiyilu.gov.cn/xwzx/gnxw/102792.htm。

③ 南京日报:《从"一带一路"峰会看十大民生获得感》,http://www.chla.com.cn/htm/2017/0516/259974.html。

路国际电影节"至2019年已经连续举办了6届。2014年首届活动共有25个丝路国家参加,2016年参加丝绸之路国际电影节的国家达到了57个,而2017年第四届丝绸之路国际电影节共收集到了来自67个国家和地区的优秀电影作品,展映了103部影片,并组织安排了243场展映活动。除了影片展映外,电影节相关活动也越来越丰富,如第六届丝绸之路国际电影节还成功举办了"金丝路"传媒荣誉评选、电影展映、电影论坛、电影市场、闭幕式暨颁奖典礼等六大主体活动,并精心组织电影嘉年华、影迷之夜、电影美术展、校园电影展映、"影享在线"丝路国际电影节融媒体直播、新媒体VR单元特展等95场配套活动,获得了良好反响。①而作为国内唯一的国际A级电影节"上海国际电影节"也连续四届围绕"一带一路"主题,开展系列电影展、论坛、创投活动。与此同时,依托沿线城市文化交流合作,中外合拍的影视剧的数量和影响力日益增加。如中印合拍的电影《功夫瑜伽》、中捷合拍的动画片《熊猫和小鼹鼠》、中俄合拍的电视剧《晴朗的天空》、中英合拍的纪录片《孔子》等均反响不错;此外,"丝绸之路影视桥工程"自开展以来,也取得了不少优秀的成果。如中央电视台、中央人民广播电视台陆续推出了《丝绸之路》《丝绸之路经济带》《合作共赢·民心相通》《"一带一路"进行时》等节目,各地方媒体也结合本地活动特点进行了大量报道。

  影视剧的译制片播出方面,近几年也在数量和影响力上大幅提高。一些我国关注度较高的优秀影视剧作品,诸如《媳妇的美好时代》《父母爱情》《汉武大帝》《金太郎的幸福生活》等都被译制成多个配音版本,在一些沿线国家观众中大受好评。如由国家广电总局国际合作司、文化部外联局和中国国际广播电台的工作人员共同参与译制的斯瓦希里语《媳妇的美好时代》,在非洲的一些地方播出后,受到了空前的欢迎。而《父母爱情》经过阿拉伯语的译制,在埃及播出之后反响热烈。这些具有鲜明时代特色的影视剧作品,生动活泼地反映出当代中国人的精神面貌和价值追求,有利于加深沿线国家对当代中国的了解,提高对中国政策的好感度。因此,用适当的方式将国内优秀的影视作品译制并对外播放,或者引进"一带一路"沿线国家的作品,都将有

---

① 第六届丝绸之路国际电影节官网:《电影节简介》,http://www.sriff.cn/cn/about_more.php?classid=2。

利于"民心相通"的实现,有利于"一带一路"沿线各国的沟通与文化发展。此外,还应重视互联网等新媒体和播出平台的传播作用。如近几年哈萨克斯坦的歌手、马来西亚的艺人、英国的歌唱家都来参加中国的综艺节目,这些节目的网络热播,不仅促进了艺术的交流,也加深了文化的沟通。

纪录片方面,中国一方面积极"走出去",同时也欢迎世界各国"走进来"。我国摄制了不少有关"一带一路"国内外沿线城市介绍,以及"一带一路"相关活动和项目推广的纪录片。值得关注的是,近年来海外媒体也摄制了一些关注中国和"一带一路"的纪录片作品。得益于"一带一路"政策的支持和中国文化影响力的扩大,外国媒体纷纷用镜头聚焦中国,向世界讲述新的中国故事。例如韩国放送公社(KBS)出品的《超级中国》,从政治、经济、文化、军事、外交、人口、土地等多个方面入手,全方位展现非凡的中国力量。该片被某些韩国媒体誉为"了解中国的百科全书"。《中华的故事》是西方少有的聚焦中国历史的纪录片,由英国广播公司和美国公共电视网联合制作播出。该片追溯了中华上下五千年的历史,讲述中国从古代夏商周到改革开放的巨大的历史变迁。此外,英国广播公司拍摄的纪录片《中国新年》是外媒对中国春节文化报道规模最大、最深入的纪录片,欢乐、和谐、共享、祈福、纳祥等中国故事里的东方价值引起西方世界的共鸣。《鸟瞰中国》由美国国家地理频道和中国对外传媒机构联合制作。该纪录片用俯瞰的方式记录下了当代中国的风姿。而由澳大利亚著名记者兼导演约翰·皮尔格执导的《即将到来的对华战争》则通过访谈方式,以大量事实证明,"中国威胁论"是西方媒体的炒作,并非中国的真正面孔。这些由外国媒体拍摄的介绍中国的纪录片,基于摄制者不同的文化背景,更易于国外观众了解中国文化的独特魅力,也为中国观众了解西方人的思维方式、观察角度提供生动的范例。

出版方面,我国与沿线 16 个国家和地区签订了互译出版协议,翻译出版了近 100 种优秀图书,并在沿线国家开设出版分支机构翻译出版中国图书;①网络传播和数字经济方面,沿线许多发展中国家互联网渗透率只有 40%,有些最不发达的国家不到 15%。"一带一路"倡议实施以来,我国发挥科技领先

---

① 中华人民共和国国务院新闻办公室官网:《"丝绸之路影视桥"、"丝路书香"两大工程作用突出》,http://www.scio.gov.cn/xwfbh/xwbfbh/wqfbh/35861/36653/zy36657/Document/1551636/1551636.htm。

水平与信息服务优势,帮助更多人享受现代生活,获得更多发展机会。①以中国游戏产业在越南、印度尼西亚等地市场拓展的成功经验为例,《西游记》《三国演义》系列游戏在这些国家广受欢迎,在过去的10年里,中国游戏企业一度覆盖越南80%以上的市场份额。②我国文化娱乐产业在"一带一路"沿线城市交流合作中,处于优势地位,联合传统媒体和新媒体开展多种媒介的跨文化传播,对增进不同文化受众互相了解、扩大文化产业市场,具有长久的推动作用。

(五)开展沿线城市智库交流合作,打造精英智库,建立合作机制

智库又称思想库,是相对独立于政治体制的政策研究和咨询机构,是政策制定过程中的重要参与者,多以公共政策为研究对象,"可以通过设置影响仪程、传播政策机会,从而对国内外的政策产生巨大影响"③,是以改进政策制定为目标的第三方非营利性研究机构。当今社会,智库已然成为世界各国决策者在处理社会、经济、科技、军事、外交、文化等问题时所倚重的一支重要的社会力量,在国际社会发挥着越来越重要的作用。

"打造精英智库,汇聚高端智者,正是中国与'一带一路'沿线国家人文交流的重要内容。"④综合相关研究,可以说各国智库都在为国家战略和政策的论证、制定,分析现实依据,提供可行性建议。智库善于发现现实中存在的影响经济社会发展的战略问题和关键问题,并且能够运用新思想、新观点、新理论和新知识对这些战略问题给出令人信服的深刻分析,并找到产生这些问题的深层原因。同时,它也搜集民意,影响着公共政策的制定。公共治理需要及时反映和汇集社会各种意见和需求,智库专家通过调研搜集民情民意,分析公共政策执行过程中存在的问题,从而提供决策咨询参考,并影响政策的修正。再者,智库也影响着社会舆论,引导社会形成共识。一方面,智库的研究议题关注公众利益,智库专家拥有的专业学术素养、调查研究能力和使用的前沿社会科学研究方法,其研究的客观性和专业性能够获得大众的普遍信

---

① 南京日报:《从"一带一路"峰会看十大民生获得感》,http://www.chla.com.cn/htm/2017/0516/259974.html。
② 云南信息报:《中国游戏进军东南亚》,http://news.hexun.com/2014-10-16/169375011.html。
③ 隗斌贤:《"一带一路"背景下文化传播与交流合作战略及其对策》,《浙江学刊》2016年第2期。
④ 张颖:《"一带一路"战略背景下人文交流和华侨华人经济发展》,《探求》2017年第4期。

赖；另一方面，智库又担负着构建核心主义价值观的重要责任，有着意识形态引导意义。①因而，建设智库，建设能够促进"一带一路"沿线城市交流合作、共同发展的智库在当前的历史语境中显得异常重要。

大体上，"一带一路"相关课题目前已成为我国智库研究的热点，鉴于"一带一路"主题的独特性和综合性，国内智库间的合作交流不可或缺，国内外智库更需要进一步提高彼此间的互动合作，建立合作机制。2015 年由中共中央对外联络部牵头，联合国务院发展研究中心、中国社会科学院、复旦大学等机构共同建立的"一带一路"智库合作联盟，迄今已召开过三次理事大会，形成拥有一百多家国内外智库的国际合作网络。联盟理事会讨论通过了《"一带一路"智库合作联盟章程》，并发表《"一带一路"智库合作联盟成立宣言》。与此同时，与会代表围绕着《推动共建丝绸之路经济带和 21 世纪海上丝绸之路的愿景与行动》，就亚洲基础设施投资银行、丝路基金、"一带一路"基础设施互联互通项目进展等进行了政策解读和情况介绍。智库联盟建设也写入了国家"十三五"发展规划，成为"十三五"规划中的一个专有名词，②旨在凝聚国内外各方力量，为中国及沿线国家政府建言献策，促进国家间政策沟通，推动各方将共商、共建、共享原则落到实处。

据统计，"一带一路"倡议正式实施之后，我国理论界与学术界积极响应，截至 2017 年 6 月底，共建立了 35 所相关智库。从地域看，分布在 14 个省、市、自治区，与国家规划的 BRI 省区（新疆、陕西、甘肃、宁夏、青海、内蒙古、黑龙江、吉林、辽宁、广西、云南、西藏、重庆、上海、福建、广东、浙江、海南）基本一致。从智库类型看，政府智库 3 所，约占 12%；社会科学院智库 1 所，约占 3%；高校智库 27 所（985 高校 10 所、211 高校 7 所、其他高校 10 所），约占 74%；社会智库 4 所，约占 11%。综合看，依托人才和科研资源，地方政府智库和地方高校智库主要涉及经济、法律等某一领域的研究，语言类院校智库涉及文化交流较多。从智库名称及其研究范围看，随着 BRI 进程推移，新建

---

① 杨济亮：《智库建设与文化传播：基于"一带一路"倡议文化先行的思考》，《福州党校学报》2017 年第 1 期。
② 黄蕊：《共同打造智库联盟升级版——"一带一路"智库合作联盟理事会暨专题研讨会综述》，http://world.people.com.cn/n1/2017/0313/c1002-29142712.html。

智库研究定位逐渐细化。①

2019年4月24日,由新华社研究院联合15家中外智库共同发起的"一带一路"国际智库合作委员会在北京宣告成立。习近平向大会致贺信。"一带一路"国际智库合作委员会的成立,标志着"一带一路"国际智库合作迈上了新台阶。②总体来看,目前我国各类智库的研究,一方面能够打造并建立"一带一路"的学术共同体,另一方面有助于推动我国与沿线国家的政策磋商和衔接,进一步增进"一带一路"沿线国家人民的互信互通,提高政策执行度和美誉度。应该说,国内外智库交流合作展开的战略性、前瞻性、针对性调研,为"一带一路"建设提供了高水平的智力支持,切实推进了信息共享、资源共享和成果共享。在后期调研中,国内智库还应加强与国外智库的交流合作。

(六)扩大留学规模,举办人才交流活动,培养跨文化综合型交流人才

人才教育向来是不同地域、不同文化交流合作的重要方面。"一带一路"倡议实施以来,我国已成功举办多次青年汉学家、翻译家研修活动,开展了"一带一路"中国文化译介人才发展计划,并与沿线城市合办文化论坛、互派调研学者,还举行了一系列代表国家水准和民族特色的优秀艺术家互访、青少年交流活动和文化艺术人才培训。

相对于短期交流,扩大沿线国家来华留学规模、开展校际间的交流与合作、依托孔子学院弘扬中国传统文化等工作,则需要建立稳定机制,长期运转。目前我国在"一带一路"国家设立了17个国家文化中心、173所孔子学院和184个孔子课堂,约占全球孔子学院和课堂总数的1/4。2016年注册学员达到46万人,开展各类文化活动近8 000场,受众高达270万人。③2016年教育部印发的《推进共建"一带一路"教育行动》的通知,则明确指出要实施"丝绸之路"留学推进计划、设立"丝绸之路"中国政府奖学金。截至2016年12月,国内60多所高校出台了教育对外开放规划,24所高校根据自身专长和特

---

① 王传奇、李刚:《"一带一路"智库调研》,《图书馆论坛》2018年第4期。
② 中国一带一路网:《"一带一路"六周年大事记》,https://www.yidaiyilu.gov.cn/xwzx/gnxw/105276.htm。
③ 中国一带一路网:《"一带一路"数据观 | 互联互通交出亮丽成绩单》,http://www.sic.gov.cn/News/614/9769.htm。

点成立了专门的"一带一路"研究机构或学院,设立相关专业;2015年10月,8个"一带一路"沿线国家和地区的47所高校成立了"一带一路"高校联盟,共同打造"一带一路"高等教育共同体,目前联盟成员增至126个。而由西安交通大学发起的"丝绸之路大学联盟"成立两年来,已有来自35个国家和地区的135所高校参与;此外,教育部数据显示,"一带一路"沿线国家成为来华留学生的主要来源地。2016年沿线国家来华留学生共20.77万人,同比增长13.6%。[①]2017年,我国出国留学人数首次突破60万,出国留学规模持续扩大,除欧美发达国家和地区外,"一带一路"国家成为新的留学目的地。[②]这些工作和成绩表明,在"一带一路"倡议指导下,我国从中央到地方的各项人才培养计划正在有序推出、稳健推进。能够掌握多种语言、深入理解不同文化内涵,并具有专业知识技能的复合型人才,将成为下一步"一带一路"全面发展的有力根基。

具体而言,为了对接"一带一路"沿线国家的发展战略和人才,近年来国内不少高校新成立了专门的机构,并以此为载体主动合作开展留学项目。如位于陆上丝绸之路起点城市西安的西北大学,在2014年成立了中亚学院,并与吉尔吉斯斯坦、乌兹别克斯坦、哈萨克斯坦的一些大学签署联合发展中亚学院的协议,专门设立了中亚留学生奖学金,用于鼓励中亚各国学生来华学习。2016年11月,北京工商大学也成立了一个"巴基斯坦科技与经济研究中心",目前已获批中国科学技术协会"一带一路"巴基斯坦科技问题研究中心的建设项目。与北京工商大学类似,电子科技大学西非研究中心也在2017年正式成立,由该校与加纳大学、加纳海岸角大学、加纳行政管理学院、加纳教育大学和加纳发展研究大学共同建设。

除了成立研究机构,国内高校还以大学联盟为基础,开展全面合作。2015年5月,西安交通大学首倡并与海内外百余所名校共同发起成立了"丝绸之路大学联盟"。2016年11月,西北农林科技大学也联合丝路沿线12个国家59所大学共同发起组建了"丝绸之路农业教育科技创新联盟",进一步加

---

① 中国一带一路网:《"一带一路"数据观|"一带一路"沿线成来华留学生主要来源》,http://www.cq318.com/wl_news/file/show.asp?News_Id=581。

② 中国一带一路网:《"一带一路"数据观|互联互通交出亮丽成绩单》,http://www.sic.gov.cn/News/614/9769.htm。

强全面合作。2017年3月,北京工业大学、波兰奥波莱工业大学、重庆交通大学共同发起,7所北京高校、7所重庆高校以及9所波兰高校共同参与建立了"一带一路"中波大学联盟,加强了中国与波兰及中东欧大学的全面交流与合作。

成立机构、建立大学联盟的核心目的在于依托学科优势培养专业人才。如北京理工大学重点加强工程类专业全英文授课,此外约有300位工程领域的高水平教师长期参与留学生的授课与培养。北京理工大学还与云南省深入开展省校合作,2016年签署全面战略合作框架协议,积极主动融入"一带一路",共同打造面向南亚、东南亚的桥头堡。又如中国石油大学于2015年10月通过教育部批复,在西部油城克拉玛依建设新校区,该校区立足新疆、面向西部、服务全国、辐射中亚,为"一带一路"建设与促进沿线国家的教育合作交流,提供人才和支持等发挥积极作用。北京化工大学则着力建构"一带一路"国家教育共同体合作平台,主动与沙特阿拉伯、阿联酋和伊朗等中东三国的高校、企业开展合作并与国内企业签署培养来华学生的合作协议,申报获批联合培养印度尼西亚留学生奖学金项目,为企业培养印尼当地人才,解决人才短缺尤其是技术管理人才短缺的问题。①

人才培养是高等教育的根本任务,也是推动"一带一路"建设的不竭动力。目前精通"一带一路"沿线国家相关语言、法律、商务的专业人才较为不足,国内高校积极探索的"一带一路"建设中的人才培养之策,必将促进"一带一路"沿线各区域间文化交流与合作,为拥有千年历史的古老丝绸之路焕发新的生机持续发力。

(七)推动文化产业升级,促进文化贸易发展,扩大文化产业国际市场

如何以文化带动经济发展,是"一带一路"城市间文化合作与交流所面临的问题之一。文化贸易在"一带一路"中具有先行引领作用,其衍生自国际贸易,却承载着丰富的文化因素,文化的独特作用在于它能消除国家、种族之间的陌生感,增进信任感。例如2014年首届丝绸之路(敦煌)国际文化博览会、2016年首届"一带一路"沿线国家商品展览会等,就举办了专项投资、贸易、文化交流等系列活动,推进和深化了沿线城市文化贸易合作。面对现有文化产

---

① 《中国科学报》2017年5月23日。

业的发展水平,国内许多省市结合自身发展情况,积极提出了支持"丝绸之路文化产业带"的相应举措。以青海省为例,2017年12月出台的《青海省丝绸之路文化产业带发展规划及行动计划(2018—2025)》指出,青海省的未来几年发展,要深化丝绸之路文化交流,着力搭建文化交流合作平台、建设文化品牌;要推进丝绸之路文化内容生产及传播,引导全省丝绸之路文化产业转型升级,促进全省丝绸之路文化与旅游、体育等相关产业融合发展,加强全省丝绸之路文化遗产保护与利用,拓展全省丝绸之路对外文化贸易等,以最终实现文化产业升级,促进文化贸易发展。

就国际环境而言,"一带一路"倡议提出后,文化贸易得到了很多沿线国家和地区的积极响应,发展前景非常广阔,但文化贸易成交量和文化服务贸易质量还亟待提升,"我国的文化贸易还处在初期发展阶段,其绝对量确实有所增长,但相对量还比较少,能够传达当代中国人思想、生活状态的高质量产品更是稀缺"[①]。因此,推动文化贸易还要建立和完善文化产业国际合作机制,加快国内"丝绸之路文化产业带"建设;以文化旅游、演艺娱乐、工艺美术、创意设计、数字文化为重点领域,支持"一带一路"沿线地区根据地域特色和民族特点实施特色文化产业项目;加强与"一带一路"国家在文化资源数字化保护与开发中的合作,积极利用"一带一路"文化交流合作平台推介文化创意产品,推动动漫游戏产业面向"一带一路"国家发展。[②]

就国内发展而言,"一带一路"倡议提出之后,辐射范围内的省市区的相关部门和企业积极进行"一带一路"特色文化产品和项目建设,以文化产品、文化项目带动中国文化"走出去",推动文化产业的真正落地。例如,由深圳华强文化科技集团运用高新技术自主研发、设计、完成的"方特"系列主题公园的嘉峪关站,通过文化产业的创新与生机,着力打造中国版的"迪士尼"乐园,自2015年投入运营之后,便吸引了来自世界各地的众多游客。此外,嘉峪关市"方特"二期"丝绸之路"文化博览园也在筹建当中。同时,"方特"这一项目已经以授权方式在伊朗落地,并完成了乌克兰等"一带一路"沿线国家的主题公园设计。

---

① 曲一琳、贾宇、姬泰然:《"一带一路"中的文化贸易:文化产品"迈出去"须先"卖出去"》,《光明日报》2017年6月1日。
② 姜增伟:《"一带一路"建设为文化产业跨越国界开辟道路》,《人民日报》2017年9月21日。

加强文化产业的区域协作也是未来产业发展新趋势。例如,随着国际、国内市场竞争日益激烈,区域文化旅游正成为旅游业日后发展的必然趋势。尤其是近几年来,"京津冀""江浙沪""粤港澳"等地区已然成为区域文化旅游的典范,旅行社的"互发团"也成为不同城市之间沟通合作的普遍现象。为消除旅游壁垒,建成无障碍的跨省市文化旅游,一些城市在加强区域旅游协作、旅游资源的开发和保护、旅游信息的交流、旅游设施的便利等方面达成多项共识,畅通无阻的一体化旅游服务成功吸引了世界各地的游客。在2015年浙江舟山朱家尖举行的"国际海岛旅游大会"上,世界海岛旅游产品专卖会等主题活动与中国舟山国际沙雕节、舟山群岛海鲜美食节等配套活动吸引了包括美国、俄罗斯、澳大利亚、马尔代夫、新西兰等在内的多个海岛旅游国家城市的旅行社前来洽谈。①

总体而言,"一带一路"沿线城市形成的文化产业带文化资源富集、文化形态多样,依托丝路文化生态,加强各区域间的沟通与交流,必能实现文化产业升级,促进文化贸易发展。

三、沿线城市间文化交流合作的相关建议

(一) 发展沿线城市文化交流合作的要点

1. 打造良好的政策、经济、文化环境

就政策而言,城市间文化交流合作还需要更多国家层面的支持,同时对非政府组织、民间交流、企事业单位合作等给予指导,为营造良好的国际文化交流合作环境提供政策支持和安全保障。就经济环境而言,沿线城市经济水平差异较大,而文化与经济融合产生的竞争力,正是国家核心竞争力的重要组成部分。文化交流与经济发展相辅相成,将文化交流合作与文化产业、旅游业、制造业、信息产业、商业贸易、文化贸易等紧密联系,经济搭台、文化唱戏,将促进沿线城市经济、文化发展。就文化环境而言,目前"一带一路"沿线城市文化多样、内容丰富,当下的文化交流合作项目虽然不少,但也存在芜杂

---

① 李凤亮、宇文曼倩:《"一带一路"对文化产业发展的影响及对策》,《同济大学学报》2016年第5期。

混乱、缺乏全局规划、总体成效未达预期的种种问题,需要进一步厘清文化资源,策划和推进文化交流合作活动,搭建文化平台,形成长期有效合作机制,以文化吸引更多城市积极加入。

2. 国家层面、非政府组织层面、民间交流层面协同发力

打造沿线城市文化交流合作的立体体系,国家层面签订合作谅解备忘录,智库提供理论支持和活动建议,"中国文化中心"开展和促进多元文化交流合作项目,同时还应发挥非政府组织积累的丰富的合作经验,重视民间文化贸易、宗教、艺术、体育等交流项目,扩大留学生规模,发挥民间外交人士的积极作用,结合"官方宣传"和"民间传播",做到"政府主导、企业主体、市场运作、社会参与"。

3. 多领域、多主题、全方位深入交流

随着互联网和信息化技术的普及,对外沟通的渠道和手段更加畅通多样,因此在开展城市间文化交流合作的过程中,也要利用互联网和新媒体,在电影、游戏、舞蹈、建筑、宗教等多领域,展开面向不同受众群体的多种主题文化交流合作,开发并聚焦具有文化认同价值和传播便利的核心文化符号,全方位提升项目品质和效果,注重培养跨文化交流使者,建立和完善交流合作机制体制。

(二) 发展沿线城市文化交流合作的建议

1. 加快缔结友好城市步伐,加强友好城市国际关系研究

我国自1973年开展友好城市活动以来,在国际外交方面一直重视中外国际友好城市的缔结。依照2017年11月20日的统计数据,我国有31个省、自治区、直辖市(不包括台湾地区及港、澳特别行政区)和478个城市与五大洲135个国家的513个省(州、县、大区、道等)和1607个城市建立了2470对友好城市(省州)关系。①对于"一带一路"的推广而言,发展国际友好城市可以成为有效载体和文化交流合作平台。发展好这一文化外交的重要机制,不仅可以在吸收优良经验、总结原有成绩基础上增加新的内容,赋予新的精神,也可以更充分、更深入地展示中国的文化内涵、文化价值,实现中国文化"请进来"和"走出去"。

"一带一路"倡议是要实现沿线各个国家地区之间的相互理解、相互尊重和文化交融,友好城市的建立初衷与此高度一致,因此,是推行"一带一路"倡

---

① http://www.cifca.org.cn/Web/YouChengTongJi.aspx.

议的有效途径。①缔结国际友好城市有效推动了中国从沿海到内陆的逐次开放,也推动了"一带一路"倡议的具体实施。根据中国国际友好城市联合会资料馆的统计,"一带一路"沿线国家与我国建立友好城市数量如下:

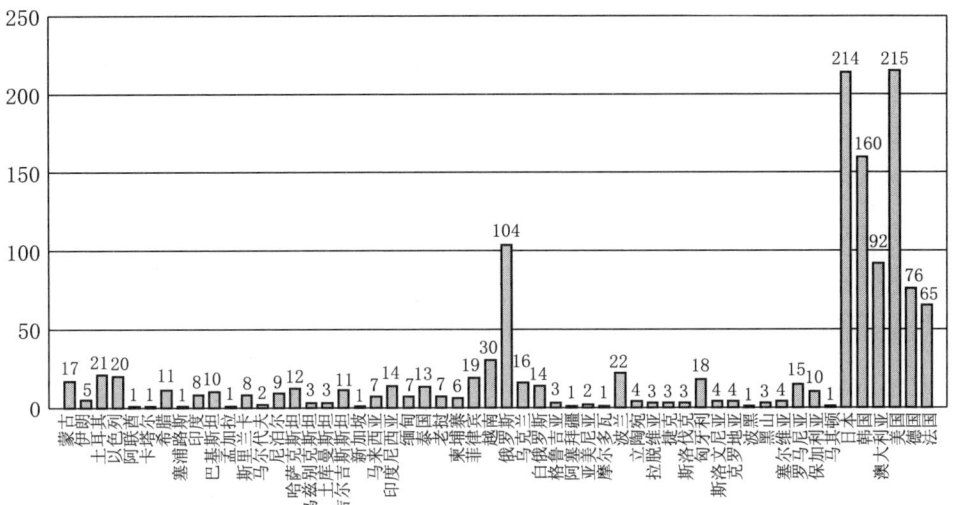

图3 世界各国与我国建立友好城市关系情况②

从上图可见,就国际文化交流合作而言,我国与沿线国家缔结的友好城市数量,远低于同日本(214个)、韩国(160个)、法国(65个)、德国(76个)、美国(215个)、澳大利亚(92个)等传统外交大国的缔结数量;西亚的伊拉克、叙利亚、黎巴嫩、巴勒斯坦、沙特阿拉伯、也门、阿曼、科威特、巴林,北非埃及的西奈半岛,南亚的阿富汗、不丹以及中东欧的爱沙尼亚等国和地区与中国城市结为友好城市数为零。③"一带一路"倡议的提出,势必会带来中国外交的新格局,缔结友好城市不能停留在目前的水平,也不能满足于目前开展的文化交流活动。因此在现有国际政治和外交环境中,十分有必要进一步提高国际友好城市缔结数量,提高相互文化交流合作水平。

---

① 徐留琴、杨晓燕:《"一带一路"背景下加速发展友好城市的意义和对策》,《城市观察》2017年第5期。

② 图表系笔者搜集中国国际友好城市资料馆相关资料自行绘制。图表包括"一带一路"沿线已经与中国建立友好城市关系的48个国家的情况,还加入了日、美、韩、德、法、澳六国与中国建立友好城市关系的情况以进行参照。

③ 中国一带一路网:《"一带一路"数据观丨中国与"一带一路"沿线已结成700余对友好城市友好交流再深化》,https://www.yidaiyilu.gov.cn/xwzx/gnxw/31722.htm。

此外，梳理国内城市与沿线国家缔结友好城市现状，"丝绸之路经济带"的节点城市有西安、兰州、西宁等3个西北内陆城市，重庆、成都等两个西南内陆城市，郑州、武汉、长沙、南昌、合肥等5个中部城市；"21世纪海上丝绸之路"的节点城市有上海、天津、宁波-舟山①、广州、深圳、湛江、汕头、青岛、烟台、大连、福州、厦门、泉州、海口、三亚等15个城市，其中一些城市对外缔结友好城市关系情况如下：

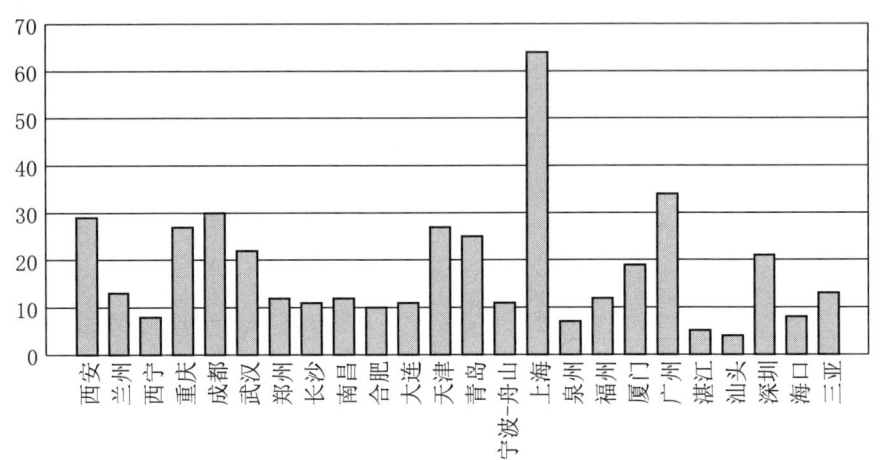

图4 "一带一路"部分沿线城市对外缔结友好城市关系情况②

从上图可以看出，"一带一路"沿线城市中，就我国城市与国外城市缔结友好城市数量而言，存在着地区间的发展差异。西北内陆城市兰州、西宁都是古代丝绸之路上的重镇，有着悠久的历史文化积淀，出于经济起步晚、总量小、不发达、外向度低、产业结构薄弱、对外文化交流意识不强、经验不足、人才储量少等主客观原因，对外缔结友好城市数明显偏少。中部的长沙、南昌、合肥等城市对外缔结友好城市数也明显偏少。而泉州、湛江、汕头、海口等沿海城市的缔结友好城市数更是不多，没有体现出它们在"21世纪海上丝绸之路经济带"中的重要地位。"一带一路"倡议的提出，对于沿线城市来说是一次对外文化交流与合作的重要机会，如果要深化交流与合作，那么这种不平衡发展可能会成为一种阻碍。

因此，发展"一带一路"沿线城市文化交流合作，一方面就国际环境而言，

---

① 宁波-舟山视为一个节点城市。
② 图表系笔者搜集中国国际友好城市资料馆相关资料自行绘制。

应该注重对"一带一路"沿线65国的语言、宗教、民俗、历史、艺术等进行研究和探讨,还要对友好城市的合作战略、合作重点、合作可行性以及既有合作成果和存在问题做出深入分析,从范围和数量上,加快友好城市缔结步伐。另一方面就我国国内而言,应该改变东快西慢、沿海强内陆弱的现有格局,从兰州、西宁、湛江、汕头、泉州、海口这些与国外城市缔结数量较少的城市着手,深入研究这些城市的文化特性,加大开放力度,加快结交步伐,加深了解和宣扬古代丝绸之路和海上丝绸之路的物质及非物质文化遗产,提高对外文化交流与合作水平,提升文化认同度。

2. 精准定位,促进差异化项目发展,突出特色城市文化特色

在开展沿线城市文化交流合作项目过程中,既要重数量,更要重质量,不能一味追求大规模、高水准,而要结合当地特色文化采取因地制宜的方式,力求注入灵魂和活力,力求以"有形"的文化交流合作表达出"无形"的文化艺术魅力,最终服务于"民心相通"。

"一带一路"倡议实施以来,我国与沿线城市的文化交流合作机制日益完善,联合多种优势资源打造了多个合作联盟。其中影响最大、落地性最强的,当数文化部与"一带一路"相关国家的文化机构共同建立的5个合作联盟,即丝绸之路国际剧院联盟、丝绸之路国际图书馆联盟、丝绸之路国际博物馆联盟、丝绸之路国际美术馆联盟和丝绸之路国际艺术节联盟,[1]积极推动了不同领域学术研讨会、展览、演出、项目合作等各项活动。借"一带一路"东风,还有许多地方政府、高等院校、科研机构、民间组织等与沿线城市联合打造了多项联盟,例如"一带一路"儒家文明创新联盟[2]、"一带一路"数字化经济战略联盟[3]、"一带一路"学术出版联盟[4]、丝绸之路媒体联盟[5]、"一带一路"高校联盟[6]、

---

[1] 张婷:《文化部推动与"一带一路"国家文化机构共建5个合作联盟》,《中国文化报》2017年5月15日。
[2] 《"一带一路"儒家文明创新联盟成立》,《人民日报》2017年12月1日。
[3] 《"一带一路"数字化经济战略联盟成立 相关公司受关注》,http://stock.jrj.com.cn/2017/11/02220523329765.shtml。
[4] 人民网:《"一带一路"学术出版联盟在京成立》,http://www.chnlib.com/wenhuadongtai/2017-08/334281.html。
[5] 丝绸之路媒体联盟官网:http://www.ydylnews.net/。
[6] 中国新闻网:《中外46所高校成立"一带一路"高校联盟(图)》,http://money.163.com/15/1017/17/B655I9A600254TI5.html。

"一带一路"国际城市影视联盟①、"一带一路"城市旅游联盟②等。毫无疑问，这些联盟需要立足各自行业和文化特点，组织开展具有特色的活动，以期整合本联盟沿线城市优势力量，推动文化发展。

作为国家经济文化外交倡议，为获取"一带一路"倡议的"政策红利"，全国各省区市积极响应这一构想。③然而有些城市之间的同质化竞争，不仅没有突出自身的文化特色，更遑论对战略整体做出推进。例如，"有30多个城市宣布自己为'一带一路'的起点……这种一哄而上的竞争既不利于国家整体目标的达成，也阻碍地方局部利益的实现，不仅会导致城市文化定位的同质化，也会导致文化资源的不合理利用，给自己造成损耗，也给沿线国家合作的对象城市带来困惑"④。究其原因，首先在于沿线城市文化定位不清晰，缺乏全局观，缺乏对城市自身文化资源的深入剖析，城市各自的文化特色没有得到凸显，文化产业也没有得到足够的重视。例如西宁、西安、乌鲁木齐同为西北内陆城市，广州、福州、泉州同为南部沿海城市，在自己的文化特色上没有得到明显的区分，显现出文化定位的雷同；其次，就具体文化合作交流内容而言，虽然开展的多项活动涉及文化、艺术、教育、科技等诸多领域，活动形式和内容不仅地区差异不大，年度差异也不大，总体上内容创新不足，特色不够。

因此，要使城市间文化交流与合作取得实质性的效果，就需要明确和提炼城市文化特性与核心价值观念。例如西安可以继续发扬"古丝绸之路起点"的特色文化旅游和秦文化、汉唐文化；洛阳也可以打造"牡丹文化"文创产业；而兰州是丝路文化与黄河文化交汇之地，黄河母亲文化、彩陶文化、拉面文化都可以成为兰州独特的文化资源。只有在差异竞争下盘点自身文化资源，创造性地开发并有效发掘与利用，通过多种渠道、运用多种方式增强对外文化传播能力，才能走出特色文化发展之路，在全球化时代彰显本土文化特色，缔造国际优势。

---

① 商业观察网：《"一带一路"国际城市影视联盟合作发展会议在深圳举行》，http://www.51businessview.com/v-1-269387.aspx。

② 汴梁晚报网：《"一带一路"城市旅游联盟成立》，http://www.kf.cn/blwb/html/2015-10/18/content_236208.htm。

③ 陈翔、韦红：《"一带一路"建设视野下的中国地方外交》，《国际观察》2016年第6期。

④ 何茂春：《"一带一路"倡议面临的障碍与对策》，《新疆师范大学学报（哲学社会科学版）》2015年第3期。

3. 适当放权、扶植地方，提高城市文化外交成效

在推进"一带一路"倡议进程、加快城市间文化交流与合作的过程中，"举国体制"仍然占据主导地位，并发挥引导作用，中央政府与地方政府间在某些方面仍存在着如下现象。中央政府难以精准把握权力的下放程度。而就地方来说，在"一带一路"倡议进程中，要么有些城市占据不了文化交流与合作的主动权，缺乏灵活性和积极性，对外文化交流与合作受到很大的限制；要么作为一个相对独立的利益主体，在对外交往中从自身的经济文化发展出发，而忽视了外交责任及其安全后果的风险，导致国家利益出现明显的"地方化"倾向。①

事实上，"城市外交是在当代外交转型和城市发展新趋势下拓展的新概念……其内涵比'次国家外交'和'地方政府'更具包容性、多元性和社会性"②。在中国经济腾飞、融入经济全球化的当下，就"一带一路"沿线城市来说，上海、北京、广州等城市已经具备了广泛的全球联系和综合性的城市外交能力，成都、西安、乌鲁木齐等城市也在全球城市网络中渐渐增加了城市知名度和影响力。如何整合多层面文化交流需求和资源，如何充分发挥城市外交的灵活性和能动性，都是进一步发展沿线城市文化交流合作需要深入思考的课题。此外，还有些内陆城市虽然被纳入"一带一路"建设规划中，但由于经济起步晚、缺乏对外交流经验、人才储备量少，对外开放水平和国际化意识都比较弱，显示出外事能力相对不足的弱点，极大地限制了这些城市与其他国际城市进一步展开文化交流与合作。对于这些城市，就要加大扶植力度。比如，培养或输送具备专业知识、开放胸怀、国际视野和决策能力的外交人才，设立专项基金，成立指导机构等。

在"一带一路"倡议的推进中，要有前瞻性和总体性把握，发挥党政机关的主体和指导作用，同时吸引、吸收各类所有制主体参与，并注重民间交往，如采取"官助民办"的专业化形式，发挥华侨和非政府组织、非营利性组织和文化基金的力量，结合各方资源优化交流合作的结构和内容，推出更多灵活多样的沿线城市间文化交流合作拳头项目。

---

① 陈翔、韦红：《"一带一路"建设视野下的中国地方外交》，《国际观察》2016年第6期。
② 陈楠：《全球化时代的城市外交：动力机制与路径选择》，《国际观察》2017年第5期。

4. 创新文化交流合作机制与渠道，大力发展文化产业、文化贸易

"一带一路"倡议在实施过程中，虽然已经开展了许多活动，取得了不少成绩，搭建了沿线城市文化交流合作的平台，形成了稳定的合作机制，但仍需要随着复杂多变的国际局势以及战略推进情况不断做出调整，同时还需要吸引更多的国家和地区参与进来，实现可持续发展。与此相应，沿线城市文化交流合作就不能一成不变，而要在各方面不断反思、不断进取，根据新情况、新形势、新动向，抓住每一次机遇和挑战，不断吸收和发扬各方成功经验，形成富有生命力且不断自我完善的长效合作机制。

此外，还应该在发展沿线城市文化交流合作的同时，大力发展文化产业、文化贸易。"一带一路"沿线某些国家的文化产业、交通、通信等方面还不发达，我国"一带一路"倡议的提出和实践时间较短，就是由于文化机制建设薄弱和文化交流渠道较少，因此，要改善这样的状况，首先就需要克服沿线国家文化产业基础设施薄弱的问题。我国应发挥国际精神，帮助沿线国家大力发展文化产业。①而国内沿线城市文化建设，也需要打造一批既符合国际潮流又具有中国特色的文化产业。以文化产业、文化贸易为主要推动，以多元文化、多方参与为交流路径，以平等、包容、自愿为交流原则，以人才交流、艺术交流、教育合作为主要方式，实现"民心相通"，传播社会主义核心价值观，扩大中国文化国际影响力，树立积极正面的大国形象。

5. 加强对外文化传播，减少文化误解，塑造积极正面的大国形象和城市形象

"在国际交流日趋频繁的今天，对外文化传播塑造的城市形象和国家形象能否得到国际社会的广泛认同和支持，将会对城市综合竞争力、国家外交政策的实施及国家行为能力的提升产生巨大的影响。"②值得注意的是，在推行"一带一路"倡议中，我国强调"共建"五大原则：恪守联合国宪章的宗旨和原则，坚持开放合作，坚持和谐包容，坚持市场运作，坚持互利共赢。《推动共建丝绸之路经济带和21世纪海上丝绸之路的愿景与行动》第一节的"时代背景"更明确提出："共建'一带一路'符合国际社会的根本利益，彰显人类社会

---

① 付再学：《"一带一路"建设中对外文化交流机制研究》，《人民论坛》2016年第11期。
② 倪建平：《"一带一路"建设背景下城市形象与城市文化对外传播策略——以江苏省南通市为例》，《南通职业大学学报》2015年第2期。

共同理想和美好追求,是国际合作以及全球治理新模式的积极探索,将为世界和平发展增添新的正能量。"①尽显大国胸怀和远见的"一带一路"所包含的"政治互信、经济融合、文化包容"三大部分相辅相成,与各国之根本利益相融相通,势必会在实践过程中获得越来越多国家的认可和支持。

我国在推行"一带一路"倡议的过程中,面对复杂多样且影响因素繁多的国际形势和文化冲突,需要继续在尊重对方文化、习俗和现实条件的基础上,用对方可以接受的方式,传播对方易于理解和易产生好感的文化内容。用国际化和多元的表达方式吸引对方,用中国文化的魅力打动对方,用低调、和平、自信、互惠的立场获得对方认同,制定有针对性的国别交流政策,而非简单、陈旧的政策宣讲,多选取细节生动的具体案例和具有说服力的数据统计,以形成新的经济文化共同体。

综上所述,"一带一路"是促进共同发展、实现共同繁荣的互赢之路,要向世界展示中国作为世界大国和平崛起后,开放包容、友好合作的文化自信和文化心态,旨在与沿线各国共同"打造政治互信、经济融合、文化包容的利益共同体、责任共同体和命运共同体"②。"一带一路"沿线城市间文化交流与合作服务于"一带一路"倡议的全面实现和中华民族的伟大复兴,同时也是人类历史上一次意义深远的"跨文化、跨文明",实现相互沟通、加深彼此了解的"文化之旅"。既顺应"世界多极化、经济全球化、文化多样化、社会信息化"的世界潮流,也为加强跨文化沟通和有效解决文化误解、文化纷争提供经验,为创造经济共赢提供历史机遇和实践机会,为人类文明新发展提供新思路、新模式。

---

① 中国网:《推动共建丝绸之路经济带和 21 世纪海上丝绸之路的愿景与行动》,http://www.china.org.cn/chinese/2015-09/15/content_36591064.htm。

② 王包泉、王静、钱昌照:《"一带一路"知识新读本》,清华大学出版社 2016 年版。

第四章 "一带一路"城市间文化交流合作的平台网络

文化部在其发布的《文化部"一带一路"文化发展行动计划（2016—2020年）》中明确提出，要加快在"一带一路"沿线城市设立中国文化中心，形成布局合理、功能完备的设施网络，进一步完善以"一带一路"为主题的各类艺术节、文化博览会、文化交易会、文化合作论坛、文化公共信息服务等平台建设，形成以"一带一路"城市为依托的文化交流与合作廊道和网络，逐步实现规范化和常态化。

"一带一路"建设的三大支柱是互联互通、产能合作和人文交流，[①]而"一带一路"倡议的核心是"五通"，即"政策沟通、设施联通、贸易畅通、资金融通、民心相通"，其中，民心相通尤为关键。由此观之，属于人文交流与民心相通范畴的"一带一路"文化交流与合作在"一带一路"倡议中占据重要地位，而作为其承载载体的"一带一路"城市间文化交流与合作平台建设尤为重要。

自习近平主席提出"一带一路"倡议以来，文化部以及地方省份在建设"一带一路"城市间文化交流与合作平台方面付出了极大努力，一系列城市间文化交流与合作平台应运而生，成为"一带一路"人文交流与民心相通的重要载体，正在"一带一路"建设中发挥积极作用和功能。本章从"一带一路"人文交流大格局出发，对"一带一路"城市间文化交流与合作平台进行深入而细致的研究，将相关平台划分为中国主导、双边合作、多边协调以及互联网平台四个类别，探讨这些平台的合理布局、功能完善与持续发展，以及这些平台之间形成的不同层次上的网络，并就困难与应对提出具有可操作性的

---

① 《王毅外长在美国战略与国际问题研究中心的演讲》，http://www.fmprc.gov.cn/web/ziliao_674904/zyjh_674906/t1343410.shtml。

建议。

  需要指出的是,城市间文化交流与文化合作往往体现为你中有我、我中有你的密不可分的交叉状态,即城市间的文化合作所达成的效果往往就是文化交流,而文化交流事件又往往是在文化合作的基础上进行的。就目前城市间文化合作而言,一般指城市间在协议或合约基础上进行的文化活动、文化产品或文化产业方面的合作;而城市间的文化交流一般体现为跨城的演艺、展会等文化活动,例如,城市双方互相在对方城市举办文化周,这类形式既是城市间的文化交流,也可看作城市间的文化合作。目前"一带一路"相关文化交流与合作平台大多为国家层面搭建的平台,由城市主导设立的平台比较少,但鉴于国家层面搭建的平台也是具体设立在"一带一路"沿线城市,因此,这些平台也可以被视为"一带一路"城市间文化交流与合作平台。

一、"一带一路"城市间文化交流合作平台网络的现状

(一) 中国主导平台

  中国主导的"一带一路"城市间文化交流与合作平台指的是由中国出资并发挥主导作用的,包括以设立在"一带一路"沿线国家首都的中国文化中心和中国在"一带一路"沿线城市举办的文化活动为代表的中方平台,这些活动包括节庆、会展以及论坛等。这类城市间文化交流与合作平台是中国推动"一带一路"人文交流与民心互通的主要载体,是中国引领"一带一路"文化交流与合作方向的重要渠道,因而也是我们研究的重点之一。

  中国主导的"一带一路"城市间文化交流与合作平台具有以下特点:一是主动性。这些平台由中国各级政府部门发起并创立,有明确的主题、目标、规划与时间节点,已经纳入相关部门日常工作计划之中,各级部门必须按时推进。二是引领性。由于平台为中国所主导,其主题与主旨方向便由中国方面引领,我们可以将自己的规划、思路与设想植入平台,从而使平台充分体现我们的意愿和意志。例如,新疆国际民族舞蹈节、厦门国际海洋周均有多年历史,在"一带一路"倡议提出后,我国将其主题确定为"服务'一带一路'",规划了与"一带一路"相关的内容和节目,主动加强平台与"一带一路"国家城市之间的联系和沟通,促进了中国与"一带一路"国家城市间的文化交流与合作。

三是有效性。中国主导的平台相对于其他类型平台,其有效性比较显著,更能体现和表达我们的意图,传播我们的思想。

目前中国主导的"一带一路"城市间文化交流与合作平台主要有:

1. 海外中国文化中心

海外中国文化中心是我国对外文化传播的重要平台,是中国向世界介绍中国国情,展示中国文化,和各国人民交流思想、分享理念的窗口。自1988年中国在毛里求斯和贝宁设立了中国最早的两个海外文化中心之后,截至2017年底,建成的文化中心已达36个。中央领导一直高度重视海外中国文化中心的建设,近年来,党和国家领导人频频为海外中国文化中心奠基、揭牌,40余次视察文化中心和出席见证有关政府文件的签署等活动。海外中国文化中心建设在经历了探索期(1988—2002)、起飞期(2002—2012)之后,目前已进入高速发展期。目前,我们已在11个"一带一路"沿线国家设立了中国文化中心,计划到2020年在"一带一路"沿线国家再建13个文化中心。在2017年5月"一带一路"国际合作高峰论坛期间,中国和土耳其、阿根廷、突尼斯三个国家签署了互设文化中心的协议。根据文化部"一带一路"沿线国家中国文化中心建设计划,按照《海外中国文化中心发展规划(2012—2020年)》的安排,中国将加速推进海外文化中心的建设,在规模上进一步扩大至50个,优先在缅甸、马来西亚、印度尼西亚、越南、匈牙利、罗马尼亚、保加利亚、哈萨克斯坦、白俄罗斯、塞尔维亚、拉脱维亚、土库曼斯坦、以色列等"一带一路"沿线国家设立中国文化中心。从建设的速度、投资的规模来看,就可以明了中国文化中心日益上升的战略地位。

中国文化中心突破了在境外开展文化宣传工作需依赖外方邀请、多为短期交流、缺乏自主阵地、内容以文艺演出为主的传统局面,推动了我国在驻在国搭建推介平台,全面、协调、持续地在文化及相关领域为国家外交大局服务。一是全面展示,形成合力;二是中方主导,权威性强;三是亲民色彩,官民咸宜。参与文化中心活动的从官员和名流扩展到华侨和普通群众。随着文化中心影响力不断扩大,驻在国政要出席海外中国文化中心活动的频率也明显增加。

虽然中国文化中心更多地作为国家之间的文化交流与合作平台,但在探索部省合作、不断扩大中华文化"走出去"长效工作模式的指导下,中国文化中心依然可以成为城市间文化交流与合作平台。以文化部与上海市共建的布鲁塞尔文化中心为例。布鲁塞尔文化中心占地 2 000 平方米,由国家文化部全额出资购买房产,改建、内部装饰和日常维护费用由参建的地方机构上海文广局承担,文化部针对一些特别项目也会有项目资金的资助,比如 2017 年文化部就拨给中心 100 万元项目资金。为了提高地方参建海外文化中心的积极性,中心所有中方工作人员(包括中心主任和会计)都由上海文广局派出,此外,中心还雇用了 3—4 位当地人员。布鲁塞尔中国文化中心虽然是地方参建的国家级文化中心,但却有着非同一般的高起点。自开办以来,举办了"高端思想者对话""媒体早餐会"等具有学术高度、世界影响力的品牌活动,通过活动向海外大力宣扬了中国道路、中国理论和中国文化,在海外思想界、学术界和海外媒体中产生了一定的影响。由于中心毗邻欧盟总部,因此参加中心活动的外国人来自欧盟各国,大大增强了中心在欧盟的影响力。中心促进了上海文化海外传播,目前中心接待的国内到访文化团体 70%—80% 都是上海的院团,包括上海京剧院、上海昆剧团、上海民乐团、上海油画雕塑院等,为上海文艺院团的海外演出搭建了平台,提供了机会。在运作模式上,基本上采取国际旅费院团自筹,文化中心负责当地接待的方式。文化中心还积极为上海文艺院团寻求海外演出的机会,部分发挥了演出经纪人的功能。"创意上海图片展""360 度 VR 上海现代景观""魅力上海"系列活动,以及以上海自贸区发展为主题的"媒体早餐会"等,都促进了上海城市形象在海外的展示和传播。中心每年在海外宣传方面投入很多,通过购买海外媒体版面,加大宣传力度,弘扬中国文化,打造上海城市的海外形象。除了文化活动,上海曙光医院的中医海外推广活动,不仅向世界弘扬了中国的传统中医,也向世人展示了上海这座现代化城市在继承发扬传统中医方面的成就和高度。值得指出的是,地方参建的中国文化中心为地方文化行业的年轻人提供了更多参与国际文化交流的机会。目前上海文广局每两年即在系统内遴选合适的年轻人派往布鲁塞尔中国文化中心,年轻人报名踊跃,竞争激烈。而有机会在中心获得工作机会的年轻人则在工作一段时间后,获得了很多国际交往的经验,在国际文化交流这一领域逐渐变得成熟起来。

文化部与江苏省合作共建的荷兰海牙中国文化中心于 2016 年 11 月揭牌,这是文化部与地方政府合作共建并正式投入运行的第二家海外中国文化中心。文化部与苏州市于2016年3月签署了布达佩斯中国文化中心合作共建协议,该中心是文化部首个与省辖市合作共建的海外中国文化中心项目。文化部还正与北京、山东、宁波、成都等省市积极推进共建中心事宜。显而易见,未来这些共建的中国文化中心将与其他中国文化中心一起成为"一带一路"城市间文化交流与合作平台。

2."一带一路"高峰论坛

首届"一带一路"国际合作高峰论坛于2017年5月14日至15日在北京举行。高峰论坛是"一带一路"倡议提出以来最高规格的论坛活动,29位外国元首、政府首脑,以及来自130多个国家的约1 500多名代表出席高峰论坛。从高峰论坛的目标来看,进一步凝聚合作共识,巩固良好的合作态势,推动各方加强发展战略对接,深化伙伴关系,实现联动发展,这些都说明高峰论坛对推动国际和地区合作具有重要意义。从高峰论坛取得的成果来看,扩大国际合作共识,推进重点领域务实合作,是两项重要成果。国际合作共识中包含和平合作、开放包容、互学互鉴、互利共赢、联动发展等理念,而务实合作的重点领域除了涉及基础设施互联互通、贸易投资、金融支撑,就是人文交流领域的务实合作。由此可见,高峰论坛为"一带一路"城市间文化交流合作提供了良好的理念基础和长远合作愿景,有利于推进一批更加务实的文化交流合作项目的设立和展开。高峰论坛期间达成的多项合作项目协议和提出的一系列合作举措,即76个大项、270多项具体成果中,也包含了促进民心相通的文化交流项目,比如中国政府与黎巴嫩政府签署《文化协定2017—2020年执行计划》,与突尼斯政府和土耳其政府签署互设文化中心的协定,中国中央电视台与有关国家主流媒体成立"一带一路"新闻合作联盟等。因此,对于"一带一路"城市间文化交流与合作平台的建立而言,"一带一路"高峰论坛本身既是平台,也是规划和促进更多城市间文化交流与合作平台建立和发展的重要推手。

3.文化节庆

文化节庆是"一带一路"沿线城市文化交流的重要平台。通过文化节庆平台,不仅可以加强"一带一路"国家沿线城市的相互交流,还有助于打响中国城市的文化品牌,提升中国城市在海外的文化影响力。目前由中国主导的、与"一带一路"城市间交流和合作平台相关的文化节庆主要有:

（1）中国新疆国际民族舞蹈节

中国新疆国际民族舞蹈节是"一带一路"沿线对外文化交流重要平台。新疆地处亚欧大陆腹地，是古丝绸之路的重要通道。从2008年开始，由文化部、国务院新闻办和新疆自治区共同主办中国新疆国际民族舞蹈节。2017年第五届舞蹈节的主题是"中国梦想　多彩丝路"，由演出活动和配套活动两个板块组成。本届舞蹈节邀请了白俄罗斯、俄罗斯鞑靼斯坦共和国、土耳其、塞尔维亚、埃塞俄比亚、哈萨克斯坦、乌兹别克斯坦、阿尔及利亚、澳大利亚、孟加拉国等"一带一路"国家和地区以及国内省市和新疆本土的艺术团体参加演出。参演团体在7月20日至8月5日的17天时间里，在新疆乌鲁木齐市、昌吉市、克拉玛依市、阿克苏市上演70余场演出。除精彩的舞蹈展示外，"网络舞蹈互动季""嬗变——新疆青年油画展""指尖炫舞　艺成天工——新疆文物修复成果展"以及"中国青年版画展"等社会活动在乌鲁木齐同期举办。

自"一带一路"倡议提出后，作为丝绸之路经济带核心区的新疆备受世界瞩目，舞蹈节的连续成功举办，更向人们展示了自信包容、和谐美好的新疆，同时也让更多人看到新疆的活力、潜力和创造力。在展示优美舞蹈艺术的同时，一个丝路文化交流与合作平台在新疆逐渐成形，成为跨地域和民族、融合传统与现代、彰显国际视野和民族特色的舞台。作为一项国家级对外文化交流活动，国际民族舞蹈节不仅对新疆文化，而且对新疆社会、经济等各方面发展都起到积极促进作用。中国新疆国际民族舞蹈节已逐渐成为具有一定国际影响力的文化交流品牌，也成为"一带一路"城市间文化交流与合作平台。新疆乌鲁木齐市、昌吉市、克拉玛依市、阿克苏市是新疆国际民族舞蹈节举办地，特别是乌鲁木齐作为舞蹈节主会场所在地，舞蹈节相关活动促进了其与"一带一路"城市间的文化交往与合作，成为其展示文化成果、加强与"一带一路"城市文化交流的重要平台。

（2）丝绸之路国际艺术节

丝绸之路国际艺术节是我国首个有关丝绸之路的常设国家级艺术节，同时也是中央批准的唯一可以设置国家级奖项的综合性国际艺术节。艺术节由国家文化部和陕西省人民政府共同主办，每年举办一届，永久落户陕西。作为国家"一带一路"文化工作的重要抓手和陕西"建设丝绸之路经济带新起点"的重要实践，丝绸之路国际艺术节成为弘扬丝路精神、传承文化陕西、打造古城西安文化品牌的重要抓手,是中外文化艺术交流合作的重要平台。首届和第二届丝绸之路国际艺术节分别于2014年、2015年在古城西安成功举办。2017年第四届艺术节除常规活动外,还举办了展现丝路沿线国家文化的系列展览,包括"中国—阿拉伯国家非物质文化遗产精品展""中国人眼中的阿拉伯世界摄影展""今日丝绸之路国际美术邀请展""意大利插画及摄影展"和"中亚地区人文非遗图片展",同时还举办了三场"丝路文化长安论坛"活动,突出丝绸之路国际艺术节的文化含量。作为国家"一带一路"重点文化项目,艺术节近几年成长迅速,规模效应不断扩大,品牌价值日益提升。文化部副部长丁伟曾称赞道:丝绸之路国际艺术节自觉服务于习近平总书记提出的共建"丝绸之路经济带"倡议以及我国外交大局,内容丰富、组织得力,取得了很好的国内外影响。

古城西安作为丝绸之路国际艺术节举办地,通过艺术节与"一带一路"城市建立了良好的合作与交往关系,开展了城市间文化交流活动,在请进来与走出去的过程中,丝绸之路国际艺术节成为西安与"一带一路"各城市之间的主要文化交流与合作平台。

(3) 海上丝绸之路国际艺术节

海上丝绸之路国际艺术节由海上丝绸之路起点城市泉州主办,两年一届,2015年中央批准海上丝绸之路国际艺术节永久落户泉州。第二届海上丝绸之路国际艺术节暨第十四届亚洲艺术节于2015年举办,亚洲艺术节首次牵手海上丝绸之路起点,开启了全球第一个以海上丝绸之路命名的艺术公园(海上丝绸之路艺术公园·亚洲园),成立了联合国海陆丝绸之路城市联盟工商理事会。以艺术节为桥梁,亚欧文化之都城市首次相聚,并分享了文化之都建设中的经验与思考,表达了共同迈向人类命运共同体的美好愿望。作为中国首个东亚文化之都和牵头城市,泉州发出了建立"文化之都"城市联盟的泉州倡议,助推城市交流合作迈向更高层次。第三届海上丝绸之路国际艺术节于2017年12月举办,以"展示、交流、合作、提升"为宗旨,以"海上丝绸之路建设"为主题,积极融入国家"一带一路"发展愿景与行动,充分展示了泉州海上丝绸之路文化建设成果。①

---

① 海上丝绸之路国际艺术节官网:http://www.hsgjysj.com。

海上丝绸之路国际艺术节由泉州市举办,是泉州与海上丝绸之路沿线国家城市文化交流与合作的主要平台。泉州既是海上丝绸之路的起点城市,也是首个入选"东亚文化之都"的中国城市,还是国家级海上丝绸之路艺术公园所在城市,因此,泉州具有独特的城市特点与区位优势,海上丝绸之路国际艺术节则提供了泉州与"一带一路"城市进行文化交流与合作的优良平台,为泉州文化走出去创造了良好条件。

(4)厦门国际海洋周

厦门国际海洋周由中国国家海洋局、厦门市共同举办,自2005年创办以来,已成为一个公众广泛参与的海洋文化节日,一个全球海洋政策、科学技术、决策和行动的交流平台,同时也成为"一带一路"城市间文化交流与合作平台。厦门国际海洋周原先只有单一的国际海洋论坛,目前发展成为集国际海洋论坛、海洋产业专题展览和海洋文化活动于一体的年度国际性海洋盛会。2016年厦门国际海洋周围绕"共建海上丝绸之路:新愿景 新格局"主题展开,以提升与"海上丝绸之路"沿线国家的海洋合作、蓝色经济发展、海洋文化传播为重点,突出"海上丝绸之路"主题和"东盟"元素,吸引了来自柬埔寨、缅甸、泰国等30多个国家和地区的政府机构官员、企业代表及海洋领域专家学者与会交流。2016年厦门国际海洋周主要活动由国际海洋论坛、海洋展览洽谈活动和海洋文化活动三部分组成,包括南南合作海洋论坛、海洋防灾减灾论坛、国民海洋意识发展指数研讨暨海洋意识宣传专题会、第九届全国大学生海洋知识竞赛电视总决赛、海洋科学开放日、第九届中国(厦门)国际游艇展等多项活动。①

厦门国际海洋周突出厦门的海洋特色,突出厦门与东南亚国家之间的友好往来,注重海洋文化传播,已经成为厦门与"一带一路"城市间文化交流与合作的主要平台。

(5)中国海洋文化节

中国海洋文化节由国家海洋局、浙江省共同主办,舟山市、浙江省文化厅、浙江省海洋与渔业局、浙江省旅游局等单位承办。中国海洋文化节最早于2005年发起,成为传承海洋文化百花齐放的盛会,海洋系列学术研讨百家

---

① http://fj.people.com.cn/n2/2016/1104/c234959-29255040.html。

争鸣的舞台和发展海洋经济、扩大海洋合作与交流的纽带。中国海洋文化节历时近一个月,在舟山市岱山岛举行。2015年中国海洋文化节以"蓝色文明,互融互通"为主题,为"一带一路"服务,积极推进"2015中国—希腊海洋合作年"的文化交流。

中国海洋文化节由舟山承办,最初的用意是推动舟山旅游事业发展,吸引更多游客,因此安排了与旅游相关的诸多活动,而且主要目标群是国内游客。经过10多年的建设,特别是为呼应"一带一路"倡议,中国海洋文化节进行了转型,将目光投向"一带一路"沿线国家,不仅注重发展海洋经济,也重视海洋文化的传播与交流。例如,中国海洋文化节就承担了"2015中国—希腊海洋合作年"文化交流的重任,举办"海上丝路海洋文明对话:中国与希腊"活动,舟山也借此机会与希腊城市莱夫卡达结成友好城市。显而易见,中国海洋文化节已经成为推动舟山与"一带一路"城市间文化交流与合作的良好平台。

4. 文化会展

文化会展是多种文化和区域文化集中呈现的活动,特别有利于不同民族文化的交汇展示,因此在"一带一路"城市间文化交流与合作方面具有重要的价值。它可以通过展览及其所衍生的交易、论坛、表演等形式,达到传播文化、打造品牌、整合文化资源、促进交流合作的效果。在《推动共建丝绸之路经济带和21世纪海上丝绸之路的愿景与行动》中,关于合作机制方面明确提出,需要充分发挥会展平台的建设性作用,并支持重点发展文化会展,促进贸易融通。① 目前由中国主导举办的与"一带一路"倡议相关的文化会展主要有:

(1) 丝绸之路(敦煌)国际文化博览会

丝绸之路(敦煌)国际文化博览会,简称敦煌文博会,是目前"一带一路"建设中唯一以文化交流合作为主题的国家级展会平台,是推动"一带一路"沿线国家人文交流与合作建设的重要载体。敦煌文博会以"推动文化交流、共谋合作发展"为宗旨,以丝绸之路精神为纽带,以文明互鉴与文化交流合作为主题,以实现民心相通为目标,着力打造国际化、高端化、专业化的国家级文化博览会。从2016年起,丝绸之路(敦煌)国际文化博览会每年举办一次。首

---

① http://www.mofcom.gov.cn/article/resume/n/201504/20150400929655.shtml。

届丝绸之路(敦煌)国际文化博览会在敦煌隆重开幕之际,国家主席习近平致电祝贺,国务院副总理刘延东出席开幕式,宣读习近平贺信并发表主旨演讲。来自85个国家、5个国际组织的95个外国代表团应邀出席首届敦煌文博会,66个国外机构、434位国外宾客参加论坛、年展和演出,还有6位外国政要、前政要出席会议并发表演讲。敦煌文博会涉及国家之多、规模之大、层次之高,在国内外同类博览会中并不多见,这印证了丝路沿线国家对"一带一路"倡议的高度认同。与此同时,国内有关地方和部门对敦煌文博会也表现出极大热情,沿线16个省区市和港澳台地区共有23个代表团参加大会。敦煌文博会文化年展荟萃了来自60多个国家的8 000余件珍贵展品,集中展示了"一带一路"文明成果。会议期间研究讨论并发布了《敦煌宣言》。①

敦煌自古就是丝绸之路的战略通道和商埠重地,也是历史上东西方文化交汇的重要枢纽,不同文化在这里汇聚和交融,塑造了独具魅力的敦煌文化。作为"一带一路"沿线的重要城市,敦煌在"一带一路"建设中具有不可替代的独特区位优势,而作为敦煌文博会的举办地,敦煌正力图重现历史上的辉煌文化。一年一度的敦煌文博会已经成为敦煌与"一带一路"城市间重要的文化交流与合作平台。

(2) 中国—亚欧博览会"一带一路"文化交流板块

中国—亚欧博览会的前身是乌鲁木齐对外贸易洽谈会,为进一步促进中国西部发展、加快新疆经济建设与对外开放的步伐,中央决定将已经举办了19届的乌鲁木齐对外贸易洽谈会升级为中国—亚欧博览会,从而更有效地推动新疆招商引资和区域经济发展,发挥新疆东引西出、向西开放的地缘优势,将其打造成区域国际交流平台,推动形成中国"陆上开放"和"沿海开放"并进的对外开放新格局,发挥新疆在向西开放过程中的桥头堡和枢纽作用。首届中国—亚欧博览会于2011年9月在乌鲁木齐举办。外交部长王毅表示,近几年,随着共建"一带一路"倡议的提出和新疆丝绸之路经济带核心区建设的启动,中国—亚欧博览会进入了全新的发展阶段。

中国—亚欧博览会从举办之初就承载着人文交流的重要使命。中国—亚欧博览会在进行经贸活动的同时,还举办多姿多彩的人文交流活动,增进

---

① 丝绸之路(敦煌)国际文化博览会官网:https://www.gswbj.gov.cn/。

了友好互信,深化了互利合作,实现了共赢。自第五届起,中国—亚欧博览会以"艺术编织丝路美景"为主题,设置了中外文化展示周,推出了一系列高规格、高品质的艺术表演。第三届亚欧电影展也首次纳入中国—亚欧博览会框架之下。此外,中国—亚欧博览会还举办了新闻部长论坛、中国亚欧口岸出入境卫生检疫合作论坛、丝绸之路金融论坛、华侨华人与丝路建设论坛、亚欧信息高速公路互联互通论坛、中国—亚欧出版博览会出版论坛等11个高层论坛。①

中国—亚欧博览会的举办地是乌鲁木齐,增设"一带一路"文化交流板块,对于西部城市乌鲁木齐而言,是增添了又一个"一带一路"城市间文化交流与合作平台。与新疆国际舞蹈节相比,中国—亚欧博览会涉及面更广,参与国家更多,是经济搭台、文化唱戏的一个很好场所,中外文化展示周、亚欧电影展等一系列文化活动与展会的设置,使乌鲁木齐与"一带一路"城市进行文化交流与合作有了更为有利的抓手和平台。

(3) 中国—阿拉伯国家博览会"一带一路"文化交流板块

中国—阿拉伯国家博览会的前身是中阿经贸论坛,经国务院批准,由商务部、中国国际贸易促进委员会和宁夏回族自治区共同主办。自2010年以来,在宁夏银川已经成功举办了三届中阿经贸论坛和两届中国—阿拉伯国家博览会,在国际上产生了广泛而深刻的影响,得到了包括阿拉伯国家在内的"一带一路"沿线国家的广泛认同,为推进中阿务实合作做出了积极贡献。2016年1月21日,中国国家主席习近平在阿拉伯国家联盟总部演讲时指出,中国—阿拉伯国家博览会已成为中阿共建"一带一路"的重要平台。②

银川是中国—阿拉伯国家博览会举办地,作为宁夏回族自治区首府,银川与阿拉伯国家在历史上即保持了传统友谊和友好往来,不仅经贸活动频繁,文化交流与合作也比较密切。中国—阿拉伯国家博览会增设"一带一路"文化交流板块后,对于银川与阿拉伯城市以及"一带一路"城市之间的文化交流与合作将产生积极影响,中国—阿拉伯国家博览会也因此成为银川与"一带一路"城市间文化交流与合作平台。

---

① 中国—亚欧博览会官网:http://www.caexpo.org/html/China/gywm/bljgk/6925.html。
② 中国—阿拉伯国家博览会官网:https://www.casetf.org/ljblh/。

(4) 中国—东盟博览会"一带一路"文化交流板块

中国—东盟博览会是中国主导、东盟国家共同参与的长期在广西南宁举办的展会。博览会以展览为中心,同时开展多领域多层次的交流活动,搭建了中国与东盟各国交流合作的平台。博览会源自 2003 年 10 月 8 日中国国务院总理温家宝在第七次中国与东盟(10+1)领导人会议上的倡议,从 2004 年起每年在中国南宁举办中国—东盟博览会,同期举办中国—东盟商务与投资峰会。这一倡议得到了东盟 10 国领导人的普遍欢迎。2017 年 9 月举办了第 14 届东博会,以东盟建立 50 周年、中国—东盟旅游合作年为契机,突出"共建 21 世纪海上丝绸之路,旅游助推区域经济一体化"主题,落实《推进"一带一路"贸易畅通合作倡议》,服务于中国—东盟自由贸易区升级版建设。①

中国—东盟博览会"一带一路"文化交流板块是南宁对外文化交流的平台,更是南宁与"一带一路"城市进行文化交流和合作的平台。中国—东盟博览会期间同时举办"风情东南亚"晚会、"南宁国际民歌艺术节"、"中华情"晚会、时装节、美食节等一系列文化艺术活动,从而促进了南宁与东南亚国家城市之间的文化交流与合作。

(5) 中国西部国际博览会"一带一路"文化交流板块

中国西部国际博览会是国家发改委等 15 个部委、四川等 12 个西部省份及新疆生产建设兵团共同主办,四川省承办的国家级国际性综合博览会。西博会始创于 2000 年,每年一届,在四川成都举办。2014 年西博会被纳入国家层面统筹举办的机制性大型涉外论坛和展会,是实现西部合作、东西合作、中外合作的重要载体,是西部地区开放开发的重要窗口。《推动共建丝绸之路经济带和 21 世纪海上丝绸之路的愿景与行动》中特别提出办好四川的西博会,充分利用西博会服务于"一带一路"的功能和优势。②

2016 年 11 月在成都开幕的第 16 届中国西部国际博览会,突出"一带一路"国际交流合作,专设 3 个"一带一路"馆和 1 个"一带一路"暨国际合作馆,27 个"一带一路"沿线国家参展;开幕式暨主论坛中国西部国际合作论坛、中国西部投资说明会等重大活动均以"一带一路"为主题。成都是西博会举办

---

① 中国—东盟博览会官网:http://www.caexpo.org/。
② http://www.mofcom.gov.cn/article/resume/n/201504/20150400929655.shtml。

地,是中国西部文化中心城市之一。虽然西博会注重经贸与投资,但"一带一路"文化交流板块的推出,为成都对外文化交流与合作提供了极佳机会,也成为成都与"一带一路"城市间文化交流与合作的重要平台。

(6) 中国(深圳)国际文化产业博览交易会"一带一路"文化交流板块

中国(深圳)国际文化产业博览交易会由文化部、商务部、国家新闻出版广电总局、中国国际贸易促进委员会、广东省和深圳市联合主办,是中国唯一的国家级、国际化、综合性的文化产业博览交易会,自2004年首届交易会举办以来,就肩负着中华文化传承者和传播者的历史使命,先后被列入党的十七届六中全会《中共中央关于深化文化体制改革 推动社会主义文化大发展大繁荣若干重大问题的决定》《国家"十二五"时期文化改革发展规划纲要》等重要文件,是推动中国文化产业发展、促进中华文化"走出去"的国家级平台,而文博会也在扮演着"一带一路"国家文化交流与汇聚的重要平台的角色。为力促中国文化产品出口,提高中国文化的国际影响力,展会期间,深圳文博会举办了数十项以"一带一路"为主题的论坛、洽谈、签约等配套活动,有力地加强了我国和"一带一路"沿线国家及世界各国的文化贸易交流。文博会专设"一带一路·国际馆",组织以色列、埃及、伊朗、泰国、马来西亚、匈牙利等"一带一路"沿线国家和美国、英国、澳大利亚、日本等35个国家和地区参展,以加强与"一带一路"沿线国家文化贸易与交流。国家对外文化贸易基地(深圳)以中国以色列建交25周年为契机,在文博会期间举办2017中国文化产品国际营销年会(中以数字创意产业论坛),邀请两国的行业权威和知名专家,围绕数字文化创意领域进行深入交流探讨。此外,各分会场也依托自身产业优势,策划了数十项以"一带一路"为主题的文化贸易和交流活动,积极推动中国文化"走出去"。①

深圳作为文博会举办地,又是国家对外文化贸易三大基地之一(北京、上海、深圳),在对外文化交流与合作中具有较大优势。通过文博会这一平台,深圳既能借此观察全球文化产业发展趋势,打开展示和输出中华文化精华的渠道,也促进了深圳与"一带一路"城市间的文化交流与合作。

---

① 中国(深圳)国际文化产业博览交易会官网:http://www.icif.china.cn/。

（7）中国西部文化产业博览会"一带一路"文化交流板块

中国西部文化产业博览会（简称"西部文博会"）是经国务院批准，由文化部、国家新闻出版广电总局、陕西省主办，西部其他11省、自治区、直辖市协办，西安市承办的国家级文化产业博览会。自2008年开始，西部文博会永久落户西安，每两年举办一届。2016年9月第八届中国西部文博会以国家提出建设"丝绸之路经济带"为契机，以"大众创业、万众创新"为机遇，以"互联网+"经济形态为载体，以新业态的相互融合创新为手段，全力打造中国文化产品与项目交易平台。该届西部文博会共征集到云南、青海、宁夏、陕西等省区共计522个优秀文化项目，涵盖文化投资、文化旅游、文化园区、文化科技和新闻出版、演艺娱乐、工艺美术等文化产业门类，投资总额逾千亿元。展会期间，共举办了中小文化企业投融资路演活动、丝绸之路影视文化发展高峰论坛、西部文化产业投融资项目推介签约会等10项主会场活动和2016年动漫创意文化周等10项分会场活动以及数十场广场文艺演出。我国唯一一家文化产品跨境电子商务平台"丝路汇——文化产品跨境电子商务平台"在西部文博会正式上线，探索"互联网+文化产品+跨境贸易"的新模式，力求把更多的中国文化产品送出国门。①

作为西部文博会承办地西安，已有"丝绸之路"国际艺术节作为"一带一路"城市间文化交流与合作平台，如果说"丝绸之路"国际艺术节更注重城市间的文化交流，那么，西部文博会则更注重城市间的文化合作。

5. 文化公园

文化公园既是大众游玩休憩的公共空间，也是展示各民族文化作品的艺术空间，是传播中华文化艺术的载体。文化部在《文化部"一带一路"文化发展行动计划（2016—2020年）》中明确将建设"海上丝绸之路（泉州）艺术公园"和"中阿友谊雕塑园"等重点项目平台列入"一带一路"文化交流合作平台建设计划。

（1）海上丝绸之路（泉州）艺术公园

2016年5月，由文化部和福建省共同主办的第十四届亚洲艺术节暨第二届海上丝绸之路国际艺术节在泉州举行，同时，在中国首个东亚文化之都泉

---

① 中国西部文化产业博览会官网：http://www.xbwbh.com/。

州，一座起点高水准、目标世界级的艺术公园——"海上丝绸之路艺术公园·亚洲园"盛大开园。"保存完好的泉州古城，是历史留给泉州的财富，而海上丝绸之路艺术公园，将是泉州留给历史的财富。"这是著名作家莫言对艺术公园的评价。

"海上丝绸之路艺术公园·亚洲园"是全国首个也是唯一一个海上丝绸之路主题艺术公园，是文化部"一带一路"文化领域建设和福建省海上丝绸之路核心区建设的重点项目。2014年12月，文化部推荐中央美术学院作为总策划单位与泉州市协同开展系列艺术公园前期策划构想和规划工作。2015年1月，泉州将在建的百崎湖城市公园项目提升建设为海上丝绸之路艺术公园。根据规划，海上丝绸之路艺术公园用地面积约71万平方米，以互联互通、文化融合、经济发展为主题，以古代海上丝绸之路为文脉，全面展现海上丝绸之路沿线亚洲各国历史、文明、艺术、生活风俗。海上丝绸之路艺术公园内有以海上丝绸之路为主题的大型群雕，还有著名建筑设计师设计的具有生态特点、文化内涵的园林建筑，在这里既能感受自然风景，又能理解和领略中国传统文化以及海上丝绸之路沿线国家的文化成果。从文化景观格局上看，以海上丝绸之路文化为统领，亚洲园按照各地区艺术文化特色，引入名家大家作品，形成东亚、东南亚、南亚、西亚四个文化片区。海上丝绸之路艺术公园以公共艺术形式演绎丝路精神，集中展示海上丝绸之路沿线国家和地区的文明创作、文化精华，体现中国文明与世界文明交流互鉴。同时，海上丝绸之路艺术公园也是海上丝绸之路国际艺术节主题公园活动的主场地，成为泉州与"一带一路"其他城市之间文化交流与合作的又一良好平台。

（2）中阿友谊雕塑园

"意会中国·中阿友谊雕塑园"是中阿合作论坛框架下重点文化交流项目，将中国和阿拉伯国家的友谊和交往视觉化，是塑造中阿友谊的标志性工程。中阿友谊雕塑园以阿拉伯国家民俗民风以及重要历史人物、著名学者代表等为主要创作原型，结合雕塑创作手法，以真实或抽象形式进行创作，宣传弘扬民族团结、和睦共处与共同发展等与"一带一路"紧密相关的理念。中阿友谊雕塑园项目由银川市承建，占地面积达20万平方米，邀请中阿雕塑艺术家共完成100件雕塑作品，其中阿拉伯雕塑80件、中国雕塑20件。该项目由文化部组织，每年从阿拉伯国家邀请著名雕塑艺术家在银川创作雕塑作品，后期由银川市负责完成放大制作并放置到园区,同时,宁夏及国内外的著名雕塑艺术家也将受邀共同参与创作。银川自 2015 年开始实施银川中阿友谊雕塑园项目一期,来自摩洛哥、叙利亚、阿曼、埃及、黎巴嫩、约旦等 10 个阿拉伯国家的 21 位知名雕塑艺术家先后在银川创作完成了 50 余件雕塑作品,经市民评选和专家评审,2016 年 5 月前已遴选出 24 件优秀作品放大制作并安放入园。随后,中国雕塑学会组织中阿知名雕塑艺术家们又创作出第二期雕塑作品,这些作品内涵丰富、形态多样,巧妙融合了中阿文化元素,集中反映了中阿人民友谊长存、和平共处、携手共进的主题思想。

中阿友谊雕塑园已经成为银川继中国—阿拉伯国家博览会之后又一个与阿拉伯城市进行文化交流与合作的平台。

表 1　中国主导的"一带一路"城市间文化交流合作平台

城市	平台	创立时间	举办频率	平台类型
乌鲁木齐	中国新疆国际民族舞蹈节	2008	两年一届	文化节庆
	中国—亚欧博览会"一带一路"文化交流板块	2011	每年一届	文化会展
西安	丝绸之路国际艺术节	2014	每年一届	文化节庆
	中国西部文化产业博览会"一带一路"文化交流板块	2008	两年一届	文化会展
泉州	海上丝绸之路国际艺术节	2013	两年一届	文化节庆
	海上丝绸之路(泉州)艺术公园	2016		文化公园
厦门	厦门国际海洋周	2005	每年一届	文化节庆
舟山	中国海洋文化节	2005	每年一届	文化节庆
敦煌	丝绸之路(敦煌)国际文化博览会	2016	每年一届	文化会展
银川	中国—阿拉伯国家博览会"一带一路"文化交流板块	2010	每年一届	文化会展
	中阿友谊雕塑园	2015		文化公园
南宁	中国—东盟博览会"一带一路"文化交流板块	2004	每年一届	文化会展
成都	中国西部国际博览会"一带一路"文化交流板块	2000	每年一届	文化会展
深圳	中国(深圳)国际文化产业博览交易会"一带一路"文化交流板块	2004	每年一届	文化会展

(二) 双边合作平台

双边合作指中国政府、中国城市以及中国大学与"一带一路"国家、城市和大学进行合作,签订友好城市协定、共建文化机构(如孔子学院),以此促进中国与相关国家、城市和大学之间的友好往来与文化交流。

1. 友好城市

中国自 1973 年开展友好城市活动以来,对外友好工作取得不断进展,到 2017 年 9 月 23 日,我国有 31 个省、自治区、直辖市(不包括台湾地区及港、澳特别行政区)和 478 个城市与五大洲 135 个国家的 513 个省(州、县、大区、道等)和 1 607 个城市建立了 2 470 对友好城市(省州)关系。①中国与"一带一路"沿线支点城市均有广泛的友好城市交流,为服务总体外交大局、贯彻落实中央建设"一带一路"倡议,应充分利用国际友城资源,发挥各城市外事、侨务、经济、文化、教育等部门的合力,充分利用友好城市这一纽带,通过友好城市这样良好的沟通渠道,在"一带一路"城市文化交流与合作中发挥作用。例如,上海有 64 个友好城市遍布全球,福州有 12 个国际友好城市,已经建立的友好城市关系将为上海和福州等城市拓展城市间文化交流合作平台提供有益的契机。西安西部文博会就于 2016 年首次设立陕西省国际友城合作项目对接会,吸引了 10 个国家的 13 个代表团参会,签约 10 多个项目,签约总额达到 60 多亿元。这是西安充分发挥西部文博会与友好城市合力的一个具体体现。

2. 孔子学院

在现有诸多的文化交流平台中,孔子学院是具有较大影响力的文化交流和传播平台。孔子学院由中国各城市的大学与外方大学双边合作共建,联合管理,以非政府非营利性机构注册。截至 2016 年底,我国在全球 140 个国家已经合作设立了 511 所孔子学院,以及 1 073 个中小学孔子课堂;在"一带一路"沿线国家中,共有 51 个国家建立了 134 所孔子学院和 127 个中小学孔子课堂。②孔子学院双边合作的模式,以及数量之多、分布之广而密,令其在促进"一带一路"民心相通方面能够更好地发挥桥梁和平台作用。孔子学院开展

---

① http://www.cifca.org.cn/Web/YouChengTongJi.aspx.
② 国家汉办:《孔子学院 2016 年度发展报告》,http://www.hanban.org/report。

汉语教学、传播中华文化的重要角色已得到了广泛的认可,但孔子学院作为服务国家倡议的综合文化交流平台的作用尚未得到充分发挥。因此,应加强"一带一路"沿线国家,尤其是沿线重要城市国家孔子学院的发展,以服务于"一带一路"倡议,特别是将孔子学院作为"一带一路"城市间文化交流与合作的平台,发挥其应有的作用。

以上海大学土耳其伊斯坦布尔孔子学院为例。土耳其海峡大学孔子学院立足伊斯坦布尔,结合土耳其社会经济文化特点,推动汉语教学、文化推广和学术交流等各项活动。汉语教学方面,海峡大学选修汉语的学生数量,已经从5年前的每学期30人左右,增加到现在每学期100余人,均为学分课。此外,每学期还有面向社会招生的周末课程。面向海峡大学学生开设的学分课程包括初级汉语、中级汉语、高级汉语以及中国经典文献选读,面向海峡大学学生及社会人士开设的非学分课程(兴趣班)则有汉语一级、汉语二级、汉语三级课程。文化推广方面,每年固定组织、安排一系列文化活动,包括中国新年庆祝、中国夏令营、孔子学院开放日等,还开设了太极拳、书法等专题讲座类课程。此外,每年结合中土交流的契机,开展土耳其汉学研究、中国电影周、中土论坛等专题活动。孔子学院在中国传统节日,特别是春节期间,举办系列迎新春活动,邀请当地居民参加,帮助他们了解中国文化,受到热烈欢迎。作为"一带一路"沿线国家的孔子学院,为响应国家"一带一路"倡议,海峡大学孔子学院主要从以下两个方面展开工作。第一,做好中土论坛,促进中土学术研究与交流。海峡大学孔子学院在做好汉语教学、文化传播两项基本工作的同时,特别重视在学术研究方面与海峡大学及土耳其各类研究机构进行合作交流。经过近年来的努力,海峡大学孔子学院同海峡大学亚洲研究中心、上海大学土耳其研究中心联合举办了三届中国—土耳其高端论坛,并逐步发展成为海峡大学孔子学院的一个特色项目,研究领域包括中国—土耳其关系、文明交流与对话、跨国及比较历史。第二,举办中国经济系列学术活动,助力"一带一路"倡议的实施。2016年10月,土耳其海峡大学孔子学院与海峡大学经济系经过协商,决定联合举办中国经济系列学术讲座,并开展中土经济、投资、贸易等方面合作研究,以推动两国高等院校及研究机构之间的学术交流,并为两国工商、金融企业搭建学术层面的交流与沟通平台,进而落实两国政府关于"一带一路"和"中间走廊"的倡议。值得指出的是,鉴于上海与伊斯坦布尔是友好城市,作为上海高校的海外文化机构,海峡大学孔子学院自成立以来,接待了来自上海市政府、学术机构的来访,并合作举办了学术研讨会、专题讲座等各项活动,邀请上海书画家徐步群到海峡大学举办书画展,上海小提琴家夏小曹在海峡大学孔子学院召开演奏会,还举办了"夜上海"电影节系列活动等,这些活动促进了上海城市文化形象在海外的传播,推动了两座城市友好关系的发展。海峡大学孔子学院作为"一带一路"城市间文化交流与合作平台,发挥了积极作用。

再以复旦大学汉堡孔子学院为例。汉堡孔子学院于2014年迁入汉堡豫园办公,汉堡豫园是作为上海—汉堡友好城市的象征建设的,汉堡孔子学院利用豫园茶楼的场地优势,开设了茶艺、古琴、古筝、书法、国画、象棋和围棋课程,还开办"少儿中国文化讲习班"与"少儿中国文化体验周"。汉堡孔子学院运营10年来,文化活动已逐渐形成大型化、常态化的发展趋势,创立了诸多品牌项目,如"中德对话""茶楼文学""中德新年元宵节联欢会"等,吸引了众多市民参与,进一步巩固了汉堡孔子学院作为当地中德文化展示平台的作用。汉堡孔子学院还积极参与汉堡市政府举办的两年一度的"中国时代"大型项目。作为上海—汉堡友好城市的合作平台,汉堡孔子学院搭建了"汉堡—上海马拉松友谊桥梁",邀请汉堡与上海市民分别参加上海马拉松与汉堡马拉松。汉堡孔子学院与汉堡话剧院合作,邀请上海话剧院来汉堡参加"莱辛戏剧节",演出话剧《乌合之众》。汉堡孔子学院还与汉堡大学联合举办"汉堡—上海友好城市30周年"系列学术讲座。因此,汉堡孔子学院作为"一带一路"城市间文化交流与合作平台,大大促进了汉堡与上海以及其他中国城市之间的文化交流与合作。

(三) 多边协调平台

中国与"一带一路"国家之间业已建立了诸多多边协调的文化交流与合作平台,既有官方层面的协调平台,也有社会机构层面的协调平台。与中国主导以及双边合作的文化交流与合作平台相比,多边协调平台重点在于协调与交流,是"一带一路"城市间文化交流与合作的重要平台。

1. 官方协调平台

为加强顶层设计和战略部署,推动政府间文化交流与合作深入发展,文化部出台了《文化部"一带一路"文化发展行动计划(2016—2020年)》,提出要建成"一带一路"文化交流合作机制,完善"一带一路"文化交流合作平台,打造"一带一路"文化交流品牌,推动"一带一路"文化产业繁荣发展,促进"一带一路"文化贸易合作等五方面任务。中国与"一带一路"沿线国家已经建立了稳定和牢固的官方文化交流平台,与上合组织、东盟、阿拉伯国家联盟等多个组织成员国及中东欧地区建立了人文合作委员会、文化联委会机制,这是我们今后可以进一步借重的重要基础。到2016年底中国已经和"一带一路"沿线的64个国家全部签订了政府间文化交流合作协定,实现了全覆盖,政府文化协定成为一个指引两国之间文化交流的纲领性文件,并且其中绝大部分国家为了落实这个政府协定,每2—3年就签订一个更加务实的执行计划。同时,中国与"一带一路"相关国家还建立了各种区域性的对话机制,例如每年一次的上海合作组织成员国文化部长会晤、中国—中东欧国家文化合作论坛、中阿文化部长论坛、中国—东盟(10+1)文化部长会晤等,这些机制都从政府层面保证了"一带一路"国家文化合作的根本框架。

(1)上海合作组织成员国文化部长会晤

2002年,上合组织成员国文化部长会晤首次在北京举行。10年间,成员国文化部长会晤逐步形成机制,并已轮流在各成员国成功举办,从而有效推动了成员国间的文化交流与合作。2012年是上合组织发展第二个10年的开局之年,也是上合组织文化领域合作继往开来、共谋发展的重要一年。2012年6月,上海合作组织成员国文化部长第九次会晤在北京举行。时任中国文化部长蔡武首先做了主旨发言,他全面回顾了过去10年上合组织在文化领域取得的合作成果和工作进展,并对未来10年的文化合作提出三点建议:一是要坚持"上海精神"与和谐发展的基本宗旨,继续践行协商一致、互利共赢的合作模式,营造团结协作的合作氛围;二是要充分利用各国的文化优势,广开思路、积极创新,推动各成员国间的文化交流与合作朝着全方位、宽领域、多层次的方向发展;三是要充分发挥文化的作用,通过加强文化交流与合作,增进各国人民之间的相互理解和友谊,并最终造福于各国人民。同时,要将青年交流纳入未来的上合文化交流规划,使友谊世代相传。各成员国代表团团长共同签署了《上海合作组织成员国文化部长会晤北京宣言》《上海合作组织成员国文化部长第九次会晤纪要》等成果性文件,并通过了《上海合作组织成员国政府间文化领域合作协定2012—2014年执行计划》《上海合作组织成员国第九次文化部长会晤新闻声明》,其中《北京宣言》是本次文化部长会晤的标志性文件,也是上合组织人文领域首个宣言文件,具有里程碑意义。

2016年6月,上海合作组织成员国文化部长第十三次会晤在乌兹别克斯坦首都塔什干举行。上合组织成员国文化部长共同签署了会晤纪要,通过了新闻声明。

2017年6月,上海合作组织成员国文化部长第十四次会晤在哈萨克斯坦首都阿斯塔纳举行。时任中国文化部长雒树刚在会晤发言中回顾了上次部长会晤以来各成员国在文化领域开展交流与合作的成果,并就如何加强和深化上合组织框架内的文化合作提出三点建设性意见:一、秉承"上海精神",加强机制建设,推动多边文化合作务实发展;二、加强平台建设,畅通信息渠道,丰富上合组织多边文化活动的内容;三、在"一带一路"框架下加强上合组织各国在文化领域的交流与合作。中方建议得到会晤各方的积极评价和广泛认同。

(2)金砖国家文化部长会议

2015年6月,首届金砖国家文化部长会议在俄罗斯首都莫斯科举行。近年来,开展金砖国家文化领域的交流与合作多次写入领导人会晤的成果文件,加强在金砖国家机制下文化领域的多边交流与合作,开展更为深入的对话,形成常态交流机制,有助于促进金砖国家的发展和各文化间更好地相互理解,增进各国人民之间的友好关系。时任中国文化部长雒树刚指出,中国关注并愿意与金砖国家的同行们加强文化领域的交流与合作,增进互信,充分发挥文化促进社会可持续发展的重要作用,并希望建立金砖国家文化部长会晤机制和文化领域合作机制,为全方位的文化交流与合作提供保障;将"一带一路"人文领域的合作与金砖国家文化合作等多边机制相结合,探索共通的合作理念和合作模式,相互借用平台,相得益彰,共谋发展。与会各方代表共同签署了首届金砖国家文化部长会议纪要和声明。部长会议之前,俄方还组织召开了专家会议,金砖国家代表共同就《金砖国家政府间文化合作协定》草案进行了磋商,并在7月俄罗斯乌法金砖国家领导人峰会期间就签署该协定达成共识。

2017年7月,第二届金砖国家文化部长会议在天津举行。会议期间,金砖国家政府文化代表分别作主旨发言,就未来文化领域务实合作发表见解。金砖五国还签署了共同行动计划,并见证了金砖国家图书馆联盟、博物馆联盟、美术馆联盟和青少年儿童戏剧联盟等文化联盟的成立。2017年是金砖国家合作第二个十年的开局之年。在金砖国家合作的大框架下,作为人类多元文明的重要代表,金砖各国对于加强文明交流互鉴,推动文化交流与合作,夯实金砖合作民意基础,有着基本的共识和共同的愿望。时任中国文化部长雒树刚表示,在本届会议上,五国商议制订了《落实〈金砖国家政府间文化合作协定〉行动计划(2017—2021年)》,共同谋划金砖国家未来五年在文化领域的合作大计,推动金砖国家文化交流与互动更上一层楼。具体而言,《行动计划》涉及文化艺术、文化遗产、文化产业、图书、媒体、出版、档案、人才培训等多领域,重点在于推动金砖国家艺术团体、机构及行业组织之间建立战略合作伙伴关系,促进金砖国家文化艺术创新发展;推动在金砖国家间开展文物进出境查验等方面的务实合作;发展文化产业,在表演艺术、视觉艺术、动漫与游戏、新媒体、文化创意产品开发、创意设计、数字内容制作等文化产业和文化贸易领域开展合作。

(3) 中国—东盟(10+1)文化部长会晤

根据温家宝总理于2011年出席第14届东亚领导人系列会议提出的有关倡议,以及中国与东盟各国文化部长于2011年在重庆会晤达成的共识,首届中国—东盟(10+1)文化部长会晤于2012年5月在新加坡举行。此次中国—东盟(10+1)文化部长会晤确定了中国—东盟文化部长会议机制的建立,成为双方之间第12个部长级会议机制。会上,时任中国文化部长蔡武与东盟各国文化部长或其代表围绕中国—东盟(10+1)文化部长会议机制的架构、进一步深化中国—东盟(10+1)文化务实合作及重点合作领域、着手制定"中国—东盟(10+1)文化合作行动计划"等议题进行了深入探讨,达成了广泛共识,并议定中国—东盟(10+1)文化部长会晤与现行的东盟—中日韩(10+3)文化部长会议并行举办。在随后举行的第五届东盟—中日韩(10+3)文化部长会议上,与会各方在充分交换意见的基础上审议通过了由东盟秘书处提交的《提升东盟—中日韩(10+3)文化合作工作计划》。

2014年4月,第二次中国—东盟(10+1)文化部长会晤在越南举办。作为2014中国—东盟文化交流年框架内的重要项目之一,在此次会议上,时任文化部长蔡武与东盟各国文化部长或其代表围绕中国—东盟(10+1)文化合作所面临的机遇与挑战,进一步深化中国—东盟(10+1)文化务实合作,办好2014中国—东盟文化交流年活动,共同建设21世纪海上丝绸之路等议题进行了深入探讨,达成了广泛共识。与会各方在充分交换意见的基础上,讨论通过了《中国—东盟文化合作行动计划(2014—2018)》,成为双方开展文化对话与合作的指导文件。在第六次东盟—中日韩(10+3)文化部长会议上,各方就在"10+3"范围内举办"东亚文化之都"活动,推动专业领域机制建设、文化产业、公共文化服务、人力资源开发等问题进行了热烈讨论,一致同意进一步深化"10+3"文化交流与合作内涵,为维护本地区和平、稳定与发展做出更大贡献。

2016年8月,第三次中国—东盟(10+1)文化部长会晤及第七次东盟—中日韩(10+3)文化部长会议在文莱召开。会议围绕深化区域文化合作等议题进行了深入探讨。中国文化部副部长丁伟与东盟各国文化部长或其代表围绕共同落实好中国—东盟文化合作五年行动计划,共同建设好中国—东盟文化论坛,共同打造示范品牌,深化区域文化合作等议题进行了深入探讨,达成了广泛共识。在第七次东盟—中日韩(10+3)文化部长会议上,与会各方就鼓励和支持"东亚文化之都"和"东盟文化城市"间的交流互动,深入开展"10+3"文化人力资源开发与合作,加强"10+3"专业领域务实合作等议题进行了热烈讨论,一致同意进一步深化"10+3"文化交流与合作内涵,为维护本地区和平、稳定与发展做出更大贡献。

(4)中国—中东欧国家文化合作论坛

中国—中东欧国家文化合作论坛由中方倡议发起,每两年一次。2013年首届论坛在北京举行;第二届论坛由保加利亚文化部主办,系论坛首次落地中东欧国家;第三届论坛于2017年9月在杭州举行。

首届中国—中东欧国家文化合作论坛于2013年5月在北京举行,来自阿尔巴尼亚、保加利亚、克罗地亚、捷克、匈牙利、波兰、罗马尼亚、塞尔维亚、斯洛伐克等16国的代表团出席论坛。本届论坛主题为"深化务实合作,共创美好明天"。时任中国文化部长蔡武做主旨发言,就发展中国与各国文化关系提出建议:中国与各国国家文化关系的发展应以相互尊重、平等协商为前提,以交流互鉴、共同发展为目标;加强相互对话,促进思想交流,扩大彼此共识,共同倡导不同文化之间的平等对话,促进各民族文化的多样性发展和共同繁荣;在政府主导下充分发挥社会、企业、民间力量的优势,推动各自的文化机构、专业组织和国际艺术节之间建立直接联系、开展交流与合作;加强各文化机构在文化管理、公共文化服务、文化科技、文化产业和文化遗产保护等方面的交流与合作;加强青少年之间的文化交流,支持鼓励其参加在对方国家举办的各类文化交流活动和艺术节。论坛通过了《中国—中东欧国家文化合作行动指南》。

2015年11月,第二届中国—中东欧国家文化合作论坛在保加利亚首都索非亚举行。时任中国文化部长雒树刚率中国政府文化代表团出席论坛。雒树刚在发言中回顾了近年来中国与中东欧国家文化交流的成就,高度评价了各方的积极努力,客观分析了面临的机遇和挑战,并就未来合作提出了建议。论坛通过了《中国—中东欧国家2016—2017年文化合作索非亚宣言》。

在中华人民共和国成立后,中国与中东欧的部分国家因同处于社会主义阵营而率先建交,并逐步展开多方面的深层次交流。近年来,中国与中东欧国家更是建立"16+1"平台,签署《布加勒斯特纲要》和《贝尔格莱德纲要》。在《布加勒斯特纲要》中,中国就提出向中东欧国家提供5 000个提供奖学金的交换生名额和每年200万元研究基金。《贝尔格莱德纲要》中提出了具体的深化人文交流的措施,如支持双方在艺术方面搭建全方位合作的平台,切实合作;定期召开国家高级别智库研讨会;支持双方互译出版文学作品的合作项目。从文化交流看,中国与中东欧国家开展文化交流主要依托的载体是孔子学院和文化合作论坛。文化合作论坛未来可以成为城市间文化交流与合作平台。

(5) 中阿文化部长论坛

2014年是中阿友好年,恰逢中阿合作论坛成立10周年,是中央提出"一带一路"倡议构想的开局之年。2014年9月,作为第三届阿拉伯艺术节的重要组成部分和中阿合作论坛框架下丝绸之路文化论坛系列活动之一,时任中国文化部长蔡武和19个阿拉伯国家的政府文化代表团团长以及阿拉伯联盟代表聚首中国国家博物馆,召开了中阿文化部长论坛,会议着重就进一步扩大中阿文化交流与合作,在文化领域共建"一带一路",增进中阿民心相通等方面达成了共识,通过了《中阿文化部长论坛北京宣言》,并见证了中国和约旦等5个国家文化合作协定新年度执行计划的签署。此次中阿文化部长论坛是中阿合作论坛框架下丝绸之路系列文化论坛的重要活动之一。时任文化部长蔡武积极评价近年来中阿文化交流的稳定发展,赞赏中阿合作论坛为中阿友好合作注入了新的动力。蔡武说,2013年,中国国家主席习近平提出共同建设"丝绸之路经济带"和"21世纪海上丝绸之路"的宏伟倡议,受到包括阿拉伯国家在内的世界多国的高度重视和支持。进入21世纪以来，中阿双方领导人更加重视中阿关系的发展，在双方的共同推动下，中国同阿拉伯国家在教育、体育、影视、新闻、图书、出版等领域进行着广泛的交流与合作。所有这些交流与合作，对于促进中阿文化事业的发展，增进中阿人民间的相互了解，巩固和发展中阿传统友谊，都发挥了不可替代的作用。蔡武强调，中国同阿拉伯国家因为丝绸之路相知相交，中阿各国是共建"一带一路"的天然合作伙伴。中阿合作共建"一带一路"，要充分发挥"文化先行"作用。文化交流与合作在"一带一路"建设中将起到不可替代的桥梁和引领作用。他指出，文化交流与合作不仅有助于推动不同文明的互鉴与发展，有助于夯实"一带一路"建设的民意基础，而且还有助于提升沿线国家的国际话语权和影响力。阿方部长赞赏论坛提出的务实合作倡议和中方为深化中阿文化合作、推动中阿文明对话所付出的努力，期待中阿进一步创新交流形式，拓宽合作内涵，推动中阿文化企业建立直接联系，搭建中阿合作的桥梁。

表2 官方协调的城市间文化交流合作平台

平　　台	主办城市	创立时间	举办频率
上海合作组织成员国文化部长会晤	轮流	2002	每年一次
金砖国家文化部长会议	轮流	2015	两年一次
中国—东盟(10+1)文化部长会晤	轮流	2012	两年一次
中国—中东欧国家文化合作论坛	轮流	2013	两年一次
中阿文化部长论坛	北京	2014	不定期

2. 社会协调平台

社会协调涵盖官方协调以外的所有多边协调平台，主要以各种"联盟"为形式。目前与"一带一路"倡议相关的社会协调文化交流合作平台大多由中国机构发起，邀约"一带一路"国家的城市和机构参与，在文化、教育、研究、影视等领域进行深度合作，共同为实现"一带一路"民心相通而努力；也包括中国国内以推动"一带一路"倡议为目标的社会组织。社会协调的特点在于三个方面：民间性，社会协调由非官方机构发起，参与机构也都是非官方组织；自愿性，社会协调的参与机构均是自愿参加相关联盟；非约束性，社会协调的原则在于加入与退出的自由，无论是联盟宣言还是联盟协议，对参与机构并无法律意义上的约束力。

(1) 丝绸之路国际剧院联盟

丝绸之路国际剧院联盟是经原文化部批准，由中国对外文化集团公司倡议发起的大型多边性国际化演艺产业平台。目前，该联盟已在全球拥有包括32个国家和地区以及两个国际组织在内的86家成员单位，有着丰富的国际演艺资源。2018年3月，丝绸之路国际剧院联盟总部落户仪式在北京天桥艺术大厦举行，文化和旅游部外联局副局长朱琦等共同见证了揭牌仪式。丝绸之路国际剧院联盟成立于2016年10月，创始成员包括中国、美国、英国、法国、俄罗斯等21个国家和地区以及两个国际组织的56家成员单位，共同签署了《丝绸之路国际剧院联盟北京宣言》，发表了共同发展的倡议。联盟以开放、包容、共商、共建、共享为行动纲领，把加强信息沟通与合作，推动优质文化资源互换、共享、合作开发作为努力方向，为文化创造与文化交流搭建了一个世界性舞台。丝绸之路国际剧院联盟作为多边性国际化演艺产业平台，其成员年演出场次超过3万场，年观众总量超过2 400万人次。其中既有英国伦敦南岸艺术中心、广州大剧院这样世界知名的艺术殿堂，也有匈牙利布达佩斯艺术宫、乌克兰国家大剧院、西班牙马德里皇家剧院这样的综合性文化艺术中心；既有俄罗斯圣彼得堡国家卡贝拉音乐厅、立陶宛国家话剧院这样的专业性剧院，也有法国国立剧院联盟、"一带一路"欧中文化旅游委员会等机构组织。联盟还纳入了一些正在发展中的剧院，并将与遍布全球的海外中国文化中心展开全面合作。丝绸之路国际剧院联盟将国内和丝路沿线国家剧院串联起来，形成一个信息交流、联合制作、共同展示的平台，通过演出内容产品的联合采购配送，从而解决博弈谈判、批量采购和资源共享的问题；通过信息和人才共享、共同制作演艺产品、引进先进的剧院管理经验、共享艺术创作生产的经验，让国内更多的院团、剧院、从业者有了直接与国际同行对话的渠道，从而实现对文化资源、渠道、观众的整合。①

丝绸之路国际剧院联盟成员均为各城市的主要剧院，因此，作为"一带一路"城市间文化交流与合作平台，丝绸之路国际剧院联盟将促进城市间剧院的往来与交流。

---

① http://www.xinhuanet.com/world/2016-10/21/c_1119765963.htm.

（2）丝绸之路国际图书馆联盟

丝绸之路国际图书馆联盟由中国国家图书馆牵头。2018年5月28日，由中国国家图书馆、中国图书馆学会、四川省委宣传部主办的丝绸之路国际图书馆联盟成立暨"阅读·城市·文化"学术研讨会在四川省图书馆举办，来自孟加拉国、白俄罗斯、文莱、保加利亚等24个国家和地区公共图书馆的代表在四川成都共同成立了丝绸之路国际图书馆联盟，会议通过了《丝绸之路国际图书馆联盟成都倡议》，发布了图书馆、书店融合发展联盟宣言，并签署了图书馆、书店融合协议。①

（3）丝绸之路国际博物馆联盟

2017年5月18日是第41个国际博物馆日，当天，由中国博物馆协会丝绸之路沿线博物馆专业委员会联合"国际丝路之绸研究联盟"和"丝绸之路国际博物馆友好联盟"共同发起的丝绸之路国际博物馆联盟成立仪式在首都博物馆举行。联盟的多位国际成员单位代表以及国际博物馆协会总干事皮特·凯勒出席签字仪式。联盟的成立旨在加强与"一带一路"沿线地区国家博物馆的合作，致力于探索与丝绸之路沿线国家开展信息共享、联合研究、专业人才交流、人才培养等工作，加强各博物馆与相关国际机构组织之间的合作。作为联盟成立后的首项重要学术研讨活动，"一带一路"国际博物馆合作学术研讨会同期召开。②

（4）丝绸之路国际美术馆联盟

丝绸之路国际美术馆联盟由中国美术馆牵头，致力于推动美术馆领域学术和人员交流，通过组织论坛、展览、研修等促进不同文化间的对话与合作，为"一带一路"沿线及更多国家的互信理解与民心相通做出努力。目前，中国美术馆已与新加坡国家美术馆、俄罗斯艺术科学院、白俄罗斯国家美术馆、俄罗斯圣彼得堡国立列宾美术学院等签署合作协议，建立了馆际展览、人员、学术交流机制，进一步巩固双边交流的优势成果。2014年起中国美术馆便着力推进与"一带一路"沿线国家美术领域的交往合作，目前馆藏来自相关国家美术作品800余件，包含俄罗斯、白俄罗斯、巴基斯坦、乌克兰、吉尔吉斯斯坦、埃

---

① http://www.xinhuanet.com/book/2018-05/28/c_129881862.htm.
② http://www.xinhuanet.com/silkroad/2018-11/25/c_1123764230.htm.

及、孟加拉国、伊朗等国的油画、版画、雕塑、陶艺、漆画等。①

(5) 丝绸之路国际艺术节联盟

丝绸之路国际艺术节联盟于2017年10月20日在第十九届中国上海国际艺术节成立,共有32个国家和地区的124个艺术节和机构加入了联盟。这是中国首倡的"一带一路"建设在推进民心相通、人文合作方面的一个重大收获,是有史以来第一个由几十个丝绸之路相关国家和地区的艺术节共同成立的国际艺术节联盟,也体现了上海在建设卓越的全球城市进程中,推动国际文化艺术交流与合作所发挥的动力引擎和核心枢纽作用。丝绸之路国际艺术节联盟是在"和平合作、开放包容、互学互鉴、互利共赢"的"一带一路"核心思想指导下建立的人文合作项目,具有更加清晰的目标和前进方向,对于"一带一路"国际文化交流发展而言意义重大。"丝绸之路国际艺术节联盟"的成立还标志着连接并务实推动"一带一路"沿线国家及更大范围的国际文化交流与合作机制的诞生,这一机制通过艺术纽带,促进实现沿线各国在艺术领域多元、自主、平衡、可持续的发展,紧紧把握"一带一路"国家和地区艺术节的多样性,遵循艺术节发展规律,孕育更多文化创新资源,也为更多的政府部门、艺术机构、投资伙伴等参与"一带一路"国际艺术节合作,开展文化惠民提供更多机会和空间。②

(6) 丝绸之路国际演艺联盟

2016年9月,在第三届丝绸之路国际艺术节隆重开幕之际,丝绸之路国际演艺联盟在西安成立。为全面配合国家推进"一带一路"建设的发展倡议,在中国演出行业协会倡议下,由30多家在开展中东欧国家文化艺术交流中做出突出贡献的演艺单位和相关团体共同发起,组建成立丝绸之路国际演艺联盟。丝绸之路国际演艺联盟是一个由国内有代表性的演艺机构发起、从事国内和国际演艺文化交流与合作的协作组织,它的成立为我国演艺行业开展境内外交流与合作开辟了广阔的新天地,也为推动我国优秀的演艺作品"走出去"搭建了新的舞台。联盟将紧紧抓住、积极利用丝绸之路国际艺术节等相关文化艺术的重要资源,与国际演艺机构、文化艺术社会团体,以及众多的中

---

① https://www.sohu.com/a/237505235_251478.

② http://www.shanghai.gov.cn/nw2/nw2314/nw2315/nw17239/nw18222/u21aw1263299.html.

外艺术家、专家学者、评论家和知名媒体等建立战略合作关系。同时,联盟将积极组织境内演艺机构开展对外艺术交流活动,推动演艺文化产品"走出去",开拓国际市场,打造国际文化品牌。发挥平台效应,利用联盟成员的市场容量,提高话语权和议价能力,引进"一带一路"沿线国家优秀演艺项目,降低运营成本,活跃境内演出市场。建立信息收集、分析和共享平台,组织进行国内外演艺市场调查,委托专业机构制作市场研究报告,为政府部门的决策工作和联盟成员的经营活动提供参考。适应演艺行业转型升级的需求,开展跨行业的融合发展,促进市场与艺术、资本与产业的结合,打通全产业链,打造项目合作开发平台。丝绸之路国际演艺联盟成立大会还同期举办各大演艺联盟合作对话与项目交流活动,举行丝绸之路国际演艺联盟与丝绸之路国际艺术节签约仪式,并安排丝绸之路国际演艺联盟专场演出等。①

（7）"一带一路"智库合作联盟

2015年4月,为了配合"一带一路"倡议,由当代世界研究中心联合国内50多家智库和研究机构成立了"一带一路"智库合作联盟理事会,讨论通过了《"一带一路"智库合作联盟章程》,并发表了《"一带一路"智库合作联盟成立宣言》。智库合作联盟旨在为各研究机构搭建信息共享、资源共享、成果共享的交流平台,提高"一带一路"研究水平,同时具有解读政策、咨政建言、推动交流的高端智库功能。联盟旨在凝聚国内外各方力量,围绕"一带一路"建设开展政策性、前瞻性研究,为中国及沿线国家政府建言献策,增进国家间政策沟通,推动各方将共商、共建、共享原则落到实处。同时,智库合作联盟致力于以智库交往带动人文交流,通过中外智库共同发布联合研究报告等方式,增进"一带一路"沿线民众对倡议的准确理解,增进民众之间的友好感情,为"一带一路"建设营造良好的舆论氛围,打造坚实的社会民意基础。智库合作联盟对"一带一路"沿线国家和域外国家所有智库开放,以更好地传承和弘扬"和平合作、开放包容、互学互鉴、互利共赢"的丝路精神,推动亚欧非互利合作不断迈上新台阶。不仅强调对内要加强交流、沟通、协作,对外更要加强与国际智库的交流,为"一带一路"倡议在沿线国家的顺利开展发挥智库作用。②

---

① http://www.xinhuanet.com/ent/2016-09/09/c_1119535831.htm.
② https://www.sohu.com/a/60434667_114891.

(8)"一带一路"沿线城市智库联盟

"一带一路"沿线城市智库联盟由天津、青岛、宁波、厦门、宝鸡、连云港等6个城市社联发起,全国32个支点城市社联携手共建。该联盟以弘扬开放合作精神,服务"一带一路"建设为宗旨,围绕"一带一路"建设开展倡议解读、战略研判、政策分析、项目评估等工作,服务沿线城市政府及国家有关部委决策,为地区繁荣发展贡献智慧。①

(9)"一带一路"高校战略联盟

2015年10月,兰州大学、复旦大学、俄罗斯乌拉尔国立经济大学、韩国釜庆大学等8个国家的47所"一带一路"沿线国家和地区高校在甘肃敦煌联合发布《敦煌共识》,决定成立"一带一路"高校战略联盟。联盟是由"一带一路"沿线国家和地区有合作意向并愿意加盟的大学以及域外有意愿的大学组建的非法人团体,以"构建'一带一路'高等教育共同体,推进沿线区域开放发展"为主题,推动"一带一路"沿线国家和地区大学之间在教育、科技、文化等领域的全面交流与合作。联盟将为"一带一路"沿线国家和地区大学搭建教育信息共享、学术资源共享交流合作平台,探索跨国培养与跨境流动的人才培养新机制。联盟成员将推进协同创新,加强联盟高校间科研机构及科研人员的交流与合作,共同申报国际科研合作项目,联合开展科学研究,并将探索开展多边、双边联合境外办学。②

(10)丝绸之路大学联盟

2015年5月,由西安交通大学发起,20多个国家和地区近百所高校积极响应的新丝绸之路大学联盟(后改称丝绸之路大学联盟,以下简称联盟)正式成立,与会各方联合发布《西安宣言》,推动了"丝绸之路经济带"沿线高校和学术机构在教育、科技、人文领域的交流与合作。丝绸之路大学联盟是海内外大学结成的非政府、非营利性的开放性、国际化高等教育合作平台。联盟以弘扬"和平合作、开放包容、互学互鉴、互利共赢"的丝绸之路精神为宗旨,以首倡"丝绸之路学术带"为内涵,推动"丝绸之路经济带"参与国家和地区大学之间在校际交流、人才培养、科研合作、文化沟通、政策研究、医疗服务等方

---

① http://www.xinhuanet.com/politics/2016-07/27/c_129180748.htm.
② http://www.gov.cn/xinwen/2015-10/17/content_2948662.htm.

面的交流合作,增进各国人民之间的了解和友谊,培养具有国际视野的高素质、复合型人才。联盟成立以来,西安交通大学已与35个国家和地区的135所学校签署各类合作协议,广泛搭建合作平台,并向盟校提供了100个丝绸之路奖学金名额,推动人才培养。在建设进展方面,联盟不断搭建合作平台,开展人文交流,积极参与中阿、中日、中韩等校长论坛,扩大联盟影响力。同时,联盟还设立了法学院、管理学院、法医及先进制造等4个子联盟,建立丝绸之路经济带协同创新中心、欧亚经济论坛研究院、"一带一路"自贸区研究院,不断深化丝绸之路大学联盟服务"一带一路"的能力。丝绸之路大学联盟可以推动西安与"一带一路"城市间的教育交流以及文化交流。①

(11) 丝路电视国际合作共同体

为了更好地服务"一带一路"倡议,由中央电视台、中国国际电视总公司联合亚欧非多国媒体共同发起的丝路电视国际合作共同体于2016年8月正式成立。来自全球五大洲50个国家和地区的78家媒体机构、400多名海内外嘉宾齐聚北京,共同出席见证。这是首个以丝路为纽带、面向全媒体的国际影视媒体联盟,翻开了"一带一路"媒体合作的新篇章,将有效促进丝路沿线国家媒体融合与文化交流,提升国际影响力,推动电视国际传播迈向新阶段。②

(12) "一带一路"公共图书馆地区联盟

2016年12月,正值深圳海洋文化论坛十周年,深圳市盐田区图书馆、金陵图书馆、浦东图书馆、杭州市图书馆、宁波市图书馆、合肥市图书馆、扬州市图书馆、镇江市图书馆、连云港市图书馆、铜陵市图书馆、舟山市图书馆等十余家图书馆,现场签署了"一带一路"公共图书馆地区联盟倡议,结成长期、全面的共建伙伴关系,促进公共图书馆间"一带一路"文献的互联互通。联盟发表了《"一带一路"公共图书馆地区联盟倡议》,提出:"一带一路"不仅是经济的交流,更是文化的传承与共融。公共图书馆,作为文化系统中人类文化遗产的保存者、各方信息资源的汇集者和社会科普教育的参与者,理应在其中发挥先锋作用。"一带一路"公共图书馆地区联盟成立后,各成员图书馆将协

---

① http://www.xjtu.edu.cn/gjjl/sczldxlm.htm.
② http://news.cctv.com/special/sldsgjhzgtt/index.shtml.

力组建创新联动的平台载体,实现"一带一路"文献资源的聚集和整合,将各馆现馆藏的"一带一路"文献资源及成果进行整理汇总,形成联合目录,共同致力于将"一带一路"文献资源转化为文化资源,向公众提供"一带一路"的文化服务与推广。联盟将聚合各成员图书馆的资源特色和优势,就"一带一路"文献研究及成果传播建设跨单位、跨地域的研究团队,推动"一带一路"文化发展和创新。组建相对专业的工作研究队伍,交流培训专门的文献资源服务人才,深入探索所在地域的"一带一路"文化遗产特色。各成员图书馆将合作举办"一带一路"区域性、全国性和国际性的研讨会、专题论坛和惠及群众的文化、艺术活动,在"全民阅读"中引领"一带一路"文化建设,共同建立文献研究与展示、文化引领与宣传的大合作圈,不定期地以联盟成员馆为基地,进行多边合作下"一带一路"专题的区域性、全国性乃至国际文化普及和交流活动。联盟以城市为合作基础,是推动相关城市服务于"一带一路"文化交流与合作的良好平台。①

(13) 丝绸之路国际博物馆友好联盟

2016年10月,丝绸之路国际博物馆友好联盟在陕西西安成立。来自丝绸之路沿线多个国家的59家博物馆(国内41家,国外18家)出席成立大会。丝绸之路国际博物馆友好联盟在丝绸之路国际总商会的倡议下,由西安大唐西市博物馆、法门寺博物馆等共同发起,并得到数十家国内外博物馆的积极响应,是自愿组成的联谊性、非营利性、国际性的社会团体。联盟以"促进丝绸之路经济带各国文化交流,推动各国社会经济发展,实现各民族友好和平、繁荣昌盛"为宗旨,将在丝绸之路经济带文化遗产的保护与传播、文物资源整合、展览活动策划、科研项目协作、社会教育提升、文化产业发展等方面加强务实合作,从而推进丝绸之路经济带沿线博物馆的共同发展。②

(14) "一带一路"城市旅游联盟

2015年10月,中国30多个"一带一路"沿线城市在开封联合组建"一带一路"城市旅游联盟。该联盟由河南省旅游局和开封市政府发起,来自陕西、新疆、甘肃、青海、宁夏、内蒙古、江苏、浙江、福建、山东、湖北、广东、广西、海

---

① https://www.sohu.com/a/120339211_148974.
② http://www.chinanews.com/cul/2016/09-07/7997326.shtml.

南、云南、四川、吉林、黑龙江等 30 余个"一带一路"沿线城市参与其中。该联盟旨在于旅游发展、节庆活动、旅游品牌培育、旅游市场开发、旅游客源互送、媒体宣传和国际交流等方面开展合作,将全方位推动"一带一路"沿线城市经济社会发展和文化旅游交流。联盟通过了《"一带一路"城市旅游联盟章程》和《"一带一路"城市旅游联盟开封宣言》。①

(15) 丝绸之路旅游推广联盟

2015 年 6 月,12 个"一带一路"沿线省(区、市)旅游局和新疆生产建设兵团旅游局共同发起的丝绸之路旅游推广联盟在甘肃宣告成立。丝绸之路旅游推广联盟由甘肃省旅游局牵头成立,联盟以"合作、联动、交流、发展"为宗旨,以"美丽中国·传奇丝路"为主题,在联盟成员之间的区域联动与合作的基础上共同开拓境内外旅游市场,携手做亮做强丝绸之路旅游品牌。联盟的成立,标志着合作各方将进一步深化互利共赢的合作关系,加强与丝绸之路沿线国家和地区的产业合作与经贸合作。②

此外,国家艺术基金和上海文化发展基金也资助了一些与"一带一路"相关的文化交流活动和平台,比如,设立在上海的国家对外文化交流研究基地主办的"丝绸之路文化行"系列文化交流活动。2016 年 4 月,在西班牙马德里举办了"丝绸之路文化行——中国首届玉文化世界巡展暨高峰论坛";2017 年 3 月和 11 月,分别在马耳他瓦莱塔、斯里兰卡科伦坡和泰国曼谷举办了"丝绸之路文化行——'爱的密码'中国当代女性艺术世界巡展暨学术论坛"系列活动。

表 3　社会协调的城市间文化交流合作平台

城市	平台	创立时间	牵头机构
北京	丝绸之路国际剧院联盟	2016	中国对外文化集团公司
北京	丝绸之路国际图书馆联盟	2018	中国国家图书馆等
北京	丝绸之路国际博物馆联盟	2017	中国博物馆协会丝绸之路沿线博物馆专业委员会
北京	丝绸之路国际美术馆联盟	2014	中国美术馆

① https://www.sohu.com/a/36250530_162698.
② http://www.xinhuanet.com/politics/2015-06/17/c_127927048.htm.

续表

城市	平台	创立时间	牵头机构
上海	丝绸之路国际艺术节联盟	2017	上海国际艺术节
西安	丝绸之路国际演艺联盟	2016	中国演出行业协会
北京	"一带一路"智库合作联盟	2015	当代世界研究中心等
连云港	"一带一路"沿线城市智库联盟	2016	连云港市社会科学联合会等
敦煌	"一带一路"高校战略联盟	2015	兰州大学等
西安	丝绸之路大学联盟	2015	西安交通大学
北京	丝路电视国际合作共同体	2016	中央电视台等
深圳	"一带一路"公共图书馆地区联盟	2016	深圳市盐田区图书馆等
西安	丝绸之路国际博物馆友好联盟	2016	西安大唐西市博物馆等
开封	"一带一路"城市旅游联盟	2015	河南省旅游局等
嘉峪关	丝绸之路旅游推广联盟	2015	甘肃省旅游局等

(四) 互联网平台

文化部前部长蔡武提出,注重利用网络平台和新媒体手段,通过音乐、演出、动漫、网游等文化产品,传承古丝绸之路精神,提升中华文化影响力。①而互联网技术的迅猛发展与人类对互联网的依赖为我们建立网络平台提供了充分而必要的支撑。互联网平台就是借助于信息技术搭建的文化数据库、文化交流平台和网上丝绸之路,是运用互联网、大数据、云计算等新技术,以实现"一带一路"沿线国家与城市文化信息共享、文化产品统筹推广。

目前已经运营的"一带一路"互联网平台主要有:

1. 中国"一带一路网"

2017年3月21日,经过精心筹备,国家"一带一路"官网——中国"一带一路网"(www.yidaiyilu.gov.cn)正式上线运行,网站微博、微信同步开通。中国"一带一路网"以推进"一带一路"建设工作领导小组办公室为指导单位,由国家信息中心主办。中国"一带一路网"以传递信息、沟通文明、合作共赢为宗旨,及时回应国内外重大关切,科学准确阐释"一带一路"核心理念,权威发布解读国内外有关"一带一路"的政策法规,全面客观介绍"一带一路"建设的

---

① 蔡武:《坚持文化先行,建设"一带一路"》,《求是》2014年第9期。

新进展、新成果,为沿线各国企业、社团组织和公民积极参与"一带一路"建设提供信息服务和互动交流的平台。中国"一带一路网"开通初期,设置《海外要闻》《国内要闻》《政策环境》《五通发展》《基础数据》《企业风采》《共话丝路》等主要信息类栏目,同时开设《"一带一路"基础数据库》《政策库》《项目库》《企业库》《人才库》等服务类栏目。开通初期上线运行中、英两个语言版本,2017年实现中、英、俄、法、阿拉伯、西班牙等多种语言版本运行,并覆盖全球大部分地区。中国"一带一路网"已建立国内30多个国家机关部委和机构、各省(区、市)、多个沿线合作国家的信息联络机制,提供PC、手机等多终端访问入口。

2. 国家信息中心"一带一路"大数据中心

为积极配合国家"一带一路"倡议,加快推进大数据发展和应用,探索形成面向决策部门和社会需求的"一带一路"信息服务长效机制,2015年12月8日,国家信息中心、克拉玛依市、亿赞普集团共同发起成立国家信息中心"一带一路"大数据中心。大数据中心积极采用新思路、新技术、新机制,以"一带一路"大数据开发应用为重点,以支撑领导决策和服务企业及社会需求为导向,以广泛深度归集全球"一带一路"相关信息并建设综合数据库为基础,以打造若干专业化、开放性、机制化大数据合作平台为抓手,以"一带一路"大数据综合服务门户为载体,为"一带一路"沿线国家和地区提供多元化、个性化、可视化的大数据产品和服务,大幅提升"一带一路"大数据决策支持能力和社会综合服务水平。网址为http://www.bigdataobor.com。

3. 丝路信息网

2017年5月,由上海社会科学院与中国国际经济交流中心合作共建的"丝路信息网"正式上线。作为"一带一路"大数据库,"丝路信息网"广泛建立信息站点,使数据范围涵盖至"一带一路"沿线65个国家及相关国家和诸多节点城市,为"一带一路"建设提供有力数据支撑。"丝路信息网"主要包含电子文献、数据分析以及成果发布三大功能。电子文献功能主要指汇集和提供"一带一路"沿线各国及主要城市的各类文献资料,包括国情、市情、论文、著作、研究报告、评论报道等电子文献。数据分析功能则为建立分类统计数据库,对"一带一路"沿线国家的产业、投资、贸易、金融、园区等进行数据分析,形成动态分析报告,为政府、企业、智库等机构提供形势判断和决策咨询服务。成果发布功能则主要发布国内外智库、企业关于"一带一路"及沿线国家发展与合作的各类研究成果。丝路信息网还广泛建立信息站点,建成动态数据库和专题数据库两大系列,使数据范围涵盖至"一带一路"沿线65个国家及相关国家和诸多节点城市,并提供分类汇集、内容搜索、数据分析、信息推送等网络信息服务,为"一带一路"建设的深入研究和推进提供有力数据支撑。

4."一带一路"专题数据库

2015年6月,社会科学文献出版社数字资源运营中心打造的"一带一路"专题数据库上线运行。该专题库包含"一带一路"相关研究文献万余篇,图片图表8 000余个,后续将每天进行更新,文献规模处于不断扩大中。"一带一路"专题库设置四大学术内容模块:战略研究、实践探索、投资指南与丝路史话。战略研究汇集了全面解读"一带一路"倡议的权威研究报告;实践探索记录国内外建设"一带一路"的相关实践研究;投资指南全方位、多层次地梳理"一带一路"倡议涉及的国内外地区及国家投资背景、经济发展状况、投资政策及基本情况,为相关学术研究、制定投资规划提供有力支持;丝路史话则用文字重现了古代丝绸之路的历史地理风貌。除丰富的学术资源外,在展现形式上,专题库还采用滑动地图直达资源、图解知识点、丝路数据可视化、时间轴展现大事记等直观方式全方位、多角度展示丝路丰富资源,在方便用户检索与使用的同时大大提高使用的趣味性。该专题库是社会科学文献出版社针对"一带一路"倡议研究推出的第一个数字出版产品,以期为广大专家学者"一带一路"倡议研究提供全面的学术资源服务。

5."一带一路"经济社会发展数据库

2015年10月,"一带一路"经济社会发展数据库发布,该数据库涵盖"一带一路"沿线65个国家的经济、社会、贸易、资源、环境、基础设施、投资环境等信息,为中国企业了解"一带一路"沿线国家的基本国情和投资环境等提供智力支持。该数据库由民间智库"一带一路"研究院发布,旨在为当前国内高校、智库、研究单位对"一带一路"的相关研究提供基础数据,为中国企业的"走出去"提供切实的指导。

6.银川跨境贸易电子商务平台

2014年9月,银川跨境贸易电子商务平台上线运行。该平台对接迪拜的杰贝阿里自贸区,以互联网经济为突破,扩大向西开放和中阿经贸合作,打造中国连接阿拉伯国家的网上丝绸之路。银川市作为跨境贸易电子商务平台所在地，积极打造中国面向阿拉伯国家和阿拉伯国家面向中国的商品集散和分拨中心。

此外，还有一些正在酝酿和筹建的互联网平台，比如，2016年7月，国家对外文化交流研究基地在上海与澳大利亚西澳州政府文化艺术部签署了合作谅解备忘录，在备忘录中，就合作开发网络文化评估的数据平台表达了意向。

总之，"一带一路"城市间文化交流与合作平台从其层级结构和功能发挥而言，呈现出以下特点：

首先，高层战略引领。"一带一路"高峰论坛以及包括金砖国家文化部长会议、上海合作组织成员国文化部长会晤等在内的各种文化部长会议属于"一带一路"文化交流与合作平台网络中的高级别平台，引领着"一带一路"文化交流与合作的方向。尤其是文化部长论坛与文化部长会议，作为各国文化主管部门之间的交流互动，在相关各国城市轮流召开，对于"一带一路"城市间交流与合作可以起到直接的促进作用。

其次，涵盖城市广泛。无论是中国主导、部省合作的文化节庆、文化展会，或是海外中国文化中心，还是各类联盟组织，大多设立在"一带一路"沿线城市，涵盖了中国泉州、西安、乌鲁木齐、银川、敦煌、厦门、成都、深圳、上海、天津、青岛、宁波、厦门、宝鸡、南宁、杭州等城市，以及已经设有海外中国文化中心的30多个外国城市和其他中东欧、阿拉伯和南亚城市，为未来各城市发挥平台的主体作用打下了良好基础。

第三，平台功能多元。展会是上述所有文化交流合作平台中唯一具有贸易功能的，虽然文化产品目前只是"一带一路"展会所交易的商品中极为有限的一类，但却是文化贸易不可或缺的窗口，有望成为"一带一路"城市间文化企业和文化产品交流的重要平台。

第四，线上线下互动。与"一带一路"倡议相关的互联网平台的建设是未来构成"一带一路"文化交流与合作实体平台与虚拟平台互动的基础。虽然目前已经建立的"一带一路"互联网平台中文化交流主题的内容，以及以城市为单位的文化数据都十分缺乏，但因为互联网平台是所有上述平台中信息量最大、交流和合作功能最强大的平台,所以,随着城市文化数据库的完善,互联网平台有望未来在"一带一路"城市间文化交流与合作中发挥重要的平台作用。

二、"一带一路"城市间文化交流合作平台网络存在的问题

经过对"一带一路"文化交流与合作平台的梳理,可以发现目前各平台在结构上已经具备了形成多层次、多维度、多功能的平台网络基础条件,但由于"一带一路"倡议提出至今只有几年时间,很多文化交流与合作平台尚处于初创期或建设期,因此,在对平台现状进行研究之后,我们发现了不少问题。

(一)由于快速推进,一些平台在管理体制和运行机制方面尚待进一步完善

以海外中国文化中心建设为例,按照《海外中国文化中心发展规划(2012—2020年)》的安排,中国将优先在缅甸、马来西亚、印度尼西亚、越南、匈牙利、罗马尼亚、保加利亚、哈萨克斯坦、白俄罗斯、塞尔维亚、拉脱维亚、土库曼斯坦、以色列等"一带一路"沿线国家设立中国文化中心。但从目前中国文化中心的管理体制到人员派遣,从协调机制到内容供给机制,都难以满足中国文化中心快速推进的要求。从中国文化中心管理体制来看,目前,中国文化中心归属文化部外联局文化中心处领导,不仅管理者级别较低,而且随着中国文化中心以及省部共建的文化中心数量的增多,文化中心处除了保持对各中国文化中心的业务指导之外,还需要与中国文化中心驻在国使领馆文化处(组)沟通联系,同时也必须与省部共建中国文化中心的省市文化管理部门进行协调,常常力不从心。另外,从人员稳定性来看,由于省部共建中国文化中心,由地方派遣的中心主任不享受外交官待遇,须按照当地有关外国人务工的法律申请合法工作身份,申请过程烦琐、耗时长,再加上中心主任轮换制,不利于中心工作持续稳定开展。

(二)"一带一路"沿线国家历史文化不同,宗教信仰各异,政治体制多样,地缘政治复杂,从而对文化交流平台如何在不同文化环境下更精准进行文化传播、更有效进行文化交流构成极大挑战

以孔子学院为例,目前我国孔子学院在管理和教材、培训等方面都难以

满足"一带一路"倡议对文化交流提出的更高要求。比如,缺乏具有针对性的教材。虽然有《长城汉语》和《当代中文》等一系列汉语教材,但针对的主要是西方特别是英语国家的汉语学习者,在人名、地名以及宗教文化方面并没有考虑到伊斯兰国家学生特殊的文化背景与宗教禁忌。在人员培训方面使用的也都是通用课程,没有考虑到"一带一路"沿线国家在民族、宗教、文化等方面的特殊性和复杂性。

(三)目前"一带一路"文化交流合作平台以国家层面以及省一级层面为主,非省会城市的平台较少,且处于一种散乱状态,缺乏总体布局和规划

各个平台各自为政,相互之间缺乏沟通与联络,迫切需要尽快形成一个平台间有效合作互动的网络机制。

(四)语言人才的储备不足是"一带一路"文化交流合作平台面临的最大挑战之一

"一带一路"成员国使用的语言比较多元化,"一带一路"沿线国家中,除了汉语和英语之外,有包括阿拉伯语在内的50多种官方语言,这就为"一带一路"相关合作,特别是城市间文化交流与合作带来巨大挑战。丝绸之路大学联盟秘书长杨笑即表示,由于语言问题的存在,同时成员国内部经济发展差异较大,这使得丝绸之路大学联盟当前合作只能停留在5个月以内的短期培训和文化体验上,很难实现长期的文化交流。①

(五)文化产业和文化贸易功能性平台较为匮乏

文化产业可以为"一带一路"政治、经济、社会发展发挥重要作用,"面向'一带一路'国际文化市场的文化产业发展格局初步形成"②是《文化部"一带一路"文化发展行动计划(2016—2020年)》明确指出的发展目标。虽然一些以"一带一路"为主题的展会搭建了文化产品的贸易平台,上海等城市的外向型文化企业也正在积极开拓海外市场,但目前"一带一路"沿线城市文化产业和文化贸易功能性服务平台仍然较为匮乏。

(六)城市文化方面的数据库和互联网平台亟须构建

现有与"一带一路"相关的互联网数据库平台大多是国家层面的数据,不仅

---

① http://edu.people.com.cn/n1/2017/0726/c1053-29430585.html.
② 《文化部"一带一路"文化发展行动计划(2016—2020年)》,http://www.mcprc.gov.cn/whzx/whyw/201701/t20170105_474996.html。

以城市为单位的文化数据较为匮乏,即便是国家文化数据也有待丰富和完善。

三、"一带一路"城市间文化交流合作平台网络的政策建议

针对相关问题,我们在此提出的具有可操作性的政策建议如下:

(一)"一带一路"高峰论坛可以在北京以外的其他城市设立分论坛

鉴于"一带一路"高峰论坛的巨大影响力,为了更好地推动"一带一路"倡议,发挥中国其他城市的主观能动性,建议在北京以外,选择几个城市设立分论坛。

(二)由文化和旅游部牵头设立"丝路文化之都"评选平台

希腊教育部原部长季亚曼托普鲁等于2014年即提议设立"丝路文化之都"项目,每年由一个沿线国家组织文化活动,涵盖文化、科技、展览及经济合作,并进行定期评估,用标准化方式推行,市场化运作,建立人文交流长效机制。[①]可以就此吸收"欧洲文化之都"以及中国参与的"东亚文化之都"评选的经验,设立"丝路文化之都"评选平台,增进中国城市与"一带一路"城市间的互动,推动"一带一路"城市之间的文化交流与合作。

(三)借助于文化和旅游部成立的契机,建立"一带一路"旅游交流合作平台,开发"一带一路"主题旅游项目,实现文化、旅游、商务的同步发展

旅游是"一带一路"建设的重要组成部分,习近平总书记指出:"应该发展丝绸之路特色旅游,让旅游合作和互联互通建设相互促进。"为此,需要加强国际旅游合作,通过旅游增进彼此了解。具体而言,应设立"一带一路"旅游交流合作平台,开展"一带一路"沿线国家旅游宣传推广合作,推动沿线国家互为重要旅游客源国,特别是要发挥中国出境旅游快速增长对沿线国家旅游业发展的带动作用,开发开放沿边旅游。

(四)由文化和旅游部牵头,建立"一带一路"文化交流合作平台网络的线上共享平台和线下协调平台

首先,借助于线上平台,加强线下平台间信息交流,互通有无。目前已有

---

① 蒋希蘅、程国强:《国内外专家关于"一路一带"建设的看法和建议综述》,《中国外资》2014年第10期。

的诸多与"一带一路"相关的线下平台相互之间缺乏联系,各自信息也没有交流,存在巨大的信息盲区。文化和旅游部可以牵头设立"一带一路"文化交流合作平台网站,各线下平台作为成员,将各自信息通过互联网进行交流。其次,建议完善以城市为单位的文化数据库,更有效地服务于"一带一路"城市间的文化交流与合作。

(五)加快建设"一带一路"城市间文化产业平台,加强现有文化会展"一带一路"板块中的文化贸易功能,做到经济搭台,文化唱戏

目前文化会展比较注重文化艺术展示,对文化企业和文化产品"走出去"重视不足。今后应推动文化企业、文化产品对外交流,尤其是推动中国文化产品走向世界。同时,鼓励"一带一路"沿线城市的文化企业自主搭建更多服务于文化贸易和文化产业交流合作的平台。

(六)将乌鲁木齐打造成西域文化中心城市

乌鲁木齐地处中国西北、新疆中部,位于亚欧大陆腹地,紧邻中亚各国,自古以来就是沟通东西商贸的重要枢纽,是丝绸之路的枢纽城市,也是世界上距离海洋和海岸线最远的内陆城市。作为丝绸之路经济带上重要节点城市的乌鲁木齐,目前每年举办新疆国际民族舞蹈节和中国—亚欧博览会,并通过这些平台提升乌鲁木齐的国际影响力和文化辐射力,为此建议在文化投资、文化贸易以及文化交流和合作诸方面,进一步加大对乌鲁木齐的倾斜,加快将乌鲁木齐建设成为"一带一路"沿线的文化中心城市。

(七)设立中国文化中心总部

为了顺应国家文化外交战略全面推进的大背景,适应海外中国文化中心迅猛发展的势头,目前的中国文化中心管理体制与模式应做出相应调整。由于海外中国文化中心的分散性,需要成立一个以国内为依托、以文化和旅游部为统领、以各方参与为保证的专门管理机构,为此建议文化和旅游部设立中国文化中心总部,对所有海外中国文化中心进行统一领导、分类管理、集中配置、差异供给。将地方派出的省部共建中国文化中心主要负责人以借调的方式纳入外交官系列,从而保证省部共建的中国文化中心得以长期稳定发展。只有理顺和优化管理体制,才能有利于海外中国文化中心未来在"一带一路"城市间文化交流与合作中更好地发挥平台作用。

（八）为了使孔子学院更好地促进"一带一路"人文交流和民心相通，服务于"一带一路"城市间文化交流合作，应设立针对"一带一路"沿线国家孔子学院的协调机构或联席会议，以发挥"一带一路"沿线国家孔子学院的合力作用

研发针对"一带一路"国家文化特殊性的汉语教材，为即将赴"一带一路"沿线国家孔子学院工作的人员设立单独培训板块，介绍"一带一路"国家历史文化、地缘政治、经济发展、宗教状况等。

（九）加大对沿线国家小语种翻译人才的培养力度，不仅培养懂外语的人才，更要培养真正懂翻译、文学和艺术的复合型人才

中国外文局前局长周明伟即明确指出，目前"一带一路"人文交流的困难之一，就是小语种高端人才的匮乏，与"一带一路"的要求是不相适应的，"例如与一些独联体国家的交往，我们都还是依靠俄语教育基础来进行，而这与他们的官方语言和文化传统往往是不一样的，甚至是格格不入的"[①]。可以按照中国地域分布以及与"一带一路"国家交往的状况，布局小语种翻译人才培养，例如，东北地区加强东北亚语种建设，如日语、朝鲜语等；西北地区偏重中亚与西亚语种建设，如哈萨克语、波斯语等；西南地区则面向东南亚语种。当然，北上广外语院校同样也要加强小语种建设。

---

① http://news.china.com.cn/2015-04/17/content_35350161.htm.

第五章 "一带一路"城市间文化交流合作的产业贸易

推动"一带一路"文化产业繁荣发展,促进"一带一路"文化贸易合作,是推进我国同"一带一路"相关国家和地区文化交流与合作的重要内容。它为我国发展文化创意产业和文化贸易提供了巨大的历史机遇,也提出了具有新的历史特点的一系列重大课题。它要求我国在文化软实力建设中,要发挥推动全球化的正能量,充分发挥市场在资源配置中的重要作用,将文化与经贸、生态、民生、科技等密切结合,完善文化创意产业的国际合作机制,加快"丝绸之路文化产业带"建设,以文化旅游、演艺娱乐、工艺美术、创意设计、数字文化为重点领域,支持沿线城市根据地域资源实施特色文化创意产业项目,加强沿线城市文化贸易的互利共赢。

一、目标与定位:建立文创产业和文化贸易的发展共同体

中国政府于 2013 年正式提出"一带一路"倡议以来,在全世界范围内获得了越来越多国家和人民、国际组织和企业等的认同和参与。根据国家《推动共建丝绸之路经济带和 21 世纪海上丝绸之路的愿景与行动》,"一带一路"建设的重要内容之一,就是全方位提升我国文化领域开放水平,秉承立足周边、辐射"一带一路"、面向全球的合作理念,构建文化交融的命运共同体。从文化交流与合作的产业与贸易角度看,依托丝绸之路经济带和海上丝绸之路的国际大通道,以沿线的中心城市为支点,以重点文化创意产业集群和园区为基础,以沿线城市的文化创意产业与文化贸易伙伴关系为纽带,以文化产业链上各种要素的有效配置为活力,与沿线国家共同打造若干国际文化创意产业和文化贸易走廊,使之成为世界范围内文化创意产业和文化贸易的新增长

极和特色集聚带,是推动"一带一路"文化交流与合作的产业与贸易之主要目标。

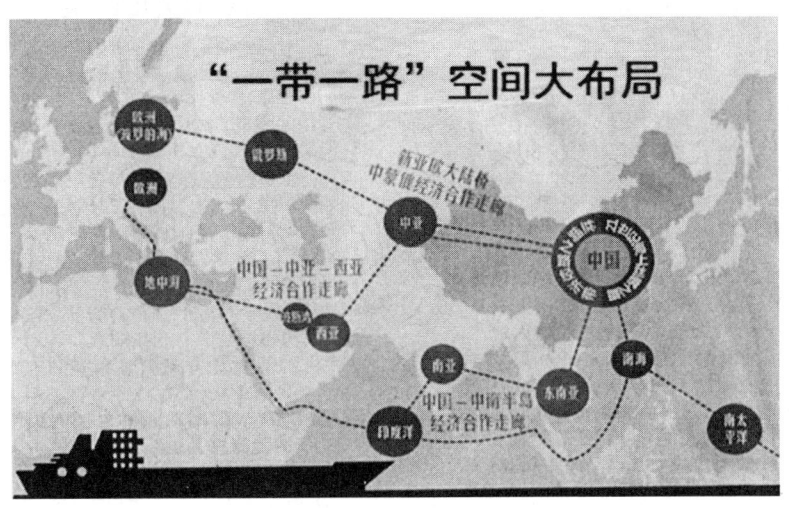

图 5 "一带一路"空间大布局

(一)拓展文创产业的战略空间

从全球文化创意产业的战略资源配置角度看,要依托"一带一路"倡议,为中国文化创意产业拓展广阔的发展空间和战略机遇。它包括:通过广泛的互联互通而优化整合战略资源,通过培育外向型文化企业而壮大产业主体,通过扩大文化服务出口而优化文化贸易结构,通过连接"丝路城市"而形成合作共赢的网络。中国率先提出的"一带一路"倡议具有人类历史上第二次地理大发现的深远意义。它顺应了人类社会和平与发展的两大主题,体现了中国与世界双向互动、各国合作共赢的深刻需求。从 15 世纪以后,人类历史上有了第一次地理大发现,由于工业革命和资本主义所焕发出的前所未有的生产力,跨越辽阔大洋的海上航路,把原本相互隔绝的大陆和岛屿融汇到统一的世界大市场里,也推动了西方的价值观念、市场模式、国际分工、文化与宗教等扩展到北美、南美、澳洲等地区。第二次世界大战后,以美国为代表的西方势力,进一步把这种国际秩序和价值观念扩展到东亚、中东、南亚的许多地区,成为一个全球化的格局。正如新加坡学者郑永年所说:"西方国家在把民主从西方扩展到西方之外的国家和地区,主要包括如下几种方式,包括殖民地、军事占领、冷战阵线等。"①它导致了东方从属于西方,陆地从属于海洋,农村从属于城市,发展中国家依赖于发达国家,也形成了长期以来全球文化产业由发达国家所垄断,发展中国家主要作为发达国家的文化资源库和销售市场的大格局。这个全球化格局至今仍在发挥作用,但也暴露出许多问题,隐藏着深刻的危机。这种以西方价值观为代表的世界秩序,总体上有利于美国在全世界的霸权,对中国、印度等新兴经济体和大部分发展中国家显示了诸多的限制,正在遇到越来越大的挑战,如同英国学者汤因比所说:"帝国的衰落来自对外的过度扩张和社会内部扭曲的扩大。"②大国兴衰的历史证明:唯有一个大国自身保持不断创新的活力,率先提出和实践全球性的议题,引领全人类发展的价值观念和方向,才能吸引广泛的盟友,这就是国家文化软实力的精髓。而中国首倡的"一带一路"倡议,突出了市场引导、互利共赢,兼顾各方利益和重大关切,遵循国际规则和市场规律,充分发挥市场在资源配置中的重要作用,调动各方积极性,将文化与外交、经贸密切结合,形成文化交流、文化传播、文化贸易协调发展态势,实现互利共赢。

(二) 推动对外文化贸易的便利化

从推动全球文化贸易不断升级和健康发展的角度看,"一带一路"倡议的提出和实施,推动了文化贸易包括文化产品贸易和文化服务贸易,向着便利流通、促进供给、普惠民生、增加财富的方面不断升级。中国首倡的"一带一路",涉及40多个国家、40多亿人口和20多万亿元经济总量。《推动共建丝绸之路经济带和21世纪海上丝绸之路的愿景与行动》规划了5条经济线路:丝绸之路经济带的重点方向是中国经中亚、俄罗斯至欧洲(波罗的海),中国经中亚、西亚至波斯湾、地中海,中国至东南亚、南亚、印度洋。21世纪海上丝绸之路的重点方向是从中国沿海地区经南海到印度洋,延伸到欧洲;从中国沿海地区经南海到南太平洋。"一带一路"的大格局一方面使得中国可以向沿线沿路国家主动推广优质产能和优势产业,超越了西方开创的全球化所造成东西方发展不平衡、地区发展不平衡,也顺应了21世纪非西方国家稳步崛起,希望广泛融入全球命运共同体的大趋势,为沿线沿路国家人民带来发

---

① 郑永年:《地缘政治和民主秩序问题》,《联合早报》2014年9月30日。
② [英]阿诺德·汤因比:《历史研究》,曹未风等译,上海人民出版社1986年版。

展的福祉。"一带一路"倡议的实施,将推动中国和沿线沿路国家的文化产业资源包括市场、资金、技术和人才等,在更广阔的空间进行互联互通的流通和配置。回首历史上的古罗马帝国、13世纪—17世纪的大蒙古国、19世纪—20世纪的大英帝国,依靠对跨国资源的巨大掠夺和穷兵黩武,缺乏先进的核心价值观念和体制,缺乏具有广泛吸引力的文化软实力体系,最终被历史的潮流冲刷而去。正如英国学者马丁·雅克所指出的:每一个新兴大国,都会用一种全新的方式来创造和推广自己的体系。"比如欧洲的典型方式就是海上扩张加殖民帝国,而美国则是空中优势和全球经济霸权,中国同样也会以崭新的方式来展现其实力。"① 中国政府庄严地向全世界宣布:中国将坚持和平发展道路,推动构建人类命运共同体。这是与历史上出现过的霸权大国截然不同的现代化发展道路。这是一个伟大而艰难的目标,但是中国人民绝不会因为现实的复杂而放弃梦想,也不会因为理想的遥远而放弃追求。因此,中国的大国崛起之路,就需要有更坚定的文化自觉性、更加务实而有效的路径、更加睿智的实践步骤、更加开放的国际合作与国际贸易。这是历史赋予中国的伟大使命,也是世界有识之士和各国人民对中国所寄予的殷切期望。

(三)打造欧亚非地缘文化新布局

从全球文化创意产业空间布局的角度看,要依托"一带一路",跨越东西方发展不平衡、地区发展不平衡、沿海与内陆发展不平衡,建立多元参与、合作共享的文化产业共同体。普遍参与和分享全球化发展的红利,是一个世界性的普遍需求。跨入21世纪以来,广大的非西方国家在经济、政治、文化方面的不断崛起,为建立这样一个全球文化产业共同体提供了重要基础。中国文化创意产业依托"一带一路"倡议,可以积极推动这一潮流向积极的方向发展。这既有助于提升我国在全球文化创意产业价值链、文化资源供应链、文化品牌服务链中的地位,扩大战略资源和市场空间,形成比较优势;也有利于建设互利共享的国际文化创意产业共同体,让"一带一路"国家和人民共享文化财富。

根据联合国教科文组织干事长作序、2015年12月发布的EY研究报告

---

① [英]马丁·雅克:《当中国统治世界:中国的崛起和西方世界的衰落》,张莉、刘曲译,中信出版社2010年版。

《文化时代——第一张全球文化创意产业热图》,从 2004 年至 2013 年,全球文化创意产业的空间布局发生了深刻变化,截至 2013 年底,全球文化创意产业市场规模已经达到 2.25 万亿美元,雇员达到 2 950 万人。其中,规模增长最快的是亚洲太平洋地区,规模达 7 430 亿美元,雇员达到 1 270 万人,为全球第一;拉丁美洲和加勒比地区增长也十分迅速,规模达 1 240 亿美元,雇员达到 190 万人;而非洲和中东地区的文化创意产业规模达到 560 亿美元,雇员达到 240 万人。①其中中国、俄罗斯、新加坡、马来西亚、印度尼西亚、印度、泰国、土耳其、巴西、南非等,恰恰是"一带一路"沿线的重要国家和地区,形成了文化资源的流通带、文化市场的增长带、文化消费的潜力带。中国文化创意产业只有与"一带一路"沿线的国家和地区建立互联互通的合作关系,才能拓展广阔的市场,顺应历史的潮流,并且形成规模优势和结构优势。

(四) 吸引全球最有活力的文化消费群

从提升文化创意产业和文化贸易能级的角度看,要依托"一带一路"倡议,把握全球年轻人口和中等收入阶层增长的主要地区,拓展战略性的市场空间。新一代人的文化生产和文化消费需求,深刻影响了未来全球文化产业的趋势。谁把握住青年,谁就把握住了市场,也就把握住了文化消费的未来!中国文化产业应该在这些全球最有年轻活力的区域捕捉巨大的市场机遇,依托"一带一路"倡议而在文化生产的价值链、文化服务的品牌链、文化资源的供应链方面抢占先机。斯科尔科沃新兴市场研究学院的报告指出:世界正在变得越来越年轻。2014 年,全球人口中有 18 亿人年龄在 10—24 岁,他们是未来一代的文化生产者和文化消费者,表现出多样兴趣、乐于参与、追求工作与休闲平衡、好奇心旺盛、依赖互联网等新一代人的特点。令人瞩目的是:经济持续增长与年轻化的人口增长结合起来,在许多新兴经济体中催生了逐渐壮大的中产阶级。其中增长最快的是亚洲和非洲,截至 2014 年亚洲已经拥有 5.25 亿属于中产阶级的文化消费者。其中中国和印度成为中产阶级文化消费者增长最快的国家。"2009 年亚太地区的中产阶级占全球的 1/3,预计到 2030 年这一地区的中产阶级将占全球的 2/3……亚洲新兴经济体中迅速增长的中产阶级,正在把一个全球规模的休闲中心叠加在一个全球规模的制造业基地之上。"②这使得亚

---

①② EY:"Cultural Times—First Global Map of Cultural and Creative Industry", 2015.

洲成为一个全球超级规模的文化生产和文化消费双重基地。古人云:"逐鹿中原,决胜天下。"亚洲和广袤的"一带一路"地区正是中国文化产业未来要把握的关键区域和决胜之地。

(五)形成以城市群为节点的合作网络

从全球文化创意产业和文化贸易的地缘格局角度来看,要依托"一带一路",把握好亚洲和非洲等城市化进程最为迅速的地区,形成以城市为节点的合作网络。城市是发展文化创意产业和文化贸易的主要载体。"一带一路"沿线的新兴城市群所提供的大量资本、商品、技术、服务、年轻人口等,形成了文化产业集聚的主要空间和主要市场。尤其是亚洲城市,无论作为新兴市场城市对经济的驱动力量,还是具备的各种专业观念和影响力,都在不断地向全球的更高层级迈进。澳大利亚的 2thinknow 咨询公司于 2007 年开始发布《全球创新城市指数报告》,成为世界范围内权威度较高的创新城市评估报告。它超越了过去侧重考察人口规模、总体产值等的观念,把科技创新能力、科技成果转化能力、文化创意能力等都纳入了考察范围。它把创新城市分为创新核心、创新枢纽、创新节点、创新受影响者、创新启动者五个层次。它的 2015—2016 年度报告分析了全球共 432 个参与创新的城市,中国列入该排行榜的有 20 多座城市。在该报告的第一等级"创新核心"中包括了 45 个城市,其中上海名列第 20 位,香港名列第 22 位,北京名列第 40 位,台北名列第 52 位;第二等级"创新枢纽"中包括 68 个城市,其中深圳名列第 75 位,南京名列第 121 位;第三等级"创新节点"中包括 117 个城市,其中苏州名列第 184 位。[1]而且这些城市的排名在逐步上升。著名咨询机构麦肯锡全球研究院预测:到 2025 年全球 GDP 增长的 47%将会发生在 440 个新兴国家的城市,在相同的时期内,预计超过 10 亿新人口进入全球中产阶级,并从城市化中收获经济利益。[2]其中大部分与"一带一路"沿线国家和地区有关。特别有趣的是:与地球自转的方向恰恰相反,全球最发达的城市和大城市群正在越来越多地显示出从西向东移动的趋势,到 2025 年亚太地区不但会出现多个洲级、世界级的大城市群,甚至可能出现全球顶级的城市。美国大西洋理事会报告《展望 2030:

---

[1] 2thinknow Innovation Cities™ Index 2015:www.innovation-cities.com.
[2] 美国大西洋理事会报告:《展望 2030:后西方世界的美国战略》,http://www.techcn.com.cn/index.php。

后西方世界的美国战略》感慨道:"财富及人口大幅度、不间断地从西方流向东方,从北方流向南方。"①从全球文化产业竞争的角度看,美欧日等发达国家仍然是西方体系的主要代表者和成熟市场,而"一带一路"沿线的新兴市场则是发展迅速、空间巨大的新增长极和资源富矿,中国发展文化产业、推动文化贸易,从这里入手,建立互联互通的共同体,才能把握最有优势的未来制高点,也才能在更为广阔的空间实现文化产业和文化贸易的普惠民生。

二、现状与趋势:把握文创产业和文化贸易的合作基础

(一)"一带一路"城市的传统范围和现实延伸

"一带一路"城市间拓展文化创意产业和文化贸易的现实基础首先是中国与沿线国家和地区的城市联系。"一带一路"城市既有相对侧重的地域范围,又是一个开放型的空间体系。在博鳌亚洲论坛2015年年会上,习近平主席明确指出:"'一带一路'建设秉持的是共商、共建、共享原则,不是封闭的,而是开放包容的;不是中国一家的独奏,而是沿线国家的合唱。"②

从这个意义上说,当代意义上的"'一带一路'城市"(The Belt and Road Cities)或者"丝路城市"(Silk Road Cities)已经在历史上的丝绸之路基础上有了巨大的延伸和变化。包括三重内涵:第一,中国境内的"一带一路"沿线重点城市,特别是三大动力轴即长江经济带、欧亚大陆桥经济带、沿海经济带上的重点城市和城市群,逐步形成了若干个绵延数十万米乃至近百万米的文化创意产业带。这是"一带一路"城市开展文化创意产业和文化贸易合作的主要动力带。第二,中国境外"一带一路"沿线具有战略地位和影响力的枢纽性城市,在地缘上主要包括八大板块,即东亚、东南亚、中亚、南亚、西亚、北非、中东欧、西欧。其中的东南亚、中亚、南亚和西亚构成了空间板块的连续性主体。第三,与"一带一路"沿线城市保持了密切的经贸和文化往来,形成深度的文化创意产业链和文化贸易伙伴关系的域外城市,包括北美、南美、澳洲、

---

① 美国大西洋理事会报告:《展望2030:后西方世界的美国战略》,http://www.techcn.com.cn/index.php。

② 《习近平主席在博鳌亚洲论坛2015年年会上的主旨演讲》,http://www.xinhuanet.com/politics/2015-03/29/c_127632707.htm。

日韩等国家和地区的重点城市和城市群。其中主要发达国家的城市群是目前全球范围内文化创意产业和文化贸易最为发达的区域之一。

有必要指出：中国首倡的"一带一路"与历史上的传统"丝绸之路"相互关联，又有深刻的区别。中国强调"一带一路"，是要打造连接亚欧非的人类命运共同体，并非是历史上丝绸、香料、茶叶等货物的贸易通道，因而是一个不断发展、不断丰富的开放型体系。一些发达国家和城市，如英国等已经表现了参与"一带一路"倡议的强烈兴趣，提出了要与"一带一路"倡议进行实质性对接与合作的具体计划。2015年3月，英国不顾美国的反对在西方世界中率先加入"亚投行"，推动其他发达国家加入，引发了加入"亚投行"的热潮。习近平主席于2015年10月访问英国期间指出："'一带一路'是开放的，是穿越非洲、环连亚欧的广阔'朋友圈'，所有感兴趣的国家都可以添加进入'朋友圈'。……这条路不是某一方的私家小路，而是大家携手前进的阳光大道。"英国外交大臣哈蒙德说，英国"愿同中方积极探讨在'一带一路'框架下开展合作"，英国财政大臣奥斯本指出："随着两国关系不断深化发展，我们可以把握前所未有的机遇，吸引来自中国的投资者参与'北部经济引擎'计划中一些最具雄心的项目。"①2017年3月27日，新西兰与中国签署了"一带一路"的合作协议，成了第一个与中国签署相关协议的西方国家。如果我们回溯中新两国的历史，可以发现，新西兰一直是中国迈向全球化过程中的重要支点，它不仅是第一个承认中国完全市场经济地位，第一个与中国开展双边自贸协定谈判并签署协定的国家；而且还是第一个加入亚投行的西方发达国家。②在历史上，新西兰不是丝绸之路的沿线国家，今天中国与新西兰在"一带一路"方面的紧密型合作，进一步拓展了互联互通的合作关系，扩大了"一带一路"的地缘空间。从这个意义上说，"一带一路"城市间文化交流与合作包括三大圈层：第一圈层——传统意义上的丝绸之路沿线国家和地区，第二圈层——直接对接"一带一路"的域外国家和地区，第三圈层——更大范围内参与"一带一路"合作的国家和地区。随着时间的推移，这个"一带一路"城市间文化交

---

① 《习近平会晤英国首相卡梅伦 "一带一路"是可添加进入的广阔"朋友圈"》，新华网2015年10月22日。

② 《新西兰与中国签"一带一路"合作协议 系首个西方发达签署国》，《21世纪经济报道》2017年3月27日。

流与合作圈,正在不断地扩大和丰富。

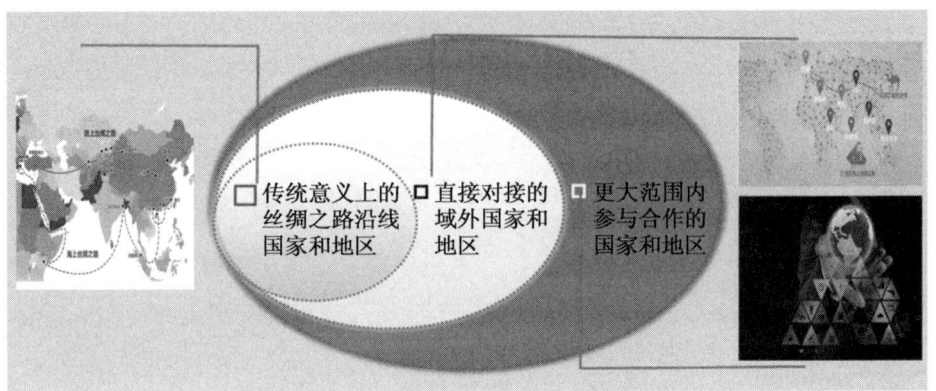

图 6 "一带一路"倡议合作的三大圈层示意①

(二) 沿线城市文创产业和文化贸易的不同层级

"一带一路"沿线城市文化创意产业和文化贸易的合作,必然是建立在全球化背景下,尊重沿线城市的多元化和差异化发展,又要建立广泛认同的平等互利规则,形成合作共赢的共识;离开了这一个既有差异,又有共识的前提,跨域和跨国的合作就无从谈起。联合国教科文组织干事长作序、2015 年 12 月发布的 EY 研究报告《文化时代——第一张全球文化创意产业热图》指出:目前全球的文化创意产业大致可以分为 11 个集群和五大区域,即广告、建筑、图书、游戏、电影、报刊、表演艺术、广播、电视、视觉艺术等 11 个集群,北美、欧洲、亚洲和太平洋地区、拉丁美洲和加勒比地区、非洲和中东地区等五大区域。②

根据上述报告提供的数据,从全球范围来看,2013 年世界文化创意产业市场规模达到 22 500 亿美元,世界文化创意产业的从业人员达到 2 950 万人。这一庞大的不断增长的市场和从业人员分布在五大区域中,其中亚洲和太平洋地区(包括亚洲和澳洲)所占的比重最大,文化创意产业规模为 7 430 亿美元,从业人员 1 270 万人,占地区 GDP 比重为 3%;欧洲地区位居第二,文化创意产业规模为 7 090 亿美元,从业人员 770 万人,占地区 GDP 比重为 3%;北

---

① 本文作者绘制。
② EY:"Cultural Times—First Global Map of Cultural and Creative Industry", 2015.

美地区位居第三,文化创意产业规模为6 200亿美元,从业人员470万人,占地区GDP比重为3%;然后是拉丁美洲和加勒比地区,文化创意产业规模为1 240亿美元,从业人员190万人,占地区GDP比重为2.2%;最后是非洲和中东地区,文化创意产业规模为560亿美元,从业人员240万人,占地区GDP比重为1.1%。全世界范围内这五大区域文化创意产业的规模总量和从业人员数量相差巨大,能级和结构的差异也非常明显,其中亚洲和太平洋地区文化创意产业的规模最大,是非洲和中东地区规模的10倍以上。

"一带一路"沿线城市文化创意产业和文化贸易还存在能级上的差异和不同。由于文化创意产业对于技术、资金、人才和国际联系的依赖性非常大,正如美国学者理查德·佛罗里达所说:凡是最能够培育创意经济的城市,一定是所谓3T城市,即人才(Talent)、技术(Technology)、包容性(Tolerance)相对发达的城市。①联合国教科文组织和EY机构研究和采用了DiMAx(Digital Media Attractiveness Index)评估指数,即数字化媒体吸引力指数来对相关国家和城市进行研究,把它们分为五大顶级,发现在最高等级即第五等级有5个国家,即美国、英国、荷兰、中国、澳大利亚。它们领导着发展最为迅猛的文化创意产业市场,特别是以数字经济为基础的新兴文创产业领域,成为2015年全球媒体业和娱乐业企业在未来12个月中最乐意投资的五大目的地。而荷兰、中国等在推动文化创意的新兴市场方面表现特别突出,它们恰恰是"一带一路"沿线的重要国家和地区。这些国家在推动文化创意产业的新兴市场方面,既有你追我赶的竞争,更有流通互利的合作。

(三)沿线城市文创产业和文化贸易的数字化

"一带一路"沿线城市文化产业和文化贸易的合作,又是在信息通信和网络技术(ICT,Information and Communications Technology)突飞猛进,以数字化方式推动的文化产业和文化贸易新业态日新月异的背景下展开的。中国专家张磊指出:"数字经济以信息和通信技术为基础,通过互联网、移动通信网络、物联网等,实现交易、交流、合作的数字化,推动经济社会的发展与进步。"②文化创意产业是受到数字经济影响最深刻的产业之一,而数字贸易本

---

① [美]理查德·佛罗里达:《创意阶层的崛起》,司徒爱勤译,中信出版社2010年版。
② 张磊等:《数字贸易下文化创意产业对外开放的新要求与新举措研究》,上海市促进文化创意产业发展财政扶持资金研究课题(2015020006)。

质上就是数字经济在贸易领域(包括国际文化贸易领域在内)的具体体现。美国国际贸易委员会认为,"数字贸易就是通过互联网交付而实现的产品和服务活动,分为国内数字贸易和国际数字贸易"①。与传统国际贸易相比,数字化的文化贸易在贸易对象、贸易方式、贸易效率方面存在显著差异。基于数字经济与文创产业之间的密切联系,数字贸易一方面成为当前文创产业国际贸易重要的实现方式,而现代文创产业也已成为目前数字贸易的重要内容。联合国教科文组织和 EY 机构研究分析了全球主要国家互联网服务所达到的渗透率,发现互联网渗透率最高的 12 个国家分布在全世界的北美、亚洲、欧洲、南美四大地区,分别是韩国 70%,中国 61%,印度 60%,美国 57%,巴西 56%,意大利 55%,西班牙 52%,法国 51%,俄罗斯 49%,德国 48%,英国 45%,日本 43%。其中,有多个是"一带一路"沿线的重点国家和城市。联合国教科文组织方面认为:中国最重要的两个数字化文化创意产业企业——阿里巴巴和腾讯,不仅仅建立了超级的数字化商务平台和社交网络,也高度重视知识产权,保护和吸引了大批的优秀人才。它们正在快速地进行国际化的合作,把数字化的文化创意产业网络拓展到亚洲、欧洲和北美的许多国家和地区,②而"一带一路"沿线的重要国家印度,在 2014 年的文化创意产业直接收入达到 36 亿美元,直接雇员的工作岗位达到 18.4 万人,并且创造了"宝莱

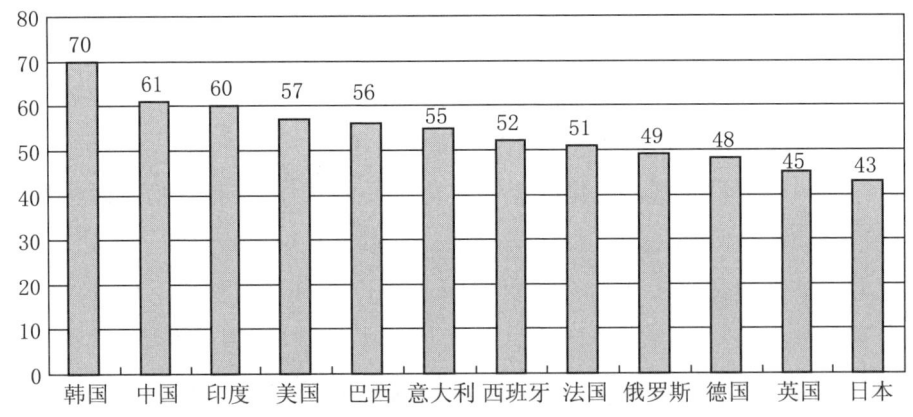

图 7　主要国家互联网免费服务所达到的渗透率(%)③

---

① United States International Trade Commission:"Digital Trade in the U.S. and Global Economies",2013.

②③　EY:"Cultural Times—First Global Map of Cultural and Creative Industry",2015.

坞"这样的电影生产和电影出口基地。2014年全球十大电影票房国家为：美国第一位，104亿美元；中国第二位，48亿美元；印度第六位，17亿美元。这些蓬勃发展的文化创意产业集群，对"一带一路"城市开展城市间文化产业和文化贸易的交流与合作，提供了有利的条件。

（四）中国与"一带一路"相关国家的文化贸易现状

中国首倡的"一带一路"以"政策沟通、道路联通、贸易畅通、货币流通、民心相通"为主要内容，在《推动共建丝绸之路经济带和21世纪海上丝绸之路的愿景与行动》中就有相应的表述："贯穿亚欧非大陆，一头是活跃的东亚经济圈，一头是发达的欧洲经济圈。"该文件规划的5条经济线路如下："丝绸之路经济带重点畅通中国经中亚、俄罗斯至欧洲（波罗的海），中国经中亚、西亚至波斯湾、地中海，中国至东南亚、南亚、印度洋。21世纪海上丝绸之路重点方向是从中国沿海港口过南海到印度洋，延伸至欧洲；从中国沿海港口过南海到南太平洋。"

目前的"一带一路"区域辐射范围内总人口约44亿人，经济总量约21万亿美元，分别占全球的63%和29%。中国强调："一带一路"是个开放性的体系，西欧的荷兰、希腊、意大利、法国、西班牙等都可以算作"一带一路"相关国家。比如：英国并非古丝绸之路上的国家，但是英国主动提出将英格兰北部振兴计划与"一带一路"倡议对接，邀请习近平主席访问曼彻斯特，向世界发出非传统的丝绸之路沿线国家也可积极参与"一带一路"建设的积极信号。正如习近平主席指出的，中英两国产业结构互补性强，共同倡导开放市场的理念相近，推进自由贸易、扩大双向投资的意愿相同。中英在"一带一路"框架内开展合作大有可为，潜力巨大。①

商务部以"一带一路"沿线国家为统计对象，进行经贸数据发布，从发布数据看，目前"一带一路"沿线国家至少有64个。根据其2015年7月7日发布的数据，2015年1月—5月，我国与"一带一路"沿线国家双边贸易总额为3 983.8亿美元，同比下降9.5%，占同期我国进出口总额的25.8%。其中，我国对沿线国家出口总额为2 439.5亿美元，增长2%，占我国出口总额的

---

① 《习近平会晤英国首相卡梅伦 "一带一路"是可添加进入的广阔"朋友圈"》，新华网2015年10月22日。

27.7%；我国自沿线国家进口总额为1 544.3亿美元,下降23.2%,占我国进口总额的23.3%。查阅我国官方公布的文化贸易相关资料,目前以"一带一路"沿线国家为基础的数据较少,但我们可以从国家统计局和商务部发布的相关统计数据中通过整理侧面了解"一带一路"沿线国家与我国的文化贸易的一些现状和趋势。

根据国家商务部最新颁布的数据,2017年,我国文化产品和服务进出口总额为1 265.1亿美元,同比增长11.1%。其中,文化产品进出口总额为971.2亿美元,同比增长10.2%;文化服务进出口总额为293.9亿美元,同比增长14.4%,明显超过文化产品进出口的增长幅度。从宏观角度看,中国对外文化贸易出现了一些重要变化:文化产品和服务的出口结构趋于优化,文化产品出口的技术含量有所提升,具有较高附加值的游艺器材和娱乐用品、广播电影电视设备出口同比增长19.4%,占比提升两个百分点至34.5%。在文化服务贸易方面,中国的进口增势明显,出口结构不断优化,其中文化服务进口总额为232.2亿美元,同比增长20.5%,其中视听及相关产品许可费、著作权等研发成果使用费进口总额分别同比增长52.1%、18.9%,显示出中国文创产业正在更多地购买和吸取国际上的中高端文化服务资源;文化服务出口总额为61.7亿美元,同比下降3.9%;其中,处于核心层的文化和娱乐服务、研发成果使用费、视听及相关产品许可费等3项服务出口总额为15.4亿美元,同比增长25%,占比提升5.7个百分点至24.9%,出口结构呈持续优化态势。与此同时,中国对外文化贸易的国际目标市场更加多元:目前美国、荷兰、英国和日本等为中国文化产品进出口居前的几大市场,合计占比为55.9%,较上年下降1.8个百分点。引人注目的是:我国与"一带一路"沿线国家进出口额达176.2亿美元,增长18.5%,占比提高1.3个百分点至18.1%;与"金砖国家"进出口额达43亿美元,增长48%。①

我们再从一个开放型的视角来看,根据联合国教科文组织和联合国教科文组织统计学院所做的研究《文化贸易的全球化——消费的变迁:文化产品和文化服务的国际流(2004—2013)》提供的数据:中国与"一带一路"国家和地区进行文化贸易的规模和多样性都在不断增长,而且中国对这些国家和地

---

① 《商务部召开例行新闻发布会》,国家商务部官方网站2017年7月27日。

区的文化出口大大超过文化进口。2013 年中国对狭义上的"一带一路"国家和地区之文化出口包括：新加坡 7.96 亿美元，阿联酋 6 亿美元，马来西亚 5.87 亿美元，印度 5.17 亿美元，越南 4.71 亿美元，俄联邦 3.22 亿美元，泰国 3.19 亿美元，印尼 2.95 亿美元等。中国从狭义上的"一带一路"国家和地区之文化进口包括：泰国 4.36 亿美元，新加坡 1.92 亿美元，缅甸 1.23 亿美元，巴西 0.36 亿美元，南非 0.56 亿美元，印尼 0.53 亿美元，以色列 0.27 亿美元等。①

表 4　中国文化产品出口的目的地 2004—2013 年②

2013 年排名	伙伴方	出口（百万美元）		份额（%）	
		2004	2013	2004	2013
	世　界	10 481.27	60 110.68		
1	中国香港	3 246.50	31 005.69	30.97	51.58
2	美　国	3 387.22	10 762.16	32.32	17.90
3	日　本	515.69	2 100.92	4.92	3.50
4	英　国	350.90	1 418.97	3.35	2.36
5	德　国	499.16	1 169.81	4.76	1.95
6	荷　兰	287.99	1 074.40	2.75	1.79
7	新加坡	59.60	796.42	0.57	1.32
8	阿联酋	114.37	600.08	1.09	1.00
9	马来西亚	48.21	587.69	0.46	0.98
10	澳大利亚	164.15	526.53	1.57	0.88
11	印　度	35.18	517.51	0.34	0.86
12	越　南	18.66	471.93	0.18	0.79
13	巴　西	32.90	449.52	0.31	0.75
14	法　国	124.52	445.20	1.19	0.74

---

① 联合国教科文组织和联合国教科文组织统计学院提供的数据与《2015 文化及相关产业统计概览》提供的数据大体相当，略有差异。

② UNESCO:"The Globalization of Cultural Trade: A Shift in Consumption: International flows of cultural goods and services", 2016.

续表

2013年排名	伙伴方	中国 出口(百万美元)		份额(%)	
		2004	2013	2004	2013
15	加拿大	141.11	418.33	1.35	0.70
16	意大利	142.06	379.90	1.36	0.63
17	俄联邦	54.67	322.56	0.52	0.54
18	泰国	21.64	319.78	0.21	0.53
19	韩国	137.20	314.68	1.31	0.52
20	印尼	25.87	295.39	0.25	0.49

表5 中国文化产品进口的来源地 2004—2013 年①

2013年排名	伙伴方	中国 进口(百万美元)		份额(%)	
		2004	2013	2004	2013
	世界	2 133.92	5 840.68		
1	美国	291.11	874.08	13.64	14.97
2	中国香港	247.25	646.38	11.59	11.07
3	亚洲其他国家,不另详述	170.93	457.83	8.01	7.84
4	泰国	4.80	436.73	0.22	7.48
5	日本	265.44	374.38	12.44	6.41
6	法国	40.13	312.22	1.88	5.35
7	韩国	185.15	247.38	8.68	4.24
8	爱尔兰	32.77	210.87	1.54	3.61
9	新加坡	192.22	200.35	9.01	3.43
10	英国	42.09	193.74	1.97	3.32
11	德国	192.40	192.21	9.02	3.29

① UNESCO:"The Globalization of Cultural Trade: A Shift in Consumption: International flows of cultural goods and services", 2016.

续表

2013年排名	伙伴方	中国 进口（百万美元） 2004	2013	份额（%） 2004	2013
12	意大利	20.44	168.08	0.96	2.88
13	瑞士	18.70	145.70	0.88	2.49
14	缅甸	0.45	123.73	0.02	2.12
15	荷兰	16.74	111.41	0.78	1.91
16	巴西	0.33	63.36	0.02	1.08
17	南非	4.02	56.21	0.19	0.96
18	印尼	3.17	53.12	0.15	0.91
19	澳大利亚	10.53	41.46	0.49	0.71
20	以色利	6.78	27.36	0.32	0.47

（五）地缘视角中的文化贸易格局和演变

根据以上相关数据和资料，我们可以发现：

1. 我国对外文化贸易的对象相对集中于发达国家和地区

美国、日本、英国、德国、韩国、新加坡等发达国家和地区与我国的文化贸易一直占主要地位。这些国家和地区中既有传统意义上的"一带一路"沿线国家和地区，也有不在传统"一带一路"范围内的国家和地区。这些文化贸易活动具有一定的规模优势和辐射作用，也表明当前我国对外文化贸易对象过于集中，要拓展"一带一路"国家和城市间的文化贸易任重道远。我们需要从推进全球化向积极方向发展的战略目标出发，进一步扩大我国对外文化贸易的目标市场。

2. 我国对"一带一路"沿线国家的文化贸易在增长

相比较而言，当前中国与"一路"国家的文化贸易规模明显大于"一带"国家，中国与海上丝绸之路沿线国家的文化贸易比重较大，中国对外文化贸易的"东进"和"南下"势头正旺。阿联酋、新加坡、马来西亚、印尼、印度、泰国、澳大利亚、新西兰等国是"一带一路"沿线与我国文化贸易最主要的国家，这与传统经贸关系、文化相近性以及贸易便利程度有关，也说明陆上丝绸之路沿线的文化贸易是短板,尤其是如何克服文化差异,扩大相关伊斯兰国家的文化贸易更存在一系列难点。

3. 中国与地域代表性国家的文化贸易增长较快

中国与地域代表性国家如泰国、印度、阿联酋等文化贸易额正在明显增长。阿联酋是我国对外文化贸易中最重要的阿拉伯国家,是中东地区阿拉伯国家最具文化包容性的国家之一,该国本国籍人口95万人,外籍人口723万人,其中华人超过20万人。近年来,阿联酋力图摆脱对石油经济的依赖性,大力投资科技研发、旅游、文化等领域。它在海湾国家中率先建设了规模巨大的卢浮宫分馆和著名的棕榈岛文化旅游园区等文化项目,希望在迪拜等城市引入中国的文化产品和文化项目,显示了它对于发展文化旅游产业的浓厚兴趣。

泰国是东盟中的代表性国家,中国从2013年开始成为泰国第一大贸易伙伴。泰国近两年对中国文化产品出口快速增长,已经成为我国核心文化产品的主要进口市场,2004年和2013年泰国对中国出口核心文化产品分别为0.048亿美元和4.36亿美元,10年间增长约100倍,从占中国文化产品进口总额的0.22%增长到7.48%,成为我国核心文化产品进口的主要来源地之一。

4. 传统"一带一路"的部分沿线国家文化贸易额较低

从传统的角度看,巴基斯坦、哈萨克斯坦、塔吉克斯坦、吉尔吉斯斯坦、土耳其、埃及、利比亚等国家被认为是在"一带一路"沿线比较重要的国家,这些国家与我国有较为密切的经贸关系,地缘政治的重要性也很明显。但是多年来这些国家一直没有进入对华文化贸易的进口或出口的前15位,双边的文化贸易水平较低,中国文化产品和文化服务在这些国家的市场拓展缺乏实质性的重大进展,这需要在未来"一带一路"的城市文化与合作贸易中,通过各方协作而形成更有效的推动力。

三、任务与重点:建立文创产业和文化贸易的合作新格局

(一)打造国内文创产业和文化贸易的"π"型动力带

以"一带一路"和长江经济带等为联动轴,打造中国文化创意产业和文化贸易发展的"π"型动力带,是我国文化创意产业空间新布局的核心内容。"一带一路"建设要求我们从一个更加广阔的地缘经济和地缘文化格局来把握文

化创意产业和文化贸易的空间大布局。离开了地缘空间的布局,统筹国内外两个大局,整合国内外资源,推动"一带一路"文创产业和文化贸易的合作就无从谈起。

"一带一路"和长江经济带布局包括三大发展轴。第一条发展轴:我国沿海的南海、东海、黄海和环渤海的11个省市的发展轴,为我国海上丝绸之路的起点和重要内容。第二条发展轴:我国亚欧大陆桥发展轴,起点江苏连云港,向西通过海陆联动江苏、安徽、河南、山西、甘肃、青海、新疆等7个省区,贯穿我国东中西区域,从新疆阿拉山口出境,联动西亚、中亚和欧洲,也是21世纪新丝绸之路陆上经济带的重要发展轴。第三条发展轴:长江经济带,它覆盖上海、江苏、浙江、安徽、江西、湖北、湖南、四川、重庆、贵州、云南等11个沿江省市,贯穿东中西。中国学者王战、郁鸿胜等指出:中国地图上这三条发展轴,如同一个巨大的"π"字。①此外,一带一路还包括渝新欧(重庆、新疆、欧洲)、蓉新欧(成都、新疆、欧洲)和义新欧(义乌、新疆、欧洲)等发展轴。

"一带一路"和长江经济带既有空间的广度,也有历史的厚度。丝绸之路是中华民族早期的国际商贸通道,包括陆上丝绸之路和海上丝绸之路;长江是中华民族的母亲河,长江经济带在历史上吸引和哺育了众多的民族,是中国成为文明国家的动力源,联系起吴越、湘楚、巴蜀三大地域文化形态和10多个次级地域文化形态,文化源远流长。2014年9月,《国务院关于依托黄金水道推动长江经济带发展的指导意见》将长江经济带定位为具有全球影响力的内河经济带,东中西互动合作的协调发展带,沿海、沿江、沿边全面推进的对内对外开放带,以及生态文明建设的先行示范带。我国文化创意产业建设要依托"π"型三大发展轴,并将其打造成为文化内外贸易的大通道、文化生产力的动力联动轴。

从全球范围看,文化创意产业的发展,显示出集约化、规模化、区域性分布的趋势。各类文化创意产业的集群并非在各个地区均衡分布,而是集中在文化、科技、金融结合度高,科技综合实力强,法律制度完善,市场体系发达,全球化联系密切,有一定区位优势的地区。比如美国华盛顿州和加利福尼亚

---

① "上海参与建设长江流域经济新支撑带的若干问题研究"课题组:《"π"型战略格局中,上海该怎么做》,《解放日报》2014年12月25日。

州的沿太平洋海岸,是著名的新兴产业集聚带;西雅图是亚马逊、微软、波音等企业巨头的聚集地;洛杉矶是世界级视听娱乐产业的重镇;旧金山湾区——硅谷是信息通信、网络服务、动画视听等的摇篮。旧金山湾区是一个世界性的高科技创新和发展的主要地区,拥有40万个高科技就业岗位,为全美国最多,拥有美国风险资本投资的46%,[①]世界上主要的科技公司都在这里建立总部或者研发中心,如苹果、思科、谷歌、惠普、英特尔、甲骨文、Pixar、软营、领英、IBM等,成为驱动科技创新和产业化的强大引擎。

"与其临渊羡鱼,不如退而结网",中国要建设21世纪的世界文化强国,也必须有这样强劲的文化创意产业动力带,其重点就是充分利用长江经济带的金融资本、社会资本和文化资源,释放出如核动力般巨大的能量。长江经济带从东到西存在发展阶段和经济能量上的明显差距。以上海为龙头的长江三角洲核心地区,人均GDP达到1.7万—2万美元,按世界银行的标准已经进入中等发达地区的行列;长江中游的湖南、湖北、江西等省市,人均GDP达到0.8万—1.2万美元,达到中国平均水平;长江上游的云南、贵州等省市,人均GDP达到0.6万—0.8万美元。如果孤立地看待,沿江省市的差距是一种消极的地区发展不平衡的标志,但在中国社会主义制度优势的背景下,它们可以连接成一个整体空间,通过沿江省市的要素流通、产业转移、发展互动,体现资源和模式的多样性,释放出巨大的资源禀赋、市场潜力和发展后劲。

长江经济带文创产业的新布局,将有力地推动这一广阔区域的文化产业向集约化、规模化和国际化发展。当年的"亚洲四小龙"和其他一些原本相对滞后但有较好的国际贸易区位条件的国家和地区,之所以能够实现经济追赶的目标,和它们与发达国家之间的要素流动、产业转移以及市场的一体化密切相关,而这些在中国长江经济带内部就能实现。沿江省市可以相互学习,互相补充,成为中国文化产业融合发展的黄金水道和强大动力带。如长三角是长江经济带、沿海经济带和"一带一路"的重要交汇地带,也是我国对外文化贸易的主要增长极,上海是我国发展对外文化贸易最有成效的领军城市之一。上海已经连续多年保持文化贸易顺差,特别是上海自贸区挂牌运作5年多以来,为文化类企业的运作发展提供了良好制度环境和市场空间。上海国

---

① Dr Stanley Kwong:"Innovation, Disruptive Technology, and Silicon Valley", 2016.

际文化服务贸易平台于2007年9月启动,2011年10月27日由文化部命名为国家对外文化贸易基地,2013年依托上海自贸区的正式运作而进入一个新的阶段。2013年国内第一家艺术品保税展览服务机构——上海国际艺术品交易中心在基地开始运行,①目前它正在建设成为全球最大的艺术品保税库,投资额超过10亿元,面积达到6.83万平方米。②2017年,上海自贸区内的国家对外文化贸易基地(上海)入驻企业达到约500家,涵盖从高科技文化装备、文化艺术品到动漫、游戏等各种业态,注册资本达100多亿元,每年的文化贸易规模达300多亿元。③上海自贸区充分利用独特的海关监管优势,连接国际、国内两个市场,推动优秀文化产品走出去、引进来。上海和长三角过去的对外文化贸易主要是向美、日、欧等国家开放。成都借鉴上海等的经验,在2014年为中西部地区第一个艺术品保税仓库揭牌,主题是"境内文化艺术品走出去,境外高品质文化艺术品走进来"。这一有效态势将与长三角地区形成一江贯通、东西呼应的大格局,带动中西部把丰富的文化资源开发成为大量文化产品,在向西和向东开放中发挥强劲的动力。

长江经济带文化创意产业的新布局,将推动"全球创意城市黄金水道"发展,这在全世界范围内是独一无二的壮观现象。从联合国教科文组织于2004年首次倡导发展"创意城市"(UNESCO Creative City Network)以来,截至2017年末,全球已经有100多座城市入选。其中中国有12座城市,成为全球拥有联合国创意城市最多的国家。其中有7座是沿长江经济带分布的,包括设计之都——上海、武汉,美食之都——成都,手工艺和民间艺术之都——杭州、苏州、景德镇,媒体艺术之都——长沙。④正如联合国《创意经济报告2013》所说,"文化在创意城市中扮演了更加普遍的角色,艺术和文化促进了城市的宜居性(Liveability)、社会凝聚力(Social Cohesion)和文化认同(Cultural Identity)",形成了以人的知识、智慧、想象力和创造力为主要资源的新增长模式。⑤这7座创意城市把全球城市、川菜故乡、人间天堂、千年古城、工艺重镇

---

① 参见作者在上海自贸区国家对外文化贸易基地的调研材料。
② 上海自贸区国际文化投资发展有限公司:《2017年上海自贸区文化艺术蓝皮书》。
③ 《国家对外文化贸易基地入驻企业达500家》,http://sh.zhaoshang.net/2017-08-27/582652.html。
④ https://en.unesco.org。
⑤ UNESCO & UNDP:"Creative Economy Report, 2013 Special Edition"。

等文化特色开发成为生机勃勃的文化创意产业,兼顾了设计、美食、工艺等不同的产业领域,相互呼应、取长补短,对周边城市群和广大乡镇,乃至对整个长江经济带都形成了文化创意产业的增长极作用。这一"全球创意城市黄金水道"显示了中国在全球文化创意产业中的宝贵经验,也提升了中国在全球文化领域中的话语权和影响力。

(二) 培育中国的外向型文化企业和文化跨国公司

依托"一带一路"倡议,提升中国文化创意产业的国际竞争力,建立文化创意产业和文化贸易的互利共赢新格局,必须培育中国强大的外向型文化企业和文化跨国公司群体。在世界多极化、经济全球化、科技信息化深入发展背景下,外向型文化企业和文化跨国公司越来越多地成为全球文化生产和文化贸易的主体。随着"一带一路"倡议的实施,中国文化跨国公司建设进入一个新的战略机遇期,要全面提高它们的跨国化水平、全球意识和规模优势。

外向型文化企业和文化跨国公司是全球文化生产和文化贸易的主体,拥有外向型文化企业和文化跨国公司的竞争优势是一个国家迈向全球文化强国的重要标志。参照联合国出版物的定义,文化类跨国公司为在母国以外的其他国家投资大量文化产业资产,并且实际控制和管理这些资产的企业。它们拥有中央决策体系,具有全球经营的意识,确立了全球性战略目标和适宜于全球化竞争的经营架构,把下属的各个实体通过所有权联系起来,其海外营收、海外资产、海外员工在公司整体业绩中占有35%以上的比重。其中如亚马逊、迪斯尼、时代华纳等主业涉及文化产业的跨国公司对于全球文化产业的格局都产生了重大影响。近年来,中国跨国公司稳步成长,2015年中国100大跨国公司入围门槛为26.67亿元,同比增长5.67亿元,海外员工754 731人,平均跨国指数达到13.66%,保利等主业涉及文化产业的企业集团名列其中。[①]大量实践证明:培育中国的外向型文化企业和文化跨国公司,必然有一个从小到大的过程。作为它们的重要基础,国家文化出口重点企业和国家文化出口重点项目正在逐步壮大。这些企业和项目在有关省市的数量、结构、集聚度等方面,直接影响了中国文化创意产业对"一带一路"的地缘布局和国际竞争力。2017—2018年度,国家文化出口重点企业中,集聚度最

---

① 《2015中国100大跨国公司发布》,人民网2015年8月22日。

高的是北京(37家)、上海(25家)、广东(30家)、江苏(24家)、浙江(22家)。这些东部发达地区省市对我国文化出口额的贡献力也是最为明显。根据国家商务部颁布的数据,2017年我国文化产品出口主要集中在东部地区,同比增长10.8%,占我国文化出口总额的93.4%;文化服务贸易主要集中于东部,2017年东部地区文化服务出口总额占比为95.9%;上海、广东、北京为文化服务出口前三位,合计占我国文化服务出口总额的87.2%。

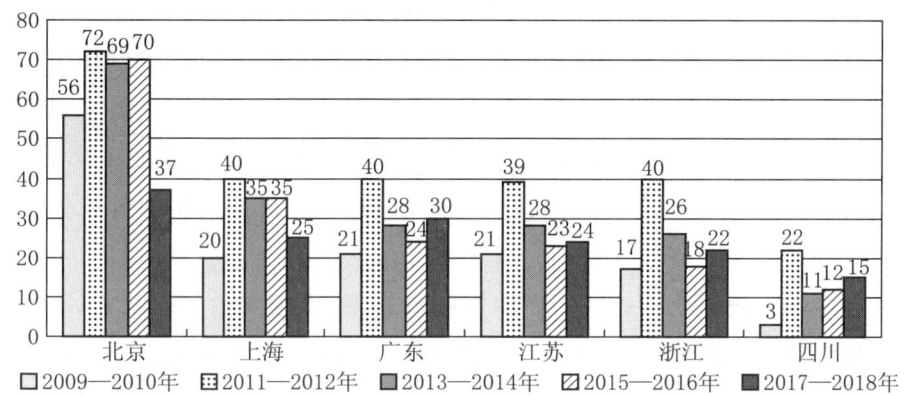

图8 我国部分省市的国家文化出口重点企业数量①

而在中国的东北和中西部的一些省份,拥有的国家文化出口重点企业和国家文化出口重点项目数量比较少,有的省份的年度拥有量甚至为零。从总体上看,在沿海地区即海上丝绸之路经过的地区,外向型文化企业和重点项目发育比较领先,规模效应逐步形成;而中西部内陆地区即新丝绸之路经济带向西延伸的沿线省份,则相对薄弱。有鉴于此,东中西部城市都要因地制宜地积极培育文化出口重点企业和文化出口重点项目,形成由下而上逐步壮大的培育机制。福建、四川等省市在培育国家文化出口重点企业和项目方面也做出了许多努力,比如2017—2018年度四川省的国家对外文化出口重点企业达到15家,包括把闻名遐迩的文化遗产——自贡彩灯开发成为大规模的文化出口项目,涌现了澳洲华人文化创作有限公司中国彩灯文化推广项目、国产移动互联网游戏《龙之守护》海外出口运营、数字化国际汉语教育节目等一批优秀企业和项目,提供了从"天府之国"走向"一带一路"的有益启发。

---

① 作者根据国家商务部官方网站数据整理绘制。

(三) 推动中国对"一带一路"相关地区的文化投资

依托"一带一路"倡议，提升中国文化产业的国际竞争力，要积极引导中国文化企业的对外投资。中国要成为世界文化产业强国，必然要有在全球进行投资，进行全球战略布局，整合全球资源的能力。从 2014 年开始，中国成为全球第二个经济总量超过 10 万亿美元的经济体、全球第一大对外贸易国。当年中国共实现全行业对外投资 1 160 亿美元，如果加上中国企业在第三地的融资再投资，中国对外贸易总规模约在 1 400 亿美元，这意味着从 2014 年开始，中国已经成为全球的资本净输出国。①2015 年，我国对外投资同比再增长 6.1%。其中，中国对"一带一路"相关国家的投资增长迅速。2015 年中国企业共对"一带一路"相关的 49 个国家进行了直接投资，投资额合计 148.2 亿美元，同比增长 18.2%，占总额的 12.6%，②这为中国文化企业的对外投资创造了良好的条件。

在中国积极推动"一带一路"建设的背景下，中国文化企业的对外投资，要把握好重点目标地区，体现文化产业作为国家战略性产业的特点。中国首倡的"一带一路"以"政策沟通、道路联通、贸易畅通、货币流通、民心相通"为主要内容，有鉴于此，中国的对外文化投资、并购、贸易等活动，必须体现出双向输出的鲜明特点：不但有正向的 FDI（外国直接投资），通过向发达国家的投资，获得高端的文化科技研发机构、人力资源、核心技术、品牌要素，包括院线、品牌、会展、服务平台，以及知识产权资源，包括专利、著作权、技术秘密、反不正当竞争权等，抢占全球文化市场的地缘中心；也有反向的 FDI，及早进入人口众多、市场广阔、尚未充分开发的发展中国家，不失时机地介入通信、院线、网络、新媒体等重要平台，推动当地民众对中国文化产品的认同，掌握东道国市场，利用当地丰富的劳动力及初级资源，从而形成体现全球战略的文化产业集群和竞争优势。以上海为例，根据国家商务部的有关数据和抽样调查，截至 2016 年初，上海有 167 家文化企业开展了对外投资，其中向发达经济体的优质资源投资约占 61%，对发展中经济体的市场类投资约占 39%。2016 年 1 月到 5 月，上海企业海外投资之路越走越宽，特别是把文化娱乐业

---

① 李予阳：《2014 年我国实际对外投资已超过利用外资规模》，《经济日报》2015 年 1 月 26 日。
② 《2015 年中国对外投资同比增长 14.7%》，《南方日报》2016 年 1 月 21 日。

作为新崛起的重要对象,上海文化传播和娱乐业的对外投资达到6.35亿美元,同比增长高达20.6倍。[①]投资对象覆盖了美国、加拿大、欧盟、日本、韩国、印度尼西亚、马来西亚等,而且多家中国文化企业正在把正向和反向的FDI有机地结合起来,把并购高端文化资源与开拓新的市场空间结合起来,如2015年4月中国复星集团与德州太平洋集团(TPG Capital)联手收购加拿大太阳马戏团,总交易金额约为15亿美元。复星集团采用了股权投资基金引领产业互动发展的双轮驱动模式,突出"以中国动力嫁接全球资源"。太阳马戏团是全球最大的戏剧演艺制作公司,演员来自全球49个国家,擅长将各种惊险的技巧性表演与舞台舞美装置相结合。2014年,太阳马戏团门票收入高达1 200万美元,超过百老汇所有歌剧项目的门票收入之和。通过这一跨国投资,双方计划联手依托太阳马戏团的优势,在杭州新天地等多个国内外旅游胜地打造专属剧院和驻场秀,在欧洲和加勒比地区开发休闲演艺项目,增强中国在全球演艺市场的话语权和占有率,从而探索一种高端投资与市场扩张相结合,股权投资基金引领产业互动发展的新模式。

(四) 顺应国际贸易规则和优化中国文化贸易结构

跨入21世纪的第二个10年以来,以移动互联网、大数据、智能制造等为代表的数字科技深刻地改变了全球文化市场和文化贸易的规则。中国文化产业提升国际竞争力,贯彻"一带一路"倡议必须把握好这一历史潮流。数字化技术给全球文化产业带来的最大影响就是推动文化产业的加速融合,由此催生了裂变型的新商业模式。所谓融合,根据联合国开发计划署等《创意经济报告2013》的分析,共有三种类型:一是技术融合,即电影、出版、音乐和游戏等媒体所有权类型的转变;二是媒体融合,用户可以通过一台个人终端(如PC电脑、智能手机、iPad、可穿戴视听设备等)同时享受不同的媒体服务;三是接入融合,所有媒体和服务的制作、发行都重新处理,以适应分布式的网络平台,即所有一切在网络上都是可得的或者可行的。[②]在这种背景下,全球货物的流量从1980年以来增加了10倍,全球服务的流量从2000年以来增加了3倍,全球投资的流量从2002年以来增加了两倍;全球外籍员工的数量在

---

① 《今年1—5月上海实际对外投资领跑全国》,http://www.shanghai.gov.cn。
② UNESCO & UNDP:"Creative Economy Report, 2013 Special Edition".

2005年已经上升至全世界人口的3%;全球超过三分之一的互联网用户生活在发展中国家,①特别是到2013年前后,发展中国家的互联网人口已增长至全球互联网人口的60%左右。

数字技术对文化产业的各个领域都产生了深远影响,相比较之下,数字技术通过"嵌入式"(数字技术嵌入原有的文化生产方式和生产装备中)和"推动式"(数字技术催生了全新的文化生产样式和形态)而催生的新兴文化产业领域增长最快,大大超过传统文化产业如电影、视觉艺术品等的增长速度。根据2015年12月联合国教科文组织干事长博科娃作序的EY研究报告,2013年,全球数字文化产品销售额达到660亿美元。其中,北美占30.6%,亚太地区占16.1%,欧洲占15.4%,在全球形成了"新三国演义"之态。全球文化产业和文化贸易增长最快的就是由数字化技术带来的裂变型商业领域。从2011年至2014年,以亚马逊(Amazon)为代表的网络服务销售增长了44%,以奈飞(Netflix)付费用户为代表的互动电视服务增长了61%,以谷歌(Google)为代表的搜索引擎用户增长了18%,以脸书(Facebook)为代表的社交网络用户增长了39%;而以众筹为代表的文化创意融资额让千千万万的中

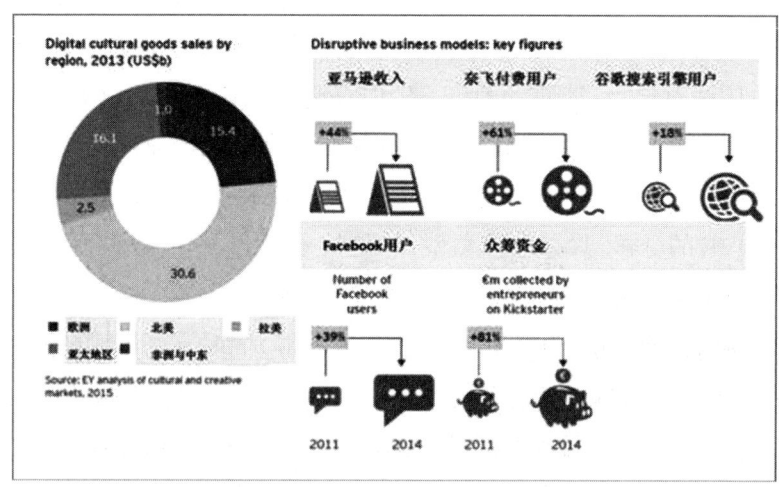

图9　全球数字文化产品销售和裂变的新文化商业模式②

① 联合国贸发会议:《2014年全球贸易和发展报告》。
② 本文作者根据"Cultural Times—First Global Map of Cultural and Creative Industry"的资料整理和绘制。

小微投资者可以方便地参与,因而增长了81%,显示了资本、科技和创意相结合所迸发出来的巨大活力,它也成为全球文化产业增长最快、最有活力的新引擎。在这种大融合的背景下,其他领域的制造业和服务业企业也会纷纷进入,担当跨界的新角色,例如智能手机生产企业参与移动电视发行、亚马逊参与中小微企业的培育和孵化,谷歌等网络搜索引擎越来越多地参与智能手机业务。可见文化产业实际上还涉及零售、制造、消费服务等一系列相关产业。这必然导致新进入者不断增加,产业链不断延伸,国际文化市场更加活跃。

面对数字化技术带来的裂变文化产业新模式,中国文化产业可以依托巨大的互联网用户人口,快速发展的通信、互联网和软件产业,数量颇多的文化生产企业,争取"弯道超车",追赶发达国家的进展,形成新兴产业领域的竞争优势。必须清醒地看到:中国文化产业在这些新兴领域的核心竞争力还不强,中国对外文化贸易最主要的优势领域是在文化创意产品出口方面,也就是在劳动密集型和资源密集型的中低端领域,而美欧日等主要发达国家的主要优势,是在文化创意服务出口方面,也就是在资金密集型和技术密集型的中高端领域,并且不断地开发创新型的商业模式和产业领域。根据联合国教科文组织和教科文组织统计学院的研究报告,中国从2004年至2013年的文化产品出口增长率为全球第一位,2013年的文化产品包括设计、视觉艺术、工艺品、图书、视听艺术等在内的出口总量为全球第一位,达到601亿美元,显示了中国迈向全球文化产业和文化贸易大国的步伐。在文化产品对外出口额方面,中国、美国、英国名列前三位。但是,在文化服务出口包括知识产权授权使用、电脑服务、工程与建筑及技术服务、音乐服务、视听外包服务等领域,美国的增长率和总量保持了全球第一位。美国2013年的文化服务出口额高达686亿美元,同时,在全球文化服务出口额最高的15个国家中,中国没有名列其中,而韩国、芬兰、意大利、比利时、卢森堡、瑞典、荷兰等一批人口和经济总量远远低于中国的发达国家,却在全球文化服务出口的前15个国家中榜上有名。"一带一路"上的大部分新兴经济体和发展中国家,也不在全球文化服务出口排行榜的前端。中国与美国在这两个领域中的表现形成了鲜明的对比。这恰恰说明:在全球文化产业新一轮的竞争中,一个国家拥有的人口、国土、自然资源、经济总量等不是决定性的因素,而它拥有的优秀企业、资本、科技、高素质人才、国际联系和制度优势,才是它的文化产业核心竞争力。中国文化产业必须在大力发展国际化的文化服务贸易方面,奋起直追,占领诸多的制高点。

表6 中国、美国、英国文化产品对外出口额(亿美元)

	2009	2010	2011	2012	2013
中国	181	248	377	526	601
美国	237	245	258	265	278
英国	111	148	156	177	164

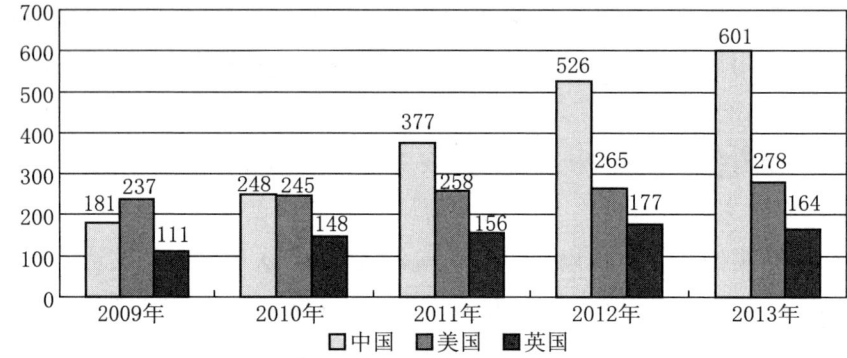

图10 中国、美国、英国文化产品对外出口额(亿美元)

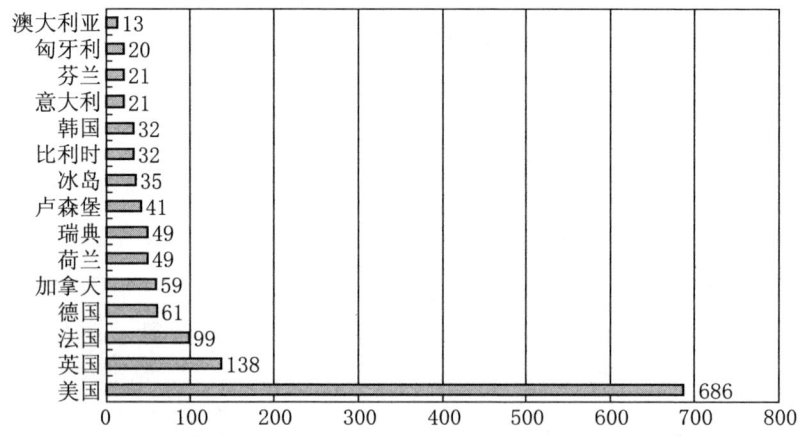

图11 全球文化服务出口额最高的15个国家(亿美元)①

---

① UNESCO:"The Globalization of Cultural Trade: A Shift in Consumption: International flows of cultural goods and services",2016.

针对数字化技术与文化产业深度融合的潮流,中国要大力发展创意密集型、资金密集型、技术密集型的优势文化产品和文化服务,重点发展创意设计、数字出版、电子信息、会展服务等文化出口市场,拓展"文化+科技""文化+金融""文化+旅游"等的跨界发展路径。在商业模式的层面上,要通过以移动互联网、云计算、大数据、自媒体等为代表的信息技术,催生具有开放式融合效果和闭环式价值链的运作机制,努力推动对外文化交流与文化贸易的大融合与新业态,争夺全球文化交流和文化贸易中最为活跃的成长领域。这方面正在出现良好的势头,比如 2014 年,我国自主研发网络游戏产品在海外销售收入达到 30.76 亿美元,同比增长 69.02%。其中客户端类游戏占总出口网游数量比重达 27.7%,网页游戏数量比重达 30.9%,移动类游戏数量比重达 41.4%,实际销售收入达 12.73 亿美元,同比增长高达 366.39%,并带动了我国电信、出版、设计、影视、文化用品等企业的对外贸易,显示了我国网络化、数字化文化产品出口的良好前景。① 富有创新活力的经营模式,归根结底主要来自文化企业的自主研发。比如:中国电视剧上市公司第一股华策影视(300133),是一家全国领先的电视剧制作和发行公司,擅长国际市场的营销,它参与建设的中国(浙江)影视产业国际合作实验区,成为全国第一个以文化出口为导向的国家级影视产业基地。它依托资本运作,不断向产业链的上下游和横向拓展,形成功能多元的平台体系。2014 年 12 月它旗下全资孙公司香港投资使用约 3.23 亿元,收购韩国 NEW 公司发行的 178.60 万股新股,获得其 15% 的股权,成为其第二大股东,帮助电影、音乐、表演以及相关附属版权产品发行公司 NEW 上市。而近期河马动画与喜马拉雅 FM 的联手,更是引起了业内外人士的广泛兴趣。河马动画是中国率先打破西方国家在三维动画技术领域封锁的文化科技型领军企业,拥有强大的三维动画创作能力和优秀的 IP 知识产权内容,而喜马拉雅 FM 是中国最大的音频分享平台,拥有"随时随地听我想听"的产品特性,风格多样、体量丰富的内容,能够满足用户在移动互联网环境下对于听的需求。双方共同开展音频内容版权开发合作,将优质音视频内容联动转化,包括把喜马拉雅 FM 人气自媒体节目的音频进行视频化创作,联手推出人气主播动漫形象及配套网络动画栏目,共同打造

---

① 李婧:《2014 年我国文化贸易的喜与痛》,《中国文化报》2015 年 2 月 28 日。

音视频 IP 内容库并于喜马拉雅 FM 上线"喜马拉雅—河马动画"专区等。它们与炫彩互动网络科技、北京聚合影联文化、上影联和院线达成长期互补性战略合作伙伴关系，通过发挥各方优势，整合资源，致力于打造动漫影视作品制作宣发联盟、音视频版权联动孵化转换平台、影视游戏一体化平台的全流程、全方位、多元化业务合作，共同结成河马动画泛娱乐业务矩阵。像这样的跨界整合与 IP 转化工程，在中国文化产业的各个领域将会进一步展开。

(五) 连接"丝路城市"，打造三重对外文化辐射带

中国文化产业提升价值链和延伸服务链，要重点连接"丝路城市"，扩大国际合作网络，以本土文化产业为动力源头，形成投射中国文化影响力的近中远三重辐射带，即我国的周边邻国、一带一路的联通地区，以及北美、非洲和拉美等地区，大力发展各种文化合资、合作的产业项目，形成"一带一路"文创产业和文化贸易的合作网络。

当代意义上的"一带一路"城市和"丝路城市"主要指位于"一带一路"沿线范围内，具有战略地位和影响力的枢纽性城市，在地缘上包括八大板块，即东亚、东南亚、中亚、南亚、西亚、北非、中东欧、西欧。其中的东南亚、中亚、南亚和西亚构成了空间板块的连续性主体。"丝路城市"有两大特点：第一是发展中心，即成为该地区的主要发展节点和区域中心；第二是通商枢纽，即成为该地区与世界联通的主要门户，汇聚了各种资源、人员和信息交换的服务条件，商贸往来达到规模化的水平。习近平主席在出席博鳌亚洲论坛 2015 年年会开幕式上的主旨演讲中指出："'一带一路'建设秉持的是共商、共建、共享原则，不是封闭的，而是开放包容的；不是中国一家的独奏，而是沿线国家的合唱。"①这不是要替代现有地区合作机制和倡议，而是要在已有基础上，推动沿线国家实现发展战略相互对接、优势互补。中国文化产业提升国际竞争力，就要依托"丝路城市网络"，加强资源的流通和利益的分享，同时在推动合作中，提升自身在"一带一路"沿线范围的辐射力和影响力。

中国文化创意产业与"丝路城市"形成国际合作网络，必须加强调查研究，因地制宜，深入把握这些城市的实际情况，并且采取有效对策。国内外大量实践证明，可以与中国文化产业开展对接的"丝路城市"，必须具有如下的

---

① 《习近平主席在博鳌亚洲论坛 2015 年年会上的主旨演讲》，http://news.xinhuanet.com。

基本条件：第一，汇聚大量的企业，具有开发大量产品和服务项目的规模效益和集群优势；第二，具有广泛的国际经贸联系，掌握了广泛的国际贸易渠道和大批的国际合作伙伴，对多元文化的导入采取开放的态度；第三，具有与国际接轨的贸易市场服务体系，通过信用制度、投融资制度、人才制度建设，有利于中国文化产业投资的便利进入和安全经营；第四，对周边地区乃至全国有广泛的影响力，便于中国文化产业进入后向发展阶段。而"丝路城市"发展的一个重要特点，是城市化水平差异很大，同时人口增长很快，而且相对年轻化。

以东南亚为例，它包括 11 个国家，除了近年独立的东帝汶，还有文莱、柬埔寨、印度尼西亚、老挝、马来西亚、缅甸、菲律宾、新加坡、泰国和越南，后 10 个国家组成了东南亚国家联盟（ASEAN 东盟）。如果东盟作为一个整体，其经济实力可以排在全球第 7 位，预计到 2030 年东盟可以成为全球第四大经济体，GDP 达到 4.5 万亿美元，与此同时，东盟人口总数超过 6.3 亿人，超过了欧盟或者北美的人口总数，其劳动人口的数量位居世界第三，仅次于中国和印度。据欧睿（Euromonitor）机构的研究，东盟国家 60% 的人口年龄在 35 岁以下，15 至 64 岁的劳动人口占 65%，而且这个比例还在不断提高。作为消费中坚力量的中产阶层人口预计将显著增长，从 1.5 亿人增至 2020 年的 4 亿人。2015 年至 2020 年，东盟家庭可支配收入的年增长率将达 5% 左右，产生大量消费需求包括文化娱乐和休闲需求。①

中国文化创意产业与东南亚"丝路城市"开展合作，必须注意到它们在城市化发展水平的不同阶段，从核心城市即这些国家的首都和主要城市入手，突出重点，梯度布局，辐射周边。绝大多数东南亚国家的城市都在经历着快速城市化的进程，但是它们达到的水平在全球城市体系中的排名悬殊。根据 2012 年亚洲竞争力研究所（The Asia Competitiveness Institute）针对 64 个全球城市考察所获得的《全球城市活力排名报告》（"Global Ranking of Livability"），新加坡作为一个城市在全球的城市中排名第 3 位，马来西亚的吉隆坡排名第 32 位，泰国的曼谷排名第 41 位，越南的河内和胡志明市并列第 52 位，柬埔寨的金边名列第 61 位，印度尼西亚的雅加达排名第 64 位。而根据全球化与世界城市研究小组与网络 2012 年的全球城市排名，在数百个城市的排名中，新

---

① 《香港贸易发展局报告：东盟现代消费主义带来商机》，http://www.tuicool.com/。

加坡名列第 5 位,其他东南亚主要城市排名比较靠后。与此同时,东南亚国家普遍存在首都单极化的现象,即首都与中心城市的经济和人口体量超大,如马尼拉人口占菲律宾人口的比例为 27.5%,曼谷人口占泰国人口的比例为 48.8%,仰光人口占缅甸人口的比例为 28.3%。①这种单极化现象具有深层次的原因:第一是与产业布局和机构密切相关,东南亚原来经济比较落后,仅有的产业集中在首都和中心城市;第二是与社会文化有关,亚洲文化有中央集权的传统,首都成为一个国家经济、文化和政治等多种功能的中心;第三是经济发展的阶段性要求,东南亚国家为了快速发展经济和贸易,必然要在原有的产业基础上进行快速扩张,从而吸引了大量资源和人口,特别是年轻人进入核心城市。当这些中心城市的文化创意产业达到一定规模,也会向周边地区乃至海外扩散。

表 7　1960—2015 年东南亚主要国家的首都及核心城市人口占全国人口的比例(%)②

城　市	1960	1970	1980	1990	1995	2010	2015
雅加达	19.1	19.1	17.9	16.5	16.4	16.4	15.6
吉隆坡	15.9	12.4	15.9	12.6	11.5	10.8	10.1
马尼拉	27.2	28.6	32.9	26.9	25.3	24.6	27.5
曼　谷	65.1	65.5	59.3	56.6	55.7	54.0	48.8
胡志明市	25.9	25.6	26.5	24.4	23.0	21.7	19.6
仰　光	22.6	22.9	27.3	31.9	31.6	30.8	28.3

有鉴于此,中国文化产业建立与东南亚国家的国际合作网络,基本路径是从连接它们的首都及核心城市入手,建立合作开发、联合出版、内容配送、网络服务等基地,再逐步向周边的中小城市和乡镇扩散。这已经被实践证明是一条行之有效的国际合作路径。2004—2013 年,中国创意产品向发达经济体出口额为 5 619.25 亿美元,而向发展中经济体出口额为 3 475.89 亿美元,但是中国创意产品向发达经济体的出口比重在下降,从 2004 年的 69.79% 逐

---

①　仰光作为缅甸的首都已经有长期的历史,2005 年 11 月,缅甸政府决定将首都迁到仰光以北 400 千米的内陆城市——内比都(Naypyidaw),但是近 10 年来仰光仍然是缅甸最大的城市和全国经济文化的中心。

②　屠启宇主编:《2016 国际城市蓝皮书:丝路城市——世界城市网络新板块》,社会科学文献出版社 2016 年版。

步降至 2013 年的 51.27%，而对发展中经济体特别是东南亚国家等的出口比重在上升，从 2004 年的 27.08% 逐渐上升至 2013 年的 45.36%。中国与东南亚国家的文化贸易是双向流通的，在扩大中国文化影响力的同时，也为对方文化产品进入中国市场创造了条件。以中国和泰国的文化贸易为例，泰国文化产业包括四大门类：文化遗产包括工艺、历史文化观光、泰国食物、传统医药等，艺术包括视觉艺术、表演艺术等，传媒包括电影、出版、广播与音乐，功能创意包括设计、时尚、建筑、广告等。中国从 2013 年开始成为泰国第一大贸易伙伴。泰国 10 年来对中国文化产品出口也稳步增长，已经成为中国核心文化产品的主要进口来源地之一。2004 年和 2013 年泰国对中国出口核心文化产品从 0.048 亿美元增长至 4.36 亿美元，10 年间增长约 100 倍，而 2013 年中国对泰国文化产品出口额达到 3.19 亿美元，泰国在中国的文化产品出口目标国家中列第 18 位。①可见中国与"一带一路"国家包括东南亚国家在内的文化贸易，为参与这一国际合作的各国文化产业都创造了机会，为各国人民提供了更丰富的文化产品。

表8　2004—2013 年中国创意产品对世界三大经济区域的出口额（亿美元）②

年份	2004	2005	2006	2007	2008	2009	2010	2011	2012	2013
北美	168.48	195.68	221.63	268.92	293.92	252.00	315.94	361.18	388.84	406.41
欧盟	87.74	119.11	142.24	169.63	203.88	184.19	227.83	278.14	278.45	291.12
东盟	7.78	8.56	11.11	22.28	36.64	44.16	62.52	73.20	100.55	112.37

再从中国文化创意产品向世界三大经济区域的出口来看，北美、日本、欧盟长期以来就是中国文化创意产品出口的主要目的地，2004—2013 年中国创意产品向北美自由贸易区的出口年平均比重达到 30.31%；其次是欧盟，中国对其的创意产品出口年平均比重为 21.34%，而中国向文化背景比较接近、地理位置毗邻的东盟地区的创意产品出口年平均比重为 4.76%。随着全球经济和政治格局的深刻变化，中国文化创意产业在"一带一路"沿线国家和地区的影

---

① UNESCO: "The Globalization of Cultural Trade: A Shift in Consumption: International flows of cultural goods and services", 2016.
② 王洪涛、郭新茹：《2014 创意经济对外贸易报告》，载罗昌智、董泽平主编：《两岸创意经济研究报告（2015）》，社会科学文献出版社 2015 年版。

响力越来越大，中国创意产品对北美自由贸易区的出口比重从 2004 年的 37.39% 下降至 2013 年的 26%，中国创意产品对欧盟的出口从 2004 年的 19.47% 下降至 2013 年的 18.63%，中国创意产品对东盟国家的出口从 2004 年的 1.73% 上升至 2013 年的 7.19%，而且有进一步提升的明显趋势，而东盟国家正是海上丝绸之路经过的重要地域，也是中国近年来大力开拓的重要文化市场。

按照这样的增长速度推测，到 2020 年以后，中国对发展中经济体的创意产品出口额将逐步高于对发达经济体的出口额。发展中经济体包括印度、南非、巴西等金砖国家和东南亚国家，将在 2020 年以后成为中国出口创意产品的最大消费市场。在升级版中国—东盟自贸区和 RCEP 的制度性框架安排下，预计 2020 年中国与东盟间的贸易额将扩大到 1 万亿美元，到 2020 年的双向投资将新增 1 500 亿美元。①其中有许多内容和领域与文化产业密切相关。中国文化产业要敏锐地把握这一趋势，在继续向美国、日本等传统市场保持文化产品和文化服务出口顺差的同时，继续大力开发东盟国家等"一带一路"沿线的新兴市场。近年来，中国文化企业开拓东盟等"一带一路"沿线国家的规模和区域不断扩大，如百视通进入雅加达，与印尼电信以合资形式共同开发 TMT 新媒体技术的产品化与产业化合作，包括共同进行内容制作、电子游戏、动画制作、多媒体管理系统、数字影院系统、直播卫星及有线电视经营、电子商务等业务，通过这一个制高点向号称"千岛之国"的印度尼西亚全境辐射，合资总额达 2 000 万美元左右。时代出版集团先后开发合作伙伴 15 家，重点集中在"一带一路"沿线国家、东南亚国家和欧美主流大国，如马来西亚彩虹出版集团、阿联酋视博国际集团、印度 NCBA 集团、美国特维杰特出版社等。从总体上看，中国文化产业与"一带一路"沿线国家和地区的合作，将从文化产品贸易扩大至文化服务贸易，并且不断地向知识产权授权使用、电脑服务、文化科技与文化装备产业、工程与建筑及技术服务、音乐服务、视听外包服务等领域推进，扩大中国文化产业的战略空间和资源优势，也给"一带一路"沿线国家的人民创造更多的文化财富。

（六）借鉴自贸区经验，树立对外文化合作与贸易的新优势

建立自贸区是中国在新的历史条件下，适应全球经贸发展的新趋势，更

---

① 《李克强：中国和东盟到 2020 年双边贸易额将达 1 万亿美元》，http://china.cnr.cn/gdgg/201309/。

加积极主动地以开放促改革,建立融入全球新格局新规则的国家战略和国家试验。这一重大举措,为我国文化创意产业提供了以开放倒逼改革、促进发展的强大动力。

自由贸易园区(Free Trade Zone,FTZ)是在全球化背景下,各国推进投资便利化和贸易自由化的有效工具,也是各国分享全球经济利益和参与全球化竞争的重要机制和发展平台。根据1973年国际海关理事会《京都公约》,自由贸易园区"在一个国家的部分领土内,免于实施惯常的海关监管制度,对于运入其中的任何货物,就进口关税及其他各税来说,被认为在关境以外"。它所具有的"境内关外"与保税区的"境内关内"具有根本的区别。它意味着:法律赋予了自由贸易园区特殊的关税政策,根据一国的贸易情况和经济发展需求,可以适时调节园区内的税收、贸易、产业、金融和物流等方面的政策,具有更大的政策灵活性和贸易自由度。1228年,法国南部的马赛港率先建立了自由贸易港区,形成了自由贸易园区FTZ的率先探索;1367年,德国北部的多个自由市联合设立了自由贸易联盟;18世纪以后,北美等地区也兴起了诸多自由贸易园区,目前在全球135个国家和地区,已经有近4 000个自由贸易园区。跨入21世纪以来,全球自由贸易园区的功能出现了重大的变化:

第一,由货物贸易功能为主向货物贸易和服务贸易功能并重转变。在全球货物贸易增长乏力的背景下,全球服务贸易温和增长,2015年全球货物贸易为165万亿美元,服务贸易总额为47万亿美元,服务贸易发展继续优于货物贸易,服务贸易占世界贸易比重达到22.2%。①特别是在数字技术突飞猛进的背景下,越来越多的服务贸易领域可以实现跨境支付,原来不可贸易的服务,通过数字储存转化成为可以贸易的服务产品,如离岸设计外包、呼叫转移服务等。为适应这一趋势,全球许多自贸园区向服务贸易领域延伸拓展,成为全球服务贸易的重要载体。

第二,由单一贸易功能向贸易功能和投资功能并重转变。从20世纪末开始,北美自由贸易区(NAFTA)、亚太经济合作组织(APEC)、东盟投资区等都做出了投资自由化的规定。许多自由贸易园区在市场准入、外资同等国民待

---

① 世界贸易组织:《2016年全球贸易统计报告》,http://chinasourcing.mofcom.gov.cn/contents/128/70408.html。

遇、投资服务等方面更注重宽松的环境,一些发达国家的自由贸易园区对来自境外的文化艺术品和设备的展销采取了更加便利的免税政策。

第三,由区域性的特殊贸易功能区域向辐射周边地区乃至跨国型的贸易枢纽转变。比如位于巴拿马运河大西洋入海口处的巴拿马科隆自由贸易区,是整个西半球最大的自由贸易园区,同时也是仅次于中国香港的世界第二大自由贸易园区。科隆自由贸易区成立于1948年,位于科隆市东北部,是西半球最大的自由贸易区,与美国迈阿密(Miami)共列为对中南美洲的转口中心,它也是全球第二大转口贸易枢纽。许多来自欧洲、东亚、中东的跨国公司均把科隆自由贸易区作为基地,向中南美洲国家的市场辐射。

第四,由在岸业务功能为主向在岸与离岸业务功能同步发展转变。自由贸易园区具有境内关外的特点,随着跨国公司的分工深化,不断拓展离岸功能:一是离岸贸易越来越发达,如香港贸易发展局研究总监关家明在2013年明确表示,香港已经从转口贸易转型至离岸贸易阶段。从2002年至2011年,香港离岸贸易货值增加超过200%,远高于同期香港转口货值130%的增幅。① 二是离岸金融不断创新,包括离岸账户资金托管、离岸担保、离岸再保险等业务内容不断拓展。

第五,由生产贸易型企业集聚功能为主向集聚跨国公司地区总部功能转变。跨国公司地区总部是联系公司总部与分支机构的中间形式,是跨国公司全球价值链资源配置的重要节点。自由贸易园区注重改善经营环境,与跨国公司总部选址的条件形成了深度的契合,如新加坡有4 200家跨国公司设立了地区总部,香港吸引了3 500家企业设立总部机构,前述的巴拿马科隆自由贸易区有2 200多家跨国公司的地区总部,成为沟通中南美洲和世界投资与贸易的重要枢纽。

中国作为新兴的全球大国,要在全球经济和贸易大格局中发挥重大作用,推动中国的经济逐步进入全球价值链的高端,必须通过建设自由贸易园区,推进投资便利化和贸易自由化,进一步分享全球经济利益,参与全球化竞争。早在20世纪90年代,上海就通过建立和运营保税区,进行了自贸园区的率先探索和最早实践。2013年中国(上海)自由贸易试验区正式设立,为中国

---

① 《香港进入离岸贸易阶段》,《第一财经日报》2013年8月1日。

新一轮对外开放的先行先试提供了国际化的战略平台。随着2015年广东、福建、天津等3个自贸区建立,宣告中国自贸区战略跨入2.0时代,在推动粤港澳联动、海西经济区建设、东北亚经贸合作等方面发挥了重要作用。从2016年四川、重庆、浙江、河南等7个自贸区建立开始,标志着中国自贸区战略进入3.0版+的新阶段。而在这之后,海南、江苏、河北、黑龙江、广西、山东、云南作为新设自贸试验区获批。中国自贸区建设进入了从东部沿海的"一条线"向东中西部的"整个面"推进的阶段。

中国自贸区建设承载着国家的重任和人民的期望,是中国以开放倒逼改革的试验田和示范区。正如2015年11月25日,李克强总理第三次考察上海自贸区时指出的:"自贸区要勇于承担先行先试的职责,当好推进改革的掘进机、扩大开放的破冰船,用更高水平的改革开放释放经济发展的潜力。要砍掉束缚发展的荆棘,继续努力跑出改革开放加速度。"①中国和世界许多国家一样,是全球化的受益者和推动者,关键在于中国一直在坚持不断地扩大开放。正如李克强总理在2017年全国两会期间所指出的:中国首先要把自己的事情办好,但关起门来办不好自己的事情。所以我们的开放大门会越开越大。"我们推动上海自贸试验区建设,已经逐步扩大至11个省区市,而且还会把普遍适用的经验向全国推广。"②

从上海、广东、福建、天津等自贸区的开放实践来看,它们在接轨国际投资和贸易规则,推动先行先试,实施制度创新,以开放倒逼改革方面取得了一系列的重要经验:

第一,建立"境内关外"的海关监管制度。"境内关外"海关监管模式是自由贸易园区最为典型的特征,也是我国海关特殊监管区域转型成为自由贸易园区的核心突破点。从整体上看,我国海关特殊监管区域实际上采取的是"境内关内"模式,在通关效率、人员进出、货物进出、资金进出等方面具有较大的政策约束。而自由贸易园区按照国际通行的"境内关外"规则,采用"一线放开,二线管住,区内自由"的做法,并且被赋予了"准自由港"的地位,大大提升了通关效率,提升了人员进出、货物进出、资金进出的便利性。

---

① 金姬:《上海自贸区2.0:改革新高地,开放新标杆》,《新民周刊》2015年11月29日。
② 《李克强:把自贸区普遍适用的经验向全国推广》,中国青年网2017年3月15日。

第二，实施接轨国际的服务贸易管理制度，除了涉及意识形态、国家安全以及敏感领域外，重点推进金融、高端航运服务、分销业务、专业服务、文化娱乐、健康医疗等领域的对外开放试点，推动服务贸易的便利化，对以实物载体形式出口的服务提供通关便利，为服务贸易商务签证、进出口审批提供便利等。

第三，建立基于负面清单管理的外资准入制度。选择部分产业在一定额度内试点准入前同等国民待遇，完善外资享受准入前同等国民待遇的风险防范、外汇登记、海关监管、安全审查等配套设施与机制，并且不断简化和缩短负面清单名录，形成适应我国现阶段发展水平的负面清单管理总体框架。

第四，建立更加高效规范的投资管理制度。当前我国面临着跨国公司总部和功能性机构加速向亚太地区转移的战略性机遇，也面临着加快推动中国企业"走出去"、拓展外部发展空间的战略需求。自贸区建设推动了外资项目备案制度、外商投资安全审查制度和境外投资备案管理及年检制度，大幅度地创新了企业境外投资管理机制，简化了投资审批手续和流程，取消了事前核准，试点实行备案管理制度，建立多部门信息共享机制和境外投资年检制度等。

第五，建立服务实体经济发展的金融开放创新制度。比如以自由贸易账户为核心的金融开放创新深入推进，面向国际的金融交易平台相继建立，包括"沪港通"顺利启动，上海黄金交易所"国际板"成功设立，逐步形成信息共享的金融综合监管模式。自贸区推动了人民币跨境贸易结算与跨境直接投资，探索建立了"区内—境外"跨境直接投资模式、跨境融资管理模式，稳步拓宽跨境人民币投融资渠道等，有利于中国企业参与国际市场竞争，规避各种风险。

第六，建立与开放型市场经济相适应的政府管理制度。浦东新区在全国率先启动"证照分离"改革试点，企业准入门槛进一步降低，与之相适应的事中事后监管制度也初步建立。又如 2017 年 10 月以来，河南自贸区开封片区实现"一号"申请、"一窗"受理、"一网"通办及名称自主申报、工商登记全程电子化等改革试点，把自贸区商事制度改革继续推向深入。

第七，建立与国际惯例相适应的法律制度。在上海自贸区，立法引领改革的局面基本形成，同时司法保障和争议解决机制基本建立，自贸区法庭、知识产权法庭等相继成立,自贸区仲裁院投入运行,多元化的争议解决机制已经在自贸区初步形成,提高了法律服务的效率。

中国自贸区建设从1家扩大至18家,形成"1+3+7+1+6"的开放新"雁阵",逐步测试了中国对于国际贸易自由化的压力承受度,提升了我国经济对国际贸易市场新规则的适应能力,也为中国文化产业进一步打造对外开放的新优势创造了重要条件。中国自贸区数量的逐步扩大,体现了中国对外开放战略与中国文化地缘格局的有机结合。中国第一批和第二批自贸区主要是分布在沿海地区,充分利用了国际航运发达、国际化程度高、国际联系密切的优势;而第三批及之后颁布的自贸区既有沿海地区,也有内陆省份,具有引领东中西部全方位开放的意义。在中国率先倡导"一带一路",为遭遇各种挫折和困难的全球化提供中国经验和正能量,打造人类命运共同体的背景下,中国自贸区从1.0版至3.0版+的意义就更为重大。

相比较而言,上海自贸区突出了依托国际金融、经济、贸易、航运中心的创新和综合改革,突出了打造具有全球影响力的科创中心和国际文化大都市,处于对外开放的龙头位置;广东自贸区突出了粤港澳合作与辐射东南亚地区,进入印度洋地区,为建设粤港澳大湾区提供了强有力的枢纽和支点;福建自贸区突出了海峡两岸合作;天津自贸区突出了京津冀联动,同时向东北亚辐射。而在自贸区3.0版+的时代,浙江、河南、四川、陕西、重庆、辽宁、湖北等自贸区的设立,以及海南、江苏、河北、黑龙江、广西、山东、云南作为新设自贸试验区获批,将突出沿海开放地区的引领作用和内陆开放型经济高地的使命,适应我国推动"一带一路"建设的大格局,把更多的东中西部和东北地区的省份进一步推向对外开放的最前沿。这不但是传统经贸合作的向东开放,而且是向南、向西和向北全方位的开放。中国自贸区战略的实施,为集聚和配置全球范围内创意型、科技型、智慧型的文化资源,推动我国文化创意产业打造对外开放的新优势,提供了重要的机遇和动力。

在自贸区先行先试制度创新的推动下,中国自贸区推动文化创意产业资源要素的双向流通和最优配置,吸引国际上的资本、技术、人才、项目等优质资源;同时,率先推出区内企业到境外投资开办企业,实施以境外投资备案制为主等创新管理方式,对文化企业在区内建立FT账户,在人民币资本项下自由兑换、外汇资金结算便利、资金进出自由等方面给予了适应国际规则的便利化,推动中国文化企业进入国际市场,投资、研发、承包和运营海外文化项目,建立横跨境内外的文化服务链、文化价值链、文创产业链。这些重要的开放举措是在中国逐步对接国际贸易规则,保障国家文化安全的前提下稳步推进的,不但提高了中国文化企业对国际竞争压力的适应度,也提升了中国文化市场管理部门对于开放型经济和全球化市场的适应能力。

中国学者肖林指出:从全球范围来看,比较成熟的自由贸易园区的核心制度框架,可以概括为"三自由一保障"①。一是货物进出自由制度安排,不存在关税壁垒和非关税壁垒,凡是符合国际惯例的货物都可以畅通进出,免于海关惯常的监管和审查。二是投资自由制度安排,没有因为国别差异而带来的行业限制和经营方式限制,包括投资自由、运营自由、雇员自由、经营自由、经营人员的出入境自由,特别是在数字贸易的背景下,推动了数据流动和数据存储的自由,大大便利了数字贸易的国际开展。三是金融自由制度安排,包括外汇兑换自由、资金出入自由和资金转移自由、资金经营自由等,没有国民待遇和非国民待遇之区别。四是法律和法规保障制度安排。

从历史的角度看,发达国家建设自由贸易园区已经有数百年的历史了,贸易自由化、投资自由化、金融自由化在大多数发达的市场经济国家,都采用了受到法律保障的基本经济制度。正如有位学者对新加坡自由港所概括的那样:"在发达的法治基础上给予最大的自由和便利。"这些国家基本经济制度本身就具有良好的法治基础,而自由贸易园区则是在这个基础上实现更加特殊、更加便利、更加开放的制度安排和法治保障。这与中国从一个过去相对封闭的发展中国家,逐步走向全面融入世界经济体系、成为全球大国的国情不完全相同,也和中国的文化产业在社会主义意识形态框架内,既要大力发展文化生产力、推动文化贸易,又要保护国家文化安全的要求不完全相同。中国建立自由贸易园区,既要利用境内关外的特殊条件,增强中国文化产业的竞争力,又要逐步扩大开放,提升和加强中国文化市场对国际贸易自由化的适应能力和安全保障。

自2014年4月以来,上海市和天津市政府先后公布了自贸区文化市场开放项目实施细则,允许外资企业从事游戏游艺设备的生产和销售,通过文化

---

① 肖林:《国家试验》,格致出版社和上海人民出版社2016年版。

主管部门内容审查的游戏游艺设备可面向国内市场销售;取消外资演出经纪机构的股比限制,允许设立外商独资演出经纪机构,为本地提供服务;允许在自贸区内设立外资经营的娱乐场所;允许在自贸区内设立外资经营的演出场所经营单位,举办经营性演出等。

2015年12月19日,国务院批复《上海市开展"证照分离"改革试点总体方案》,其中涉及文化产业的共计32项,包括出版、影视、演艺、拍卖、广告及旅游等行业,自贸区再次成为对外文化开放的排头兵和试验田。2016年7月,国务院下发《关于在自由贸易实验区内暂时调整有关行政法规、国务院文件和经国务院批准的部门规章规定的决定》,允许在全国所有的自贸实验区内设立从事其他印刷品印刷经营活动的外资企业,并且把允许外国投资者、中国台湾地区投资者设立独资演出经纪机构和允许设立外资独资经营的娱乐场所等政策扩展到广东、天津、福建自贸区以及上海自贸区的扩展区域。这些稳步推进的对外文化开放举措,有利于推动外资进入我国文化服务业,吸引国际上与文化产业有关的资本、技术、人才等中高端资源,实际上也在逐步测试我国文化产业对于国际贸易自由化的压力承受能力,把握我国文化产业对国际市场规则的适应能力,以便在国际文化贸易中争取更大的主动权。

中国自贸区积极推动文化创意产业资源要素的双向流通和最优配置,逐步探索和测试对国际贸易自由化的适应能力,扩大对外文化开放,是在中国综合国力和文化实力稳步增强,整合国内外文化资源的能力不断提高,同时保障国家文化安全的背景下稳步推进的。根据国家商务部统计,截至2017年4月,上海自贸区累计设立外资企业8 734家,吸引合同外资6 880亿元。上海自贸区经验推广后,广东、福建、天津3个自贸区累计设立外资企业12 712家,吸引合同外资11 357亿元,也就是说,4个自贸区以十万分之五的国土面积吸引了全国十分之一的外资。①这在文化产业也表现得十分明显。以上海自贸区为例,在扩大引进文化领域的外资企业方面采用了三种区别对待的方式,取得了稳妥而积极的效果:

第一类,在自贸区投资的外资企业从事游戏游艺设备的生产和销售,可以通过文化主管部门内容审查,面向中国的国内市场销售。作为第一家入驻

---

① 季明等:《算好三笔账,上海自贸区赢得发展新空间》,《中国文化报》2017年6月12日。

上海自贸区的海外游戏机企业,微软 Xbox 就是一个比较典型的案例。Xbox 是由美国微软公司开发并于 2001 年发售的一款家用电视游戏机。Xbox 和 SONY 的 PS2 以及任天堂公司的 NGC,在当时的游戏机领域形成三足鼎立的局面。Xbox 依托微软公司强大的软件研发能力,逐步实现技术升级,属于当时的"三大主机"。Xbox Live 是 Xbox 及其后的第二代占据目前市场主流的 Xbox 360 专用的多用户在线对战平台。原来受到中国国内文化管理制度的限制,海外游戏机难以进入中国国内市场。在上海自贸区负面清单管理模式的推动下,Xbox 在中国国内市场的软件和硬件销售获得了两位数的增长,微软公司方面表示要进一步加大对于 Xbox 的研发投入。

第二类,在自贸区投资的外资演出经纪企业,可以通过文化主管部门的批准,把经营范围扩大至自贸区之外的整个上海市,这也给中国本土的文化艺术企业创造与强手联合、与高人过招的重要机遇,推动本土诞生更多具有国际竞争力的文化领军企业。比如来自美国百老汇的倪德伦、香港的寰亚、韩国最大的文化产业集团之一 CJ 等,已经入驻上海自贸区并且开展了相应的业务。倪德伦环球娱乐公司在纽约百老汇管理着超过半数大型剧院,在投资、研发、运营音乐剧方面具有丰富的资源和成熟的经验。上海实业集团倾力打造的上海北外滩音乐剧生态圈,与倪德伦环球娱乐公司合作。上实中心剧院落成之后的开幕大戏,将与倪德伦环球娱乐公司合作,推出代表百老汇的经典之作《金牌制作人》。随后,更多英文原版的百老汇剧目如《剧院魅影》《妈妈咪呀》《狮子王》《女巫前传》《汉密尔顿》《第四十二街》等,也将在未来 5 至 10 年通过上实中心剧院等登陆上海,丰富上海的音乐剧市场。

第三类,在自贸区投资的外资独资经营娱乐场所,可以在自贸区范围内开展经营。比如坐落于上海自贸区内的太田动漫(上海)有限公司是一家经营室内电子游艺娱乐场所的外商独资公司。它经营的太田游戏体验中心是全国各自贸区内第一家外商投资的娱乐场所。该体验中心采用从日本进口的最新型游艺设备 310 台,占地 1 800 多平方米,实施日式化的娱乐中心管理团队服务。

在中国自贸区战略的推动下,中国提升对外文化贸易,正在呈现出特色鲜明的目标升级战略和新兴业态培育路径。中国增强文化创意产业的国际竞争力,推动提升对外文化贸易的结构和能级,与美国倡导的基于比较优势理论的自由贸易战略、法国和加拿大倡导的"文化例外"保护战略、日本和韩国倡导的政府积极干预的"新赶超战略"都有很大的不同,它实际上在实践一种独特的目标升级战略。正如中国学者张幼文指出的:"经济全球化的本质特征是生产要素的国际流动。"由于生产要素存在流动性差异,技术、品牌、管理、创意等高级要素具有高流动性,土地和劳动力等低级要素具有低流动性,所以要素流动必然是发达国家的高级要素向发展中国家的低级要素流动。"低级要素充裕而高级要素稀缺是中国参与全球化收益相对较低的根本原因,因而高级要素培育是贸易强国战略的基础与核心。"①

中国对外贸易的路径与美欧日发达国家依托跨国公司的优势,实施全球产业布局的策略不同,也和大部分发展中国家作为发达国家文化产品销售市场的地位不同。中国是全球化的参与者、贡献者和受益者。中国从吸引跨国公司的文化投资开始,吸纳全球优质要素资源。积极扩大先进的文化技术和关键设备、零部件进口,以及国内急需的研发设计、环境服务等知识、技术密集型生产性服务进口,使得本土资源和各国要素在中国获得合理组合,激活了当时闲置的大量资源,包括劳动力、土地和初级自然资源,实现对外文化出口,又在这个过程中实施自主创新战略,培育中国自己的高端文化产业要素和对外文化贸易优势,丰富文化科技的装备和内涵,发展外向型的文化企业和文化跨国公司,扩大中国在全球文化贸易市场上的话语权。积极服务"一带一路",要把对外文化投资 FDI 的正向和反向两个向度结合起来,在全球进行全方位布局,一方面积极进入美、欧、日、澳等主流国家,投资和并购高端文化资源;与此同时,积极进入发展中国家和新兴市场国家,抢先开拓新的市场空间。全球范围内自贸区功能的重大升级,为我国文化产业参与全球化竞争提供了重大的课题,也提供了积极的动力,即不但要吸取自贸区在负面清单投资管理、贸易便利化、服务实体经济、适应开放型市场等方面先行先试的经验,更要结合我国文化产业的海外投资布局,推动产业合作由加工制造环节为主向合作研发、联合设计、市场营销、品牌培育等高端环节延伸。

这些案例显示了中国文化科技装备产业不限于本土市场,而是配合国家"一带一路"倡议,在文化科技装备领域中积极拓展对外开放的新优势,形成

---

① 张幼文:《要素收益与贸易强国道路》,人民出版社 2016 年版。

正向 FDI 和反向 FDI 的两大导向。前者是与发达国家的企业和机构合作，投资技术研发的前沿领域，目的是获得先进技术、优良效率；后者是与新兴经济体和发展中国家合作，投资具有未来潜力的文化科技装备项目，目的是获得市场空间、低价资源。这样的双向拓展也有助于推动交融互鉴、创新发展。秉承和而不同、互鉴互惠的理念，尊重"一带一路"沿线国家和地区人民的精神创造和文化传统，以创新为动力，运用互联网思维和新科技手段，推动多元文化深度融合，在文化产业和文化贸易方面实现互利共赢。

上海自贸区突出了对全球文化中高端要素的整合，充分利用自贸区建立"境内关外"的海关监管制度、接轨国际的服务贸易管理制度、基于负面清单管理的外资准入制度等一系列制度创新，积极培育对外文化合作、投资、贸易的新业态。比如位于上海自贸区的国家对外文化贸易基地从 2014 年开始，创办了一种全新的文化交易合作业态——中国（上海）自由贸易试验区文化授权交易会（简称"CCLF 文化授权交易会"）。它的目的是培育文化类授权产业的市场亮点，结合自贸区的开放政策、功能优势和基地服务功能，开展自贸区内对外文化贸易促进举措的"先行先试"。CCLF 自 2014 年到 2019 年连续举办五届，并且在 2019 年长三角国际文化产业博览会和第十二届中国艺术节演艺及文创产品博览会等会展中成为重点板块。它定位高端化运作、专业化服务，以 B2B 洽谈结合专题论坛和配套专业服务的创新形式，探索实践文化与授权相融合、相交互的发展业态，支持文化企业与国际市场互动与对接。第四届 CCLF 汇聚了来自中国、新加坡、以色列、泰国、南非、丹麦、印度、美国、加拿大、法国、德国、英国、俄罗斯、日本、韩国等 15 个国家与地区的 130 余家展商、140 个重点参展项目、200 余个优质知识产权 IP、万余件展品与项目前来参展，增幅高达 20%，其中新 IP 和品牌占比一半以上。90% 的展商都与心仪的专业观众或机构进行了洽谈，达成了多项意向合作。①CCLF 首次引入南亚、东南亚、北欧和非洲地区的展商，吸引了多个"一带一路"重点国家及"金砖五国"成员国家展商参展，积极对接海外文化授权市场，打造文化授权领域的国际展示与交易平台。国家对外文化贸易基地（上海）在创办 CCLF 的同时，积极推动中国的文化企业走向国际市场，包括负责"中国展区"于 2019 年

---

① 本文作者根据对国家对外文化贸易基地（上海）和 CCLF 的调研整理。

6月在美国拉斯维加斯国际授权博览会上精彩亮相,推动近20家中国版权运营企业(包含音乐、动漫、数字文学、艺术、演艺演出等)的近百个IP集中亮相,成为中国优质版权内容对接国际授权行业市场的重要实践。

四川、重庆、河南自贸区等位于"一带一路"的中西部节点,在向东、向西、向北、向南开放的各个战略方向上具有综合的优势,与沿线城市即"丝路城市"通过信息、资源、创意、市场、政策和民心的互联互通,打造国际经济和文化共同体的活力网络。所谓"丝路城市"一般是所在国的重要节点性城市,属于国家或者区域的相对发达节点。它们的发展价值不仅仅在于单一城市的自身优势,而在于依托这些重要节点性城市,形成城市间的网络建构,形成沿线经济要素的逐步传递,开展不同区域间的贸易需求。比如河南自贸区开封片区的创新重点是深入挖掘开封深厚丰富的历史文化遗产,打造"文化开封",成为以大宋文化为代表的中华文化复兴基地和国际传播中心,以创意设计、品牌服务、国际会展等提升旅游、工业、商贸、现代农业等的国际竞争力,全面推动产业和城市的升级。鼓励文化创意与设计服务等与工业、城市建设业、商贸业、旅游业等的融合,把宋都文化的内涵和基因渗透到生活日用品、礼仪休闲、家用电器、服装服饰、家居用品、数字产品、食品、文体用品等领域,增加多样化供给,引导消费升级,全面提升上述产品的文化品牌和市场竞争力。与"一带一路"沿线的城市形成紧密型的联通网络,通过制度创新推动服务外包、创意设计、文化传媒、艺术品交易、休闲旅游、文化金融、现代物流等领域的合作联盟、合资项目、协同网络、演出和电影院线等,吸引"一带一路"合作网络的文化基金、管理中心、研发中心、组织总部等落户,推动资金、技术、品牌等的便利化流通。

四川自贸区以成都等城市为中心,利用地处西部的地缘优势,积极服务国家"一带一路"倡议,打造了成都创意设计周等一系列开放式平台,采用合作研发、产业联盟、对外投资、技术贸易等多管齐下的新路径,推动四川文化产业在对外贸易方面跨出了新的步伐。作为中国中西部的经济大省,四川在文化装备、音乐制品、数字媒体、网络游戏、工艺品等方面,具有独特的优势。比如依托自贸区建设,四川自贡成为彩灯出口重镇。自贡灯会具有悠久的历史,产业化程度高,近年来自贡市有彩灯企业380余户,从业人员8万人,年产值25亿元。自贡彩灯已占据国内80%、国外90%以上的市场份额。从2017

年 1 月到 5 月,自贡彩灯、仿真恐龙出口额就达到 540 万美元,自贡彩灯到境外展出 15 场次,对外文化贸易创汇 258 万美元,比 2016 年同期增长 17.44%,①自贡彩灯文化出口基地被四川省商务厅命名为"四川服务贸易特色基地(彩灯文化)"。

  浙江自贸区依托位于中国海岸线中端,突出西太平洋的地缘优势,积极建设国际艺术品交易平台,针对近年来国际艺术品市场形成美、中、英三强的局面,和近年来中国居民购买境外艺术品的消费需求持续上升的局面,吸引中国居民购买境外艺术品的大量资金回流,同时进一步开发沿海地区丰富的艺术品资源和广阔的艺术品投资市场。利用自贸区的保税区优势,通过先进的艺术品国际交易市场和相关服务(如艺术品保税仓库和配套服务、艺术品电子盘交易等),开展国际艺术品仓储物流服务、艺术品展示交易服务、艺术品金融服务、艺术品客户服务、艺术品电子盘交易等,降低艺术品进出口的税率,在有效监督下试点实行文化艺术品交易零税率,促进文化艺术品的合法进出口和便利交易,把艺术品、非遗产品、影视和视听、综合类文化产品等四大门类作为重点,逐步将其开发成为可交易、可投资、可存储的文化资产和文化金融产品,扩大文化艺术品的内需市场,同时推动中国艺术品进入国际市场。而海南自贸区的建设目标是将其打造为自由贸易港,以高端旅游服务业为主,促进旅游和文化的融合发展和国际服务贸易。这些重大举措显示了中国文化产业和文化贸易依托"一带一路",不断探索新规则和新举措,造福中国人民和世界人民的广阔前景。

---

① 本文作者根据在四川省的调研整理。

附 录

参 考 文 献

一、中文部分

蔡武：《坚持文化先行，建设"一带一路"》，《求是》2014年第9期。

陈安、武艳南：《浅议管理机制设计理论：目标与构成》，《科技促进发展》2011年第7期。

陈楠：《全球化时代的城市外交：动力机制与路径选择》，《国际观察》2017年第5期。

陈少峰主编：《中国文化企业报告2014》，清华大学出版社2014年版。

邓小平：《邓小平文选》，人民出版社1993年版。

邓媛、陈娟：《专家视角：友城外交有助推进"一带一路"》，《国际先驱导报》2015年3月6日。

丁学良：《中国的软实力和周边国家》，东方出版社2014年版。

段霞主编：《世界城市建设与发展方式转变》，中国经济出版社2013年版。

《发展中的中国和中国外交——王毅外长在美国战略与国际问题研究中心的演讲》，新华网2016年2月26日。

付再学：《"一带一路"建设中对外文化交流机制研究》，《人民论坛》2016年第11期。

葛剑雄、胡鞍钢等：《改变世界经济地理的"一带一路"》，上海交通大学出版社2015年版。

《关于加强和改进中外人文交流工作的若干意见》，《人民日报》2016年12月22日。

国际唱片业协会：《IFPI 2017全球音乐报告》，https://www.ifpi.org。

国家发展改革委、外交部、商务部:《推动共建丝绸之路经济带和21世纪海上丝绸之路的愿景与行动》,国家发展改革委员会官网。

国家汉办:《孔子学院2016年度发展报告》,http://www.hanban.org/report。

国家信息中心"一带一路"大数据中心:《"一带一路"大数据报告(2016)》,商务印书馆2016年版。

国家信息中心"一带一路"大数据中心:《"一带一路"大数据报告(2017)》,商务印书馆2017年版。

郭洁敏:《软权力新探——理论与实践》,上海社会科学院出版社2014年版。

何寿奎:《"一带一路"公共产品供给困境与路径优化》,《中国流通经济》2017年第11期。

胡颖:《"一带一路"倡议下中亚区域经贸合作机制比较与对接研究》,《北京工商大学学报(社会科学版)》2016年第5期。

花建等:《文化软实力——全球化背景下的强国之道》,上海人民出版社2013年版。

蒋希蘅、程国强:《国内外专家关于"一路一带"建设的看法和建议综述》,《中国外资》2014年第10期。

姜增伟:《"一带一路"建设为文化产业跨越国界开辟道路》,《人民日报》2017年9月21日。

金巍主编:《梅花与牡丹:"一带一路"背景下的中国文化战略》,中信出版集团2016年版。

[英]克里斯·比尔顿:《创意战略——商业与创新的再连结》,向方勇译,金城出版社2015年版。

李岱素:《产学研战略联盟合作机制系统研究》,《科技进步与对策》2009年第16期。

李凤亮主编:《文化科技创新发展报告——文化科技蓝皮书(2017)》,社会科学文献出版社2017年版。

李怀亮主编:《国际文化市场报告2014》,首都经济贸易大学出版社2014年版。

李进军:《中国特色民间外交:认识与建议》,《公共外交季刊》2013年第4期。

李向阳:《论海上丝绸之路的多元化合作机制》,《世界经济与政治》2014年第11期。

联合国教科文组织、联合国开发计划署编:《创意经济报告2013》中文版,意娜等译,社会科学文献出版社2014年版。

连辑、范鹏、段建玲主编:《"一带一路"战略导读》,甘肃文化出版社2015年版。

林跃勤:《合作机制理论与完善金砖国家合作机制研究》,《亚太经济》2017年第3期。

刘睿文、刘衡:《多国联合申报世界文化遗产模式的引入——以丝绸之路为例》,《经济地理》2005年第2期。

卢光盛、金珍:《"澜湄合作机制"建设:原因、困难与路径?》,《战略决策研究》2016年第3期。

罗昌智、董泽平主编:《两岸创意经济研究报告(2017)》,社会科学文献出版社2017年版。

罗小龙、沈建法:《基于共同利益关系的长江三角洲城市合作——以长江三角洲城市经济协调会为例》,《经济地理》2008年第7期。

[英]马丁·雅克:《当中国统治世界——中国的崛起和西方世界的衰落》,张莉、刘曲译,中信出版社2010年版。

马丽蓉:《"一带一路"的"软力量"建设迫在眉睫》,https://m.huanqiu.com/article/9CaKrnK13Pd。

齐勇锋主编:《中国文化发展战略与公共财政研究》,中国经济出版社2014年版。

任珺:《跨域视角下的文化政策研究》,社会科学文献出版社2014年版。

[美]塞缪尔·亨廷顿:《文明的冲突与世界秩序的重建》,周琪等译,新华出版社2010年版。

《上海文化交流发展报告》,上海人民出版社2017年版。

[瑞典]斯文·赫定:《丝绸之路》,江红、李佩娟译,新疆人民出版社2013年版。

汤蕴懿:《"一带一路"软力量建设呼唤商会走出去》,http://sh.people.com.cn/n2/2016/1208/c138654-29435080.html。

田国强:《如何实现科学有效的体制机制重构与完善——机制设计理论视角下的国家治理现代化》,http://theory.rmlt.com.cn/2014/1029/336429.shtml。

田国强:《机制设计理论及其对中国改革、发展和治理的重大意义》,http://www.aisixiang.com/data/102459.html。

屠启宇主编:《国际城市发展报告 2017》,社会科学文献出版社 2017 年版。

王包泉、王静、钱昌照编著:《"一带一路"知识新读本》,清华大学出版社 2016 年版。

王琳:《共同的声音:"一带一路"高端访谈录》,商务出版社 2017 年版。

王烁:《"一带一路"人文交流研究进展述评》,《理论与现代化》2017 年第 2 期。

汪一洋主编:《广东发展蓝皮书 2015》,南方出版传媒、广东经济出版社 2015 年版。

王玉华、赵平:《"金砖国家"合作机制的特点、问题及我国的对策》,《当代经济管理》2011 年第 11 期。

《文化部"一带一路"文化发展行动计划(2016—2020 年)》,文化部官网。

吴志成:《"一带一路"倡议与中国—中东欧国家合作》,《统一战线学研究》2017 年第 6 期。

习近平:《在全国人大十二届一次会议上的讲话》,中华人民共和国中央政府网站。

《习近平在周边外交工作座谈会上发表重要讲话》,人民网 2013 年 10 月 25 日。

《习近平在文艺工作座谈会上的讲话》,人民网 2015 年 10 月 15 日。

习近平:《携手推进"一带一路"建设——在"一带一路"国际合作高峰论坛开幕式上的演讲》,《人民日报》2017 年 5 月 15 日。

邢丽菊:《推进"一带一路"人文交流:困难与应对》,《国际问题研究》2016 年第 6 期。

徐留琴、杨晓燕:《"一带一路"背景下加速发展友好城市的意义和对策》,

《城市观察》2017年第5期。

薛力:《"一带一路"与"亚欧世纪"的到来》,中国社会科学出版社2016年版。

杨勇、冯霞:《中国—东盟政治合作机制研究》,《太平洋学报》2012年第3期。

《"一带一路"文化交流蓝皮书:中阿文化交流发展报告(2017)》,社会科学文献出版社2017年版。

于军:《中国—中东欧国家合作机制现状与完善路径》,《国际问题研究》2015年第2期。

曾萍、李熙:《产学研合作研究综述:理论视角、合作模式与合作机制》,《科技管理研究》2014年第22期。

张颖:《"一带一路"战略背景下人文交流和华侨华人经济发展》,《探求》2017年第4期。

赵可金:《中国城市外交的若干理论问题》,《国际展望》2016年第1期。

赵磊:《"一带一路":中国的文明型崛起》,中信出版社2015年版。

赵磊主编:《"一带一路"年度报告:从愿景到行动》,商务印书馆2016年版。

赵立庆:《"一带一路"文化交流的实现路径研究》,《学术论坛》2016年第5期。

赵启正:《公共外交与跨文化交流》,中国人民大学出版社2013年版。

中共十九大文件。

中国国务院新闻办公室、中共中央文献研究室、中国外文出版发行事业局编:《习近平谈治国理政》,外文出版社2014年版。

中宣部文化体制改革和发展办公室、商务部国际贸易经济合作研究院编著:《对外文化贸易实务指南》,安徽科学技术出版社2015年版。

周明伟:《"一带一路"人文交流亟待强化》,中国网2015年4月17日。

邹嘉龄等:《中国与"一带一路"沿线国家贸易格局及其经济贡献》,《地理科学进展》2015年第5期。

二、英文部分

Charles Landry,*The Creative City*,London Sterling,VA,2008.

DCMS, "Staying ahead: the economic performance of the UK's creative industries", https://www.gov.uk.

NESTA, "Creative value across boundary—Maximizing the return from interdisciplinary innovation 2010", https://www.nesta.org.uk.

UNCTAD, "World Investment Report 2017—Investment and Digital Economy".

U.S. International Trade Commission, "Recent Trends in U.S. Services Trade: 2014 Annual Report", 2014.

课题组成员简介

课题组组长兼首席专家：

陈圣来 研究员，国家对外文化交流研究基地主任，上海国际文化学会会长，上海社会科学院国家高端智库资深专家。国家社会科学基金重大课题、文化部委托重点课题、上海社会科学基金系列课题等首席专家。北京大学、复旦大学特约研究员，美国加州大学奇科分校荣誉教授、纽约理工大学特聘国际咨询专家、韩国国乐教育国际顾问，复旦大学、上海师范大学、西南大学、上海视觉艺术学院等兼职教授。创建东方广播电台，并任台长、总编辑；创建中国上海国际艺术节中心，并任总裁。2010年当选为亚洲艺术节联盟主席，两次被世界节庆协会授予"杰出中国人物奖"。2011至2014年被任命为上海社会科学院文学研究所所长。撰写出版《生命的诱惑》《广播沉思录》《晨曲短论》《品味艺术》《艺术节与城市文化》《国家文化软实力的新视野研究》《城市的秉性》等多部专著，并主编十余部著作，发表百余篇学术论文。

子课题负责人：

花　建 上海社会科学院文学研究所研究员、文化产业研究中心主任，上海国际文化学会副会长，北京大学文化产业研究院研究员。长期从事文化产业、城市文化等研究和决策服务，担任国家社会科学基金重大项目"增强我国文化整体实力和竞争力研究"首席专家，完成世界银行和省市等重点研究项目20多项，出版10多部专著，完成横店、桂林、佛山、太仓等20多项文化创意产业规划，荣获"文化部文化产业优秀课题一等奖"等重要奖项。

任一鸣 上海社会科学院文学研究所研究员、国际文化与比较文学研究室主任，中国比较文学学会理事，上海市外国文学学会副会长，上海市比较文学研究会副会长，上海国际文化学会秘书长，上海市政协委员。毕业于复旦大学，比较文学和世界文学博士。曾先后在加拿大、美国、韩国、德国等知名高校访学或讲学。长期从事比较文学和外国文学、城市文化研究。出版专著《后殖民：批评理论与文学》《当代英国小说史》等，译著《逆写帝国：后殖民文学的理论与实践》《全球化时代的比较文学》等。

任　明　上海社会科学院文学研究所副研究员。毕业于厦门大学汉语言文学专业、英国卡迪夫大学新闻研究专业（获硕士学位）、英国利兹大学广告与市场营销专业（获硕士学位）、华东师范大学文学与传媒专业（获博士学位）。研究方向为城市文化研究、电影研究。出版专著《光影叙事与时代风云——上海城市电影六十年变迁（1949—2009）》。学术研究、翻译及艺术评论散见于《现代传播》《上海文化》《21世纪经济报道》、香港《文汇报》等。

刘　春　上海社会科学院文学研究所副研究员，上海电影产业发展研究中心执行主任，中国电影评论学会海派影视研究会副秘书长，《上海电影产业发展报告》执行主编，华东师范大学文学博士。出版专著《光影中国的情感结构——中国大陆电影（1978年以来）》，发表电影批评、电影产业、文学批评、视觉文化等学术论文（含核心）十余篇，译著（合译）一部，主持或参与国家社会科学基金、文化部科学研究、上海社会科学院国家高端智库国情调研等多项学术项目。

课题组成员：

何　诚　上海社会科学院文学研究所研究生
季嫣然　上海社会科学院文学研究所研究生
刘圆圆　上海社会科学院文学研究所研究生
梁　爽　上海社会科学院文学研究所研究生

图书在版编目(CIP)数据

"一带一路"城际文化交流合作的体系研究 / 陈圣来等著. —上海：上海社会科学院出版社，2020
 ISBN 978-7-5520-3282-6

Ⅰ.①一… Ⅱ.①陈… Ⅲ.①中外关系—文化交流—研究 Ⅳ.①G125

中国版本图书馆 CIP 数据核字(2020)第 153224 号

"一带一路"城际文化交流合作的体系研究

著　　者：陈圣来　等
责任编辑：包纯睿　陈如江
封面设计：周清华
出版发行：上海社会科学院出版社
　　　　　上海顺昌路 622 号　邮编 200025
　　　　　电话总机 021-63315947　销售热线 021-53063735
　　　　　http://www.sassp.cn　E-mail：sassp@sassp.cn
照　　排：南京理工出版信息技术有限公司
印　　刷：上海新文印刷厂
开　　本：710 毫米×1010 毫米　1/16
印　　张：14.75
插　　页：1
字　　数：224 千字
版　　次：2020 年 11 月第 1 版　2020 年 11 月第 1 次印刷

ISBN 978-7-5520-3282-6/G·996　　　　　　　　　　定价：68.00 元

版权所有　翻印必究